前言

伴随着经济的快速发展，人力资源已经成为组织乃至国家的重要资源。获取合适的人力资源是组织人力资源管理工作至关重要的一个环节，测评工作是进行人员筛选、配置的关键。近年来，很多新兴行业相继出现，网约车驾驶员、外卖骑手等新兴职业兴起，组织面临如何构建人员素质结构、选择何种方法开展测评工作、如何采取系统方式甄选合适人员、在使用各种测评方法的过程中要注意哪些问题等一系列难题。对这些问题的解答是现阶段组织保障测评工作高质量完成的关键，而且对组织获取契合需求的人才具有重要的意义。本教材旨在帮助学生系统、全面、全方位地掌握人员素质测评方法。

本教材立足社会实际，结合人力资源管理等管理类专业学生情况，从人员素质测评基本知识出发，多角度训练学生，在案例和实训项目中选择不同类型的候选人，包括销售类、采购类、公关类、生产类、行政类、管理类等，以及多个行业背景的学习材料，帮助学生认识到不同行业、不同岗位存在差异性，只有深入了解不同行业的特点和不同岗位的性质，才能真正做好人员素质测评工作，从而全方位、系统性地训练学生的综合能力。

本教材分为13个实训项目，包括人员素质测评准备工作（素质结构、测评方案设计、指标设计、方法选择）、人员素质测评实施（履历分析、笔试测评、心理测验、面试测评、无领导小组讨论、角色扮演、管理游戏）、人员素质测评总结与反馈（过程及其实施、报告及其应用）三大板块的内容。为增强培根铸魂、启智增慧的功能，本教材紧紧围绕立德树人的根本任务，遵循教育教学基本规律，坚持系统性、全面性、全员性的原则，从实训目标设置、实训知识要求到实训任务安排，再到实训反思环节，注意挖掘其中蕴含的思想价值和精神内涵，力争让学生通过实训学深悟透，增强责任感、团队精神、职业道德修养、法律意识等，实现知识传授、能力培养与价值引领的有机统一。

本教材是集体的劳动成果，全书由汤伟娜副教授担任主编，王蕾副教授和刘晓芬副教授担任副主编，刘追教授负责审校。编写人员的具体分工如下：汤伟娜副教授编写实训一、实训二、实训三、实训四、实训五、实训六、实训七、实训八和附录部分；王蕾副教授编写实训九、实训十、实训十一；刘晓芬副教授编写实训十二和实训十三。张霞教授、岳云云老师在教学大纲的制定和书稿内容的修改中提出了宝贵建议，刘亚男、王旭、单馨颖、田玉臣、刘梦阳、陈旭、余清泉、郭静怡等同学参与了部分资料的收集和整理工作。

由于时间仓促，加之选择内容的方式和资料来源等受限，书中的不当和疏漏之处在所难免，敬请读者批评指正。本教材在编写过程中参考了大量的文献资料，在此向所有作者致谢！部分案例分析和实训项目的背景材料由于原始出处不明，书中注明的资料来源可能有失准确，欢迎原作者联系我们予以更正。联系方式：tangweina2008@126.com。

编　者
2022年5月

使用建议

一、课程内容选择及相关安排

人员素质测评是心理测量技术在人力资源管理领域的应用。作为一门探讨员工知识、技能、能力和个性特征的学问，它是诸多人力资源管理模块的技术基础。职位分析、胜任力模型、人员甄选与安置、晋升、培训与开发、绩效管理等功能模块都离不开人员素质测评的技术支持。本教材在回顾人员素质测评基本知识的基础上，从3个方面开展实训工作，采用案例分析、方案设计和课堂汇报等教学方法，让学生更加深刻地领会基本知识并掌握各项测评技术的内涵、流程和注意事项。

"人员素质测评实训"课程包含4个部分的内容——基础篇、设计篇、技术篇、检验篇，具体可细化为13个实训项目，见表1。

表1 课程教学内容及学时分配情况表

部分	章节	建议学时
第一部分 人员素质测评体系——基础篇	实训一：人员素质结构	6
第二部分 人员素质测评体系——设计篇	实训二：人员素质测评方案设计	4
	实训三：人员素质测评指标设计	4
	实训四：人员素质测评方法的选择	2
第三部分 人员素质测评体系——技术篇	实训五：履历分析	4
	实训六：笔试测评	4
	实训七：心理测验	4
	实训八：面试测评	4
	实训九：无领导小组讨论	4 （分组，每组完成一项即可）
	实训十：角色扮演	
	实训十一：管理游戏	
第四部分 人员素质测评体系——检验篇	实训十二：人员素质测评过程及其实施	4
	实训十三：人员素质测评报告及其应用	4
合 计		44

二、基于小组学习法的教学组织形式

“人员素质测评实训”课程知识点丰富，涉及理论较多，采用传统的讲授方式容易限制课程目标的实现。本课程组建议采用小组学习法，具体的操作流程如下：

第一步：学习小组分配。从管理学角度分析，受管理者和被管理者素养的限制，按照每组3~7人分组，既能保证小组成员之间充分交流，又能减少“搭便车”行为。在班级人数确定后，先通过课前诊断开展学情分析，充分了解学生学习风格、学习态度、学习习惯和知识储备量等。在分组前通过随机分组开展游戏的方式，鼓励学生充分地表现自我；在活动结束后提出分组要求，如每组同专业者不能超过3人、同宿舍者不能超过2人等，尽量保证组内异质和组间同质。

第二步：小组学习任务分配。该课程的小组学习任务包括三个部分：案例分析、实训方案设计、课堂汇报。任务的发布和完成结合所在班级学情和教师教学方式进行即可。

第三步：小组讨论和分享。案例分析：案例发布后由小组成员进行课后讨论，收集、整理和归纳信息，在学校网络教学平台作业提交系统上提交作业成果。实训方案设计：分为课上和课后两个环节，包含讨论，信息收集、整理和归纳，在学校网络教学平台作业提交系统上提交作业成果。课堂汇报：采用随机抽签形式，每组汇报1~2个实训方案，教师点评和总结。

第四步：小组学习反馈。(1) 定时反馈。课程组教师结合课堂上学生学习情况进行研讨和反思，以便让学生了解他们目前处于什么样的水平，从而调整后续的学习状态。同时，对学习状态不佳的同学给予提醒，使其在后续课程中投入更多注意力充分融入课堂。过程管理是该课程中非常重要的内容，尤其对专注力较弱的同学，更要及时给予反馈。(2) 不定时反馈，即采用扁平的沟通方式——创建组长答疑QQ群（或微信群），实现即时、便利、高效沟通。

三、建议考核方案

考核方式包括两部分：平时成绩（50%）和期末成绩（50%）。平时成绩包含学生过程性学习中各项任务的考核结果，关注的是对综合能力（自主学习能力、人际关系能力、团队合作能力等）要素的考查，而期末成绩主要关注对综合素养（综合实训报告和心得体会）的考查，两者相辅相成，不可或缺。平时成绩包括全过程互动得分（25%）、出勤分（扣分项）、案例分析得分（30%）、实训过程作业得分（45%）等。本课程组建议的课程考核成绩构成表见表2，各环节评价标准汇总表见表3。

表2 **课程考核成绩构成表**

序号	考核说明	考核方式	考核内容
1	平时成绩（50%）	出勤	扣分项，迟到、早退或者请假，每次扣2分
		全过程互动	实训过程中参与互动讨论
		案例分析	结合所选实训项目，完成相应案例分析附带的思考题
		实训过程作业	结合所选实训项目，完成实训报告内容，包括实训目标、实训步骤、实训结果、实训反思等
2	期末成绩（50%）	综合实训报告	包括实训总目标与实现情况、实训内容操作与完成情况、实训调查过程中的疑惑或者困难及解决方法、实训收获等

表3　　各环节评价标准汇总表

评价环节	具体细则	分值区间
案例分析	能够紧密结合案例资料开展案例分析；分析观点逻辑性非常强，表达非常流畅	90分及以上
	能够较好地结合案例资料开展案例分析；分析观点逻辑性比较强，表达比较流畅	80～90分
	能够结合案例资料开展案例分析；分析观点逻辑性一般，表达基本流畅	70～80分
	能够结合案例资料开展案例分析；分析观点逻辑性较差，表达流畅度一般	60～70分
	未能结合案例资料开展案例分析；分析观点无逻辑性，表达混乱	60分以下
实训方案设计	实训报告结构非常完整，逻辑层次非常鲜明，表达非常清晰，非常好地达到了实训目的	90分及以上
	实训报告结构比较完整，逻辑层次比较鲜明，表达比较清晰，比较好地达到了实训目的	80～90分
	实训报告结构基本符合要求，有一定逻辑层次，表达基本清晰，基本达到了实训目的	70～80分
	实训报告结构基本符合要求，无逻辑层次，表达不清晰，勉强达到了实训目的	60～70分
	实训报告结构不完整，逻辑层次混乱，表达不清晰，未达到实训目的	60分以下
课堂汇报	结构非常完整，逻辑非常清晰，表达非常顺畅，用词非常准确	90分及以上
	结构比较完整，逻辑比较清晰，表达比较顺畅，用词比较准确	80～90分
	结构基本完整，逻辑基本清晰，表达基本顺畅，用词基本准确	70～80分
	结构不完整，逻辑基本清晰，表达基本顺畅，用词基本准确	60～70分
	结构不完整，逻辑混乱，表达不顺畅，用词不准确	60分以下

注：表中的分值区间包含左侧端点值，不包含右侧端点值。

四、全过程跟踪调查问卷

1.课前诊断问卷（见表4）

表4　　课前诊断问卷

序号	题　目
1	已经学习过的管理类课程有哪些
2	对已经学习过的管理类课程中知识体系记忆比较清晰的是哪门课程？举例说明，并列出所记得的知识体系
3	以往学习过程中，老师使用过哪些教学方法
4	上述提到的教学方法中，你感觉哪种方法比较适合你？举例说明

续表

序号	题 目
5	以往参加过哪些实训课程的学习
6	上述提到的实训课程中，印象最深刻的环节是什么
7	尝试描述一下，为何选择该课程
8	希望通过学习该课程收获什么
9	阅读过哪些与该课程相关的书籍？举例说明
10	在过往参加过哪些测评工作？(作为组织者或者应聘者，详细说明)

2.课后跟踪调查问卷（见表5）

表5 **课后跟踪调查问卷**

序号	题目
1	清楚该课程的考核方式吗？如果清楚，是从哪里得知的？如果不清楚，是哪里不清楚
2	清楚该课程的平时成绩构成吗？如果清楚，是否知道具体包括哪些内容？如果不清楚，是哪里不清楚
3	该课程课堂教学主要采用了哪些方法？请一一列举
4	上述列举的教学方法中，你最喜欢的教学方法是哪一种？为什么
5	除了上述方法外，你希望在该课程中加入哪种教学方法呢？举例说明
6	该课程“课后作业”中的案例讨论和课堂汇报环节，有哪些可以改进的地方
7	对于整个教学过程，你有何建议

目录

实训一　人员素质结构

一、实训目标

目标一：记忆（knowledge）

认知并记忆素质、素质结构的概念；了解何为胜任力模型，以及建立测评模型的相关步骤；在比较分析人员素质结构的二分法和三分法的基础上，能够阐述清楚相关要素的基本内涵，以及素质结构和素质的基本特征。

目标二：领会（comprehension）

通过案例讨论，提高解决问题、分析问题的能力；同时，能够把实训材料按分解成各个组成部分，从而使各概念间的相互关系更加明确，材料的组织结构更为清晰，详细地阐明基础理论和基本原理。

目标三：应用（application）

结合实训内容如具体案例及项目等的实际需求，对人员的生理素质、心理素质和知识素质等进行具体论述，提升自身素质和对相关人员进行考核测评的能力。

目标四：综合（synthesis）

基于人员素质结构的相关理论，从多个层面构建人员素质结构模型，并从知识、智力、能力、组织认同、思想观念、人格特质、动机等方面分析具体的素质内容，进而能够提出优化社会组织从业人员素质的思路。

目标五：情感和素质（quality）

通过模拟实训，将专业知识和实务有机结合在一起，再经过与岗位要求完全相同的实训操作，培养职业意识，提高职业素质，增强实际工作能力，为将来从事人员素质测评工作打下坚实的基础。

二、实训要求

实训场地：桌椅可活动的教室。

实训时间：6学时。

实训完成方式：以个人或团队形式完成。

实训要求知识点：

知识点记忆图如图1-1所示。

1.素质结构

素质结构，即素质构成，指构成素质的基本成分或因素以及各因素之间的关系，包括基本成分、因素与层次。不同的学科与不同的人对素质有不同的划分。

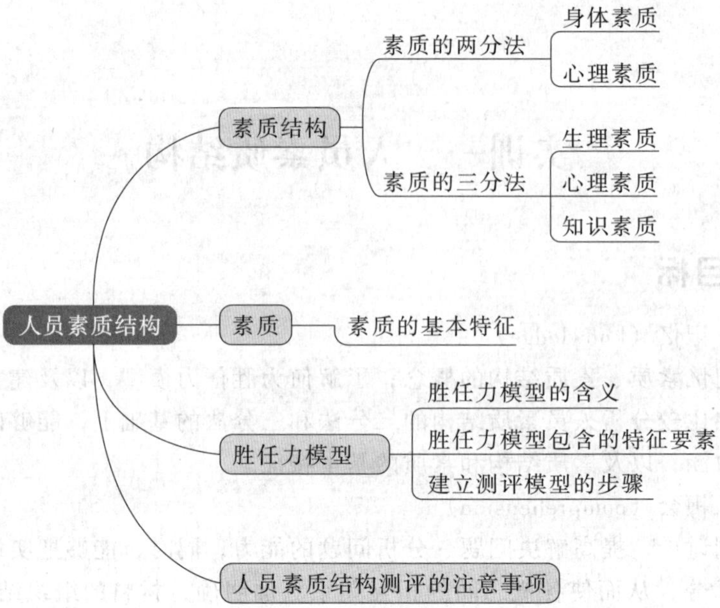

图1-1　知识点记忆图

（1）素质的两分法

两分法把个体素质划分为身体素质与心理素质两类，如图1-2所示。

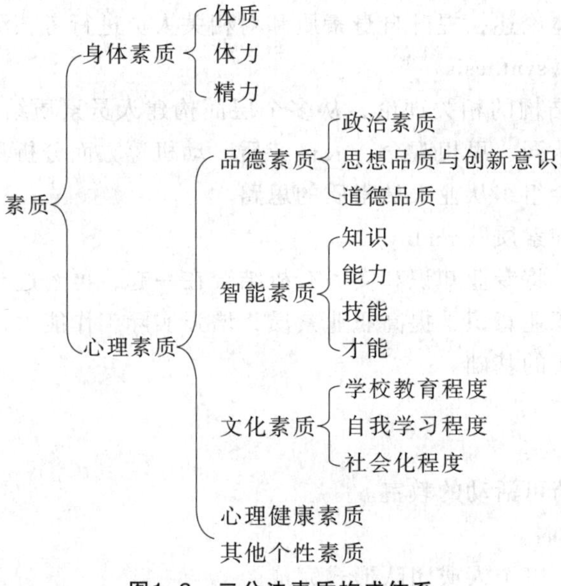

图1-2　二分法素质构成体系

资料来源　肖鸣政，COOK M.人员素质测评［M］. 3版. 北京：高等教育出版社，2013：5.

（2）素质的三分法

三分法将个体素质区分为生理素质、心理素质和知识素质等三个相对独立的成分，如图1-3所示。

- 素质
  - 生理素质
    - 健康
      - 病理解剖
      - 病理生理
    - 体格
      - 解剖指标
      - 生理指标
  - 心理素质
    - 能力
      - 一般能力
      - 特殊能力
      - 创造能力
      - 专业技能
    - 价值观
      - 工作价值观
      - 世界观
      - 人生观
    - 人格
      - 动机
      - 态度
      - 兴趣
      - 气质
  - 知识素质
    - 社会化知识
      - （直接）经验知识
      - 一般知识
      - 工具知识
    - 工作知识
      - 专业基础知识
      - 专业相关知识
      - 专业知识

图1-3　三分法素质构成体系

资料来源　田辉. 人员素质测评实训教程［M］. 北京：清华大学出版社，2011：35.

2.素质

《现代汉语词典》中对“素质”的解释为：①事物本来的性质；②素养；③心理学上指人的神经系统和感觉器官上的先天的特点。在人员素质测评中，人员素质是指个体完成任务、推进工作的自身条件和因素，而不包括自身以外的环境条件，如单位或部门的管理体制、运行机制和工作条件等。

素质的基本特征主要包括以下几个方面：

（1）素质的基础作用性

在现代人力资源开发与管理中，人员必须满足一定的素质要求，但具备了一定素质的人员并不能保证他一定会获得成功。

（2）素质的相对稳定性

素质表现为一个人某种经常性和一贯性的行为，这种持续、一致的特征就是素质的相对稳定性。

（3）素质的可塑性

素质来源于先天的遗传和后天的学习。学习对素质的形成十分重要，这反映了素质的可塑性。

（4）素质的内在性

素质虽然是任何个体身上的一种客观实在，但是它看不见、摸不着、说不清，具有隐蔽性和抽象性。

（5）素质的外在表现性

素质虽然是内在的、隐含的，但可以通过一定形式表现出来。正因为素质的外在表现性，素质测评才成为一种可能。

（6）素质的个体差异性

正因为个体素质存在差异性，才有必要进行素质测评，以便将具有不同素质的人匹配到相应的工作岗位上。

（7）素质的综合性

同一个体的各种素质、同一素质的各种成分，都是作为高度统一的有机体存在于个体之中的，它们相互联系、难以分割，统一地作用于个体的行为方式、行为产品与工作绩效。①

3.胜任力模型

1973年，哈佛大学教授戴维·麦克利兰（David McClelland）在《测量胜任力而非智力》一文中首次提出了胜任力概念，这标志着胜任力运动的开端。在McClelland看来，胜任力是一个人所具有的与工作绩效或生活中其他重要成果直接相关或相联系的知识、技能、能力和其他特质。

（1）胜任力模型的含义

胜任力模型指承担某一特定的职位角色所应具备的胜任特征的总和，它将胜任特征（职业素养、能力和知识）按内容、角色或是岗位有机地组合在一起，对职业素养、能力和知识中的每项内容都有相关的行为描述，通过这些可观察、可衡量的行为描述来体现员工对每项职业素养、能力和知识的掌握程度。胜任力模型可广泛运用于人力资源管理的各项业务中，如员工招聘、员工发展、工作调配、绩效评估及员工晋升等。

胜任力模型主要包括三个要素，即胜任特征的名称、胜任特征的定义（界定胜任特征的关键性要素）和行为指标的等级（反映胜任特征行为表现的差异）。表1-1列举了某企业客户服务岗位“理解和满足客户需求”的胜任特征。

表1-1 **“理解和满足客户需求”的胜任特征**

胜任特征名称	胜任特征定义	行为指标等级
理解和满足客户需求	为客户提供服务，有帮助客户或与之协同工作的意愿，包括理解和满足内部客户、外部客户的需求的主动性和坚持性	水平1 在客户问题出现后做出反应 水平2 主动寻求并解决客户问题 水平3 对解决客户问题充分承担责任 水平4 超越客户问题添加服务价值 水平5 理解客户的深层需要 水平6 成为客户忠诚的建议者 水平7 为建立客户与组织的长期互惠关系而牺牲短期利益

① 肖鸣政，COOK M.人员素质测评［M］. 3版. 北京：高等教育出版社，2013：2-3.

从表1-1中可以看到，该胜任力模型表明了胜任特征的名称（理解和满足客户需求），并对其进行了符合职位具体要求的解释。更为重要的是，从基本合格的行为指标等级即水平1（在客户问题出现后做出反应）到最优秀的行为指标等级即水平7（为建立客户与组织的长期互惠关系而牺牲短期利益）做了详尽的描述。这样，我们就能清楚地知道，该职位表现平平者和表现优异者在行为水平上的差异究竟是什么。这就为我们对人员进行选拔、培训、行为评价和反馈，以及后来的职业生涯规划提供了准确的依据，我们也就能更好地理解开发关键职位胜任力模型的意义。

（2）胜任力模型包含的特征要素

不同职位、不同行业、不同文化环境中的胜任力模型是不同的，美国心理学家斯宾塞夫妇(Lyle M. Spencer, Jr. and Signe M. Spencer)列出了预测大部分行业工作成功的最常用的20个胜任特征。这些胜任特征主要分为6类：

① 成就特征：成就欲、主动性、关注秩序和质量。

② 助人/服务特征：人际洞察力、客户服务意识。

③ 影响特征：个人影响力、权限意识、公关能力。

④ 管理特征：指挥、团队协作、培养下属、团队领导。

⑤ 认知特征：技术专长、综合分析能力、判断推理能力、信息寻求能力。

⑥ 个人特征：自信、自我控制、灵活性、组织承诺。

（3）建立测评模型的步骤

企业开展基于胜任特征的员工素质测评，首先应确立科学的程序并依照程序来实施。一般来说，可按以下几个基本步骤依次进行：

① 定义绩效标准。

② 选取分析样本。

③ 获取分析样本有关胜任特征的数据资料，主要方法是行为事件访谈法。

④ 进行信息的整理与归类编码，建立基于胜任特征的员工素质测评模型。

⑤ 验证基于胜任特征的员工素质测评模型。

⑥ 将基于胜任特征的员工素质测评模型应用于实际的测评过程中。[①]

4.人员素质结构测评的注意事项

（1）要把握好测评的原则

首先，要坚持公开原则，即整个测评过程要公开，测评的结果也要公开，还要接受外部的监督，而不能“暗箱操作”导致测评结果不准确。其次，要坚持公平原则，在设置测评内容、选择测评方法的过程中，对于同一岗位的人员，其难易程度要基本相同，对于不同岗位的人员则可以存在一定的差异，并且这种差异要反映出不同人员就业岗位等方面的不同。最后，要坚持公正原则，对考核结果也要公正地予以运用，避免因人而异导致测评成为一种摆设。

（2）严格测评管理制度

首先，要制定完善的人员素质结构测评方案，对测评的内容、方法和途径等予以

① 田辉．人员素质测评实训教程［M］．北京：清华大学出版社，2011：35-38.

规范，并对实施流程等进行明确，进而提高测评的可操作性，保障测评的效率与质量。其次，要制定人员素质测评监督管理制度，明确监督主体及其职责，并鼓励广大测评人员参与到监督过程中来，形成一个完善的监督体系。此外，要建立测评结果争议处理办法。

（3）推动测评结果的应用

首先，要加强对测评结果的分析，既要从测评中发现各类人才的优点和特长，以更好地发挥其个人作用，也要从中发现其缺点和不足，并对这些缺点和不足进行评估，尽可能地帮助其改正，促进其成长。其次，要将测评结果作为岗位调整、职称职务晋升等的重要参考。对于测评的结果除按照规定予以存档保留外，还可以将其呈送给单位的决策层，以便他们更好地了解员工的基本情况，为后续的人才选用和人才培养提供依据。

三、实训背景材料

（一）案例分析材料

背景材料1

大全公司的人员素质测评

新疆大全新能源股份有限公司（简称大全公司）现有员工2 000余名，总资产约90亿元人民币。大全公司自成立以来，紧紧围绕国家新能源战略规划，依托持续的研发投入和技术创新，结合低成本能源优势以及地处硅产业基地的集群优势，一直专注于高纯多晶硅的研发、生产和销售。大全公司目前已具备年产7万吨高质量、低能耗、低成本的高纯多晶硅的产能，是多晶硅行业主要的市场参与者之一。

为促进人力资源的整体提升与优化、开发劳动者的素质，我国社会各界尤其是企业越来越关注人员素质测评。人员素质测评为越来越多的企业所接受，并在人力资源管理的各项具体工作中起到了重要作用。对于大全公司来说，各岗位需要什么样的人员，是目前需要搞清楚的关键所在。大全公司没有专业测评人员，于2019年聘请外部咨询公司搭建了素质测评体系。通过运用规范的程序、科学的手段，大全公司明确了各岗位类别的素质特征及其权重等。大全公司共包含4类人员：管理类、技术类、生产类和辅助类。其中，技术类人员的素质特征分为知识技能（10%）、劳动技能（35%）、劳动责任（40%）、劳动强度（10%）和劳动环境（5%）5个方面。

经过多轮的人员测评工作后，大全公司人力资源部经理认为评价结果科学且符合公司实际情况，在肯定咨询公司工作成果的基础上，决定继续与咨询公司合作，构建胜任力模型，这样不仅有利于人才盘点，在后续进行人员招聘与筛选时也能起到较好的助力作用。

资料来源　根据作者对新疆大全新能源股份有限公司的访谈资料整理所得。

讨论题：

（1）大全公司的技术主管应该具备什么样的素质？

（2）开展人才盘点工作对大全公司来说有哪些意义？

背景材料2

S燃气公司高管胜任力评价

S燃气公司的前身是于1996年4月在东北某市气化指挥部基础上组建的国有独资企业，注册资本5.8亿元，是该市煤气、天然气和液化石油气的主要经营企业。1998年，该国有独资企业完成改制，但仍然保留了气化指挥部和燃气总公司两个机构，一套人马、两块牌子。2006年，燃气总公司上游与下游业务分离，下游业务引入新的投资者成立了现在的S燃气公司。

S燃气公司下辖22个部门，现有职工总数4 417人。公司的组织结构图如图1–4所示。

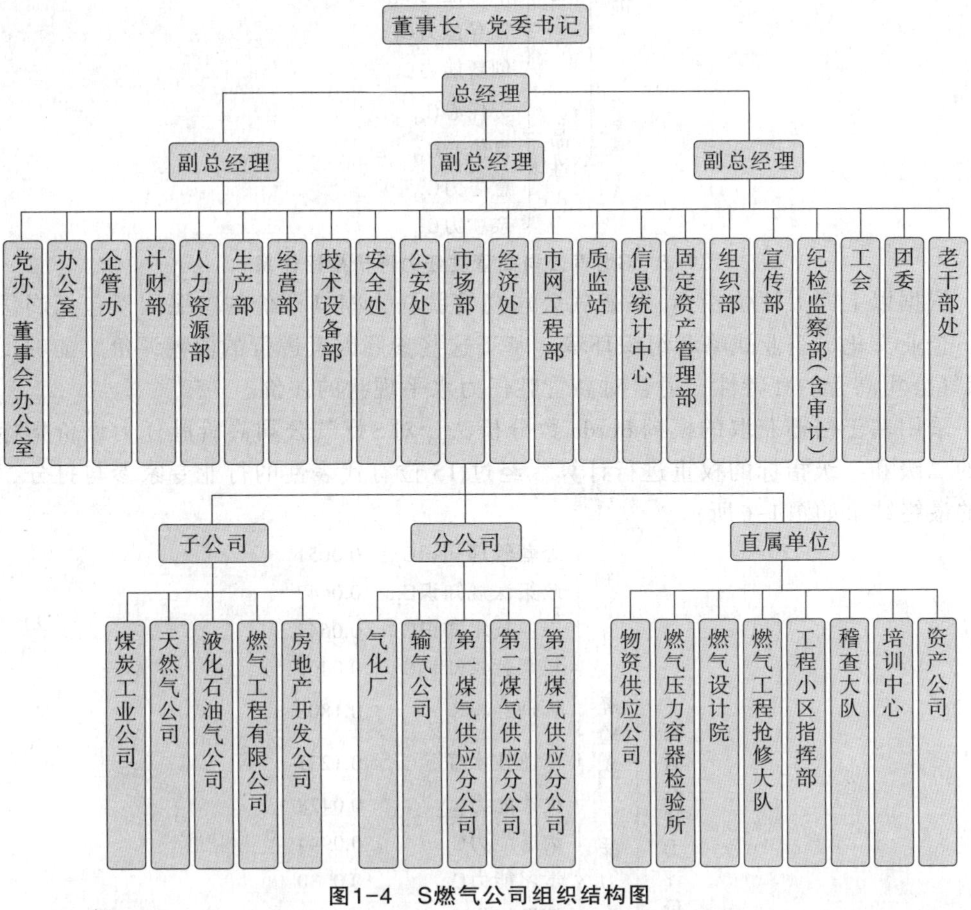

图1–4 S燃气公司组织结构图

高管胜任力评价是企业实行高级管理人员激励的重要的基础环节。构建高管胜任力评价指标体系，应以高管胜任力模型为基础，同时结合S燃气公司的企业特征。

高管胜任力评价指标体系主要包括四大指标：知识、经验、能力和品性。具体表述如下：

知识：包括经营管理知识、政策法规知识、专业技术知识和教育背景知识。

经验：包括管理经验和专业技术经验。

能力：包括决策能力、沟通能力、学习能力、领导能力和创新能力。

品性：包括责任心、自信心、意志力和亲和力，如图 1-5所示。

- 高管胜任力评价A
  - 知识B_1
    - 经营管理知识C_{11}
    - 政策法规知识C_{12}
    - 专业技术知识C_{13}
    - 教育背景知识C_{14}
  - 经验B_2
    - 管理经验C_{21}
    - 专业技术经验C_{22}
  - 能力B_3
    - 决策能力C_{31}
    - 沟通能力C_{32}
    - 学习能力C_{33}
    - 领导能力C_{34}
    - 创新能力C_{35}
  - 品性B_4
    - 责任心C_{41}
    - 自信心C_{42}
    - 意志力C_{43}
    - 亲和力C_{44}

图1-5　S燃气公司高管胜任力评价指标体系

依据以上四大评价指标，S燃气公司高管胜任力模糊评价的参照因素包括岗位要求、企业文化、企业战略和组织环境。基于这些参照因素进行的模糊评价，能够反映S燃气公司高管的独特性，适合对高管胜任力水平现状的评价。

采用基于格栅获取的模糊Borda数分析法，对S燃气公司高管胜任力评价指标体系的二级和三级指标的权重进行计算。经过 15 位有代表性的行业专家参与打分，得出的最终结果如图 1-6所示。

一级指标	二级指标	三级指标	权重
高管胜任力评价A	知识B_1	经营管理知识C_{11}	0.0651
		政策法规知识C_{12}	0.0647
		专业技术知识C_{13}	0.0647
		教育背景知识C_{14}	0.0400
	经验B_2	管理经验C_{21}	0.1808
		专业技术经验C_{22}	0.1231
	能力B_3	决策能力C_{31}	0.0428
		沟通能力C_{32}	0.0944
		学习能力C_{33}	0.0330
		领导能力C_{34}	0.0602
		创新能力C_{35}	0.0736
	品性B_4	责任心C_{41}	0.0665
		自信心C_{42}	0.0285
		意志力C_{43}	0.0339
		亲和力C_{44}	0.0286

图1-6　S燃气公司高管胜任力评价指标体系权重计算结果图

为了便于说明情况，以S燃气公司5位高管的胜任力测评结果为例，他们各项测评指标的分数见表1-2。

表1-2　　**S燃气公司高管胜任力测评得分情况统计表**

二级指标	三级指标	被测对象得分				
		Z 先生	W 先生	X 先生	D 先生	Y 先生
B_1	C_{11}	78	92	75	86	91
	C_{12}	91	84	79	94	74
	C_{13}	95	83	87	76	87
	C_{14}	84	89	77	82	77
B_2	C_{21}	91	86	92	77	65
	C_{22}	81	81	77	90	82
B_3	C_{31}	83	76	86	91	83
	C_{32}	85	86	80	86	75
	C_{33}	81	75	90	78	80
	C_{34}	86	68	82	75	83
	C_{35}	85	83	84	90	81
B_4	C_{41}	85	76	83	90	73
	C_{42}	75	78	90	83	78
	C_{43}	75	75	73	82	86
	C_{44}	72	90	76	71	84

根据得分情况，可以计算得到各位被测评人的综合得分，见表1-3。

表1-3　　**S燃气公司高管胜任力测评综合得分表**

Z 先生	W 先生	X 先生	D 先生	Y 先生
84.97	82.32	82.87	83.77	77.89

根据测评结果，可以将被测评的高管人员按照综合得分进行排序，作为对高管人员进行选拔、淘汰以及绩效考核工作的参考。

资料来源　徐航．某燃气公司高管胜任力测评研究［D］．天津：天津大学，2008.

讨论题：

（1）S燃气公司高管的胜任力测评指标体系是否合理？请阐述你的理由。

（2）该公司的高管素质结构能否直接用于其他类型的企业（如制造类企业、销售类企业等)？为什么？

（二）实训方案背景材料

背景材料1

以社团为例的人员素质结构测评

【实训背景】

材料具体内容见书后“附录1 S大学人力资源开发协会背景材料”。

【实训内容】

选择S大学社团某个具体职位，能根据这个具体职位的人员需求选择相应的素质结构划分方法，初步学会运用胜任力模型调查和分析人员素质结构。

【实训设施】

人员素质测评实训室，电脑及投影设备（用于播放演示文稿和视频文件）。

【实训指引】

（1）通过访谈、网络查找等渠道获取信息资料；

（2）查阅相关素质结构划分方法，运用该方法构建所选岗位的素质结构等；

（3）形成“某岗位素质结构设计方案”文本，包括封面、正文、附录等内容。

背景材料2

哈林斯百货商店的人员素质结构分析

【实训背景】

哈林斯（Harlin's）百货商店在美国各地有36个销售点。其人力资源管理职能由9个人组成的人力资源班子来行使，这个人力资源班子负责招聘每个分店的经理。在一家新的店铺开张之前，一位人力资源专员出差到店铺所在地为其雇用一名经理，然后这位新店铺的经理才被赋予为该店铺雇用必要人员的职责。

人力资源专员迈克·巴克最近为哈林斯在佐治亚州迈肯市新开业的一家店铺挑选了卢·约翰逊作为经理。在开业后的头6个月，这家店铺的人员流动率达到了120%。助理经理已经换了3任，一般的销售人员平均只待两个月。迈克被派往迈肯市调查这个问题。迈克向卢询问并让卢描述他在挑选人员时所采取的做法，卢做了以下答复：“我做出的挑选是基于我个人对每个求职者的面试情况。我向所有的求职者提出某些基本问题，如他们是否乐意在周末工作并且是否乐意加班。除此之外，我并不是按事前确定的问题顺序去发问。在面试之前，我反复阅读了求职者的简历与申请表，以便熟悉他们的教育背景与工作经历。依据这些信息，我先确定他们是否符合岗位的最低资格要求，然后才开始对那些满足要求的人进行面试。在面试过程中，我试着确定该求职者是否性格外向，并喜欢与别人一道工作。面试助理经理时，我也考查他有无领导技能。”然后迈克问卢，他是如何确定哪一位求职者可以被雇用的，卢做了如下陈述：“求职者给我的第一印象是相当重要的。一个人如何介绍自己、如何开口谈论以及他的着装如何都很重要，并且确实对我的最后决策有一些影响。然而，影响最大的因素是我与求职者的目光接触。当某个人与我的目光接触时，那就是他在倾听并且诚恳的信号。微笑、坚定有力的握手、两脚平放地面的笔直的坐姿也是我做决策时考虑的重要因素。最终，一个求职者要想得到雇用，他必须对哈林斯的工作感兴趣。我的第一个问题是：‘你为什么想为哈林斯工作？’我对那些了解很多哈林斯事情的求职者印象很深。”迈克现在必须对卢的雇佣实践做出评价以确定它们是不是影响人员流动的关键因素。

资料来源　克雷曼．人力资源管理：获取竞争优势的工具［M］．孙非，等译．北京：机械工业出版社，1999.

【实训内容】

通过广泛而深入的信息收集，明确职位的素质要求，并理解素质和胜任特征的内涵。

【实训设施】

人员素质测评实训室，电脑及投影设备（用于播放演示文稿和视频文件）。

【实训指引】

（1）通过网络、期刊等渠道收集资料，针对如何改善其人员挑选程序，向卢提出建议。

（2）通过社会调查或请企业工作人员做报告等方式，了解所讨论的职业（或职位），包括职业（或职位）的业务范围、对人才素质的要求、职业发展情况等。

（3）写出所讨论的职业（或职位）的工作说明书，将工作说明中的任职资格细化。

（4）对上述任职资格归类整理，并对所列素质进行定义。

四、实训实施环节

（一）案例分析实施步骤

步骤一：布置实训案例

对案例中的背景、主要事实及面临的难题等内容进行了解；收集案例中的已知事实并对每一事实进行区别；对案例中的主要角色所开展的活动和所面临的问题或困难进行深入挖掘。

步骤二：组织讨论、调研和分析、形成报告

在对案例进行认真分析之后，找出问题的症结所在，并对需要解决的问题进行概括；集思广益，从不同角度提出解决方案；对多种决策方案进行优劣对比，找出解决现有问题的最佳方案；阐述理由并对方案的实施提出建议。

步骤三：课堂汇报与分享

教师辅助，学生自行组织。由学生讨论选出一位主持人，并选出专人记录会议纪要。学生汇报可采取随机抽取的方式进行，加强对学生综合能力的锻炼。

步骤四：学生互评与教师点评

随机抽取3～5位学生作为评委，与授课教师共同评分（见表1-4）。评价标准：

汇报内容的流畅性、逻辑性、专业性等。

表1–4 **案例分析评分表**

被评分人 评分人	学生A	学生B	学生C
学生D			
学生E			
学生F			
授课教师			
平均分			

备注：平均分为学生D、学生E、学生F和授课教师评分的平均值。

（二）实训项目实施步骤

步骤一：布置实训任务

通过对本节内容的梳理，利用自身在实际生活中参与社团所获得的经验，结合参与实训班级的实训情况，以小组为单位完成相关实训项目。

步骤二：组织讨论、调研和分析、形成报告

组织讨论：可采取课内小组讨论的形式，也可以在课外自行组织讨论。

调研和分析：可分为学生个人或小组的形式进行调研分析。

形成报告：形式多样，不做限制。例如，可以采取自制视频的形式进行报告。

步骤三：课堂汇报与分享

教师辅助，学生自行组织。由学生讨论选出一位主持人，并选出专人记录会议纪要。学生汇报可采取随机抽取的方式，加强对学生综合能力的锻炼。

步骤四：学生互评与教师点评

随机抽取1～2位学生作为评委，与实训课程组教师（2～3位）共同点评（见表1–5）。评价标准参见附录2。

表1–5 **实训项目评分表**

被评分人 评分人	学生A	学生B	学生C
学生D			
学生E			
课程组教师1			
课程组教师2			
综合分数			

备注：综合分数=课程组教师评分的平均值×70%+学生评分的平均值×30%

五、实训教学反思

（一）教师反思

反思内容：

（二）学生反思

学生反思结合素质、能力、情感认知等方面来反馈，具体见表1-6。

表1-6 学生反思用表

目标	完成程度	收获与反思	备注
了解素质结构、素质的概念以及何为胜任力模型			
在案例分析中阐明基础理论和基本原理			
在实训环节将理论知识与实际需求结合			
增强职业意识与综合素质			

实训二　人员素质测评方案设计

一、实训目标

目标一：记忆

了解人员素质测评方案设计过程中的注意事项，掌握设计人员素质测评方案的基本步骤和相应的内容。

目标二：领会

人员素质测评方案设计的成功与否关乎人员素质测评能否成功，而测评方案设计的完整性与科学性则决定了测评的效果。企业在面对招聘纳新和员工晋升等问题时都需要一套科学而有效的人员素质测评方案作为依据，设计人员素质测评方案成为人力资源工作者必须掌握的一项技能。因此，学会设计一套科学而有效的人员素质测评方案是本次实训的目的。

目标三：应用

运用所学基本知识和技术，针对某一次的招聘或选拔活动，在教师的辅导下完成一次人员素质测评方案的设计工作。

目标四：综合

本次实训以正确设计人员素质测评方案为导向，帮助学生设计内容系统、完整的人员素质测评方案，并通过深入探索设计过程来把握各个环节的细节，让学生知道如何在后续实践中设计一份符合企业需求的测评方案，同时提高学生的综合素质，增强表达能力和逻辑思维能力。

目标五：情感和素质

通过本次实训，培养具有良好的职业道德素养和社会责任感，掌握人员素质测评的基本方法和技术，具有较强的创新意识、沟通技能、团队精神和实践能力的人才。

二、实训要求

实训场地：桌椅可活动的教室。

实训时间：4学时。

实训完成方式：以个人或团队形式完成。

实训要求知识点：

知识点记忆图如图2-1所示。

1.人员素质测评方案的基本内容

人员素质测评方案包括四项基本内容，即测评准备、测评实施、测评应用和测评评估，如图2-2所示。

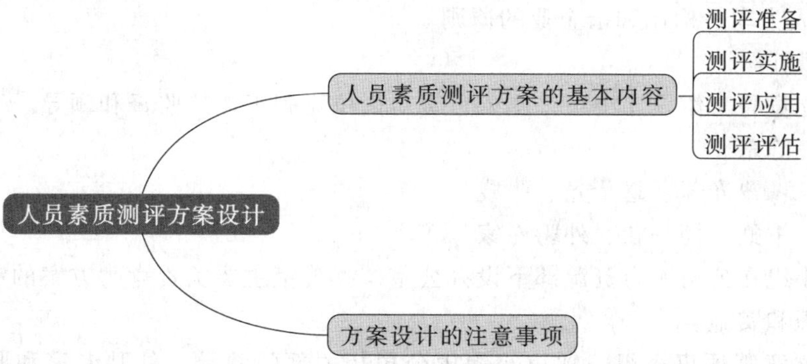

图2-1　知识点记忆图

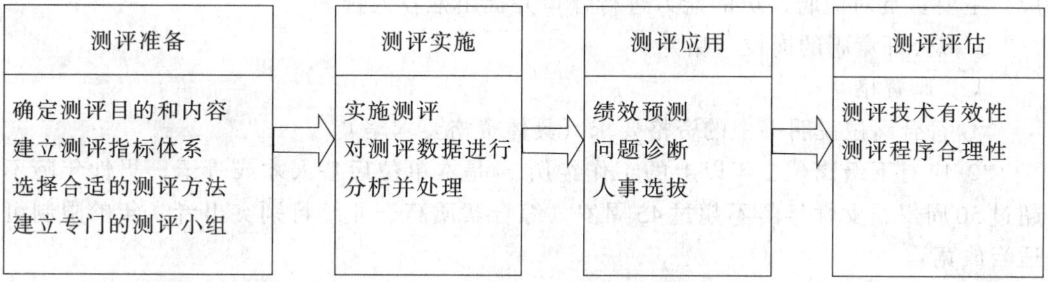

图2-2　人员素质测评方案基本内容

2.方案设计的注意事项

在设计人员素质测评方案时，首先要确保测评主体的客观性与公平性，避免因为熟人关系而跳过被测评对象不擅长的测评项目。其次，要保证方案设计的科学性，可以邀请上级主管、周围同事以及相关专家参与设计。最后，要注意方案设计的可行性，需要在组织可行范围内针对需要测试的项目进行试测，不可盲目选择。

三、实训背景材料

（一）案例分析材料

背景材料1

B公司中层管理岗位竞聘测评方案

为了进一步加强领导班子队伍建设，加大对中层管理者的管理力度，建立科学、灵活的选人用人机制，不断优化中层管理人员结构，全面提高中层管理者履职能力和管理水平，促进公司发展，B公司结合实际制订了如下中层管理岗位竞聘测评方案：

1.实施原则

① 德才兼备、任人唯贤的原则。

② 注重实绩、群众公认的原则。

③ 客观公正、公平竞争的原则。

④ 实事求是、积极稳妥的原则。

⑤ 以人为本、构建和谐企业的原则。

2.组织机构

①成立竞聘工作领导小组，主要负责对岗位竞聘工作的监督和领导。

组长：陈东

副组长：曾光蓉、赵荣光、张晓

成员：王虹、杨一壮、外聘专家

领导小组在公司人力资源部下设办公室，办公室主要负责竞聘方案的制订及竞聘工作的组织和实施。

②成立竞聘评审小组。评审小组由公司相关部门领导、外聘专家和职工代表组成，主要负责对应聘人员的能力进行评审并提出推荐人选。

3.拟公开竞聘的岗位（略）

4.竞聘资格

① 符合岗位说明书中的资格要求（具体资格要求略）。

② 应有下级岗位2年以上的工作经历，是本单位后备人才或骨干，男性年龄不超过50周岁，女性年龄不超过45周岁（综合素质高、业绩特别突出者，年龄限制可适当放宽）。

③ 特殊要求：若竞聘岗位为党群部门岗位，竞聘者必须是中国共产党正式党员。若竞聘岗位为财务部门领导岗位，竞聘者应具有财会类专业本科（含）以上学历或中级（含）以上职称，且具有5年（含）以上财务或审计工作经历。

5.竞聘程序

（1）竞聘动员（时间：4月2日）

① 召开电视电话会议进行动员。

② 公布公开竞聘岗位（任职条件或岗位说明书）、竞聘流程等。

（2）自愿报名（时间：4月3—9日）

① 符合选拔条件的人员自愿报名，并填写“岗位竞聘自荐表”（附件略）。

② “岗位竞聘自荐表”以纸质和电子邮件方式同时报给公司人力资源部。联系人王力，电话 6688****，邮箱 ****@qq.com。

（3）审核（时间：4月10—12日）

① 按照岗位任职条件和要求，对报名人员进行资格审核。

② 确定符合选拔条件的报名人员名单并予以通知。

③ 将报名竞聘人数和拟选拔职数比在2：1以上的岗位正式列为内部公开竞聘岗位；报名竞聘人数和拟选拔职数比低于2：1的岗位，原则上不列为公开竞聘岗位。

（4）素质测评、述职答辩（时间：4月13—17日）

①素质测评由外包测评团队组织、公司相关部门协助（素质测评总分为50分，其中笔试占20分、无领导小组讨论占30分）。

素质测评的内容包括：理论知识考试，内容主要包括管理学、相关法规与行业政策、业务知识等，主要采用笔试等测评方式；综合能力测评，主要评估竞聘者的分析和解决问题能力、组织协调能力、领导能力、沟通能力、决策判断能力、语言表达能力、社交能力等，以及竞聘者的自信心、进取心、责任感、灵活性、情绪稳定性以及团队精神等个性方面的特点及风格，主要采用无领导小组讨论等评估方式。

首先，所有参加竞聘的人员集中进行笔试，时间为2～4小时；然后，所有人员分组进行无领导小组讨论，每个小组的讨论时间在1小时左右。无领导小组讨论的评委由公司领导、外聘专家等担任。

素质测评中，竞聘同一岗位且得分位于前三名者进入下一轮答辩环节，未进入前三名者则被淘汰。

②述职答辩由外包测评团队组织、公司相关部门协助（述职答辩总分为100分）。

参加答辩的人员要准备书面答辩材料，内容包括个人基本情况、对竞聘岗位工作的设想与建议、工作的努力方向和奋斗目标等。首先由答辩人宣读书面答辩材料，然后由答辩评审委员会成员提问。答辩评审委员会成员和列席旁听的职工代表对竞聘者答辩情况及是否具有符合竞聘岗位要求的业务技能进行评审、打分（公司领导打分的权重为50%，外聘专家打分的权重为25%，职工代表打分的权重为25%），并填写答辩评审意见。

评审小组汇总竞聘者的素质测评成绩和述职答辩成绩，并推荐人选上报领导小组。

（5）考查审批，公布任职（4月19—23日）

① 岗位有特殊要求的，领导小组对推荐人选进行考查，充分听取意见。

② 领导小组根据评审小组提出的推荐人选召开党政联席会，研究确定拟聘人选。

③ 公示拟聘人选。公示结束且无意见后下发聘任通知，试用期1年。

资料来源　冯明．人力资源管理［M］．重庆：重庆大学出版社，2013：121-123.

讨论题：

（1）B公司中层管理岗的竞聘测评方案的健全性如何？

（2）B公司中层管理岗的竞聘测评方案中有哪些测评方法？

背景材料2

国电克拉玛依发电有限公司的人才测评工作

国电克拉玛依发电有限公司①是国家能源集团公司下属全资三级企业，系国电新疆电力有限公司全资控股公司，于2010年5月注册成立。经过数年的发展，公司采暖季共投运换热站45座，城南供热到户面积达488.73万平方米，同时向城北老区提供优质稳定的热源，覆盖23个居民区、60个商业区，并为克拉玛依数家企业供应工业用气，具有良好的经济效益前景。

公司组织机构设置健全，包括综合管理部、人资企管部、财务产权部、计划营销部、政治工作部、监察审计部、安全监察部、设备管理部、发电部、燃料及物资管理部、检修部、后勤保卫部、热力公司共13个部门。

---

① 2021年8月该公司更名为“华电克拉玛依发电有限公司”，本书与参考文献原文保持一致，仍使用原名。

根据上级单位有关规定，结合自身实际情况，公司将人才资源界定为副总师、中层干部、主管、专工、专责、班组长、技术能手、技能能手，以及其他35岁及以下潜力人才。

然而，这样一家日益壮大的公司却面临结构性缺员的问题。随着大龄员工退休、青年员工逐年流失，公司技能人才短缺，生产一线的关键技术岗位主要依靠外委队伍力量，而外委成本较高，外委人员资历参差不齐，统一管理难度较大，结构性缺员问题凸显，严重削弱了公司的市场竞争能力和后期发展能力。

当前，公司内部人才管理存在以下5个问题：

第一，随着公司的发展，现有人才的技术水平已不能满足生产岗位的技术要求，这大大地限制了公司的技术创新、难题攻关和课题研究等。公司现在面临煤价高居不下的问题，需要科学配比不同煤种进行掺烧，而高效安全的配比掺烧技术是关键。

第二，公司部分岗位设置与岗位人员不匹配，目标任务完成率较低，部门绩效和工作氛围总是不理想。

第三，公司绩效管理及其应用效果不明显，员工工作积极性和工作效率不能满足公司生产经营的发展要求，青年员工士气不高，老员工存在一定抵触情绪，内部冲突、人员流失现象频发。

第四，公司各部门、各岗位之间存在职责重叠、相互推诿、工作滞后等现象。

第五，公司对人才的投资与回报不成正比，教育培训效果不佳。

面对人才的结构性问题，2016年，公司启动全面加强人才队伍建设工作。公司领导要求人力资源部建立公司职业通道管理体系，完善绩效管理体系、岗位目标和任务管理体系，把人才培养、人才发展目标分解落实到生产经营中的具体环节、岗位和责任人，做到精准科学识人，抓好教育培养。

现在公司的人才测评工作已经正式启动，初次测评工作为期三个月。在这期间，公司将对全体工作人员进行摸底性测评，主要以直接领导和上级主管定性评价为主，要求公平、公正地反映该岗位员工的工作业绩和工作态度。同时，开展员工自评工作，内容包括个人的学习能力、目前对岗位工作和企业氛围的满意度、个人的工作规划、是否认同企业文化、是否配合本次测评工作等。测评的目的在于：一方面，公司可以确定员工的发展方向、培训方向、培训目标、职业生涯通道；另一方面，公司可以根据测评数据建立各业务链的人才标准库，基于人才标准库判断出人岗匹配情况，进而建立各业务链员工的培训开发体系，制订人才培养计划，建立人才梯队库，并且为公司选拔任用干部提供重要依据。

资料来源　王丽娜. 国电克拉玛依发电有限公司人才测评研究［D］. 石河子：石河子大学，2020.

讨论题：

国电克拉玛依发电有限公司在整个人员素质测评方案设计的过程中有什么需要特别注意的事项？请予以说明并阐明理由。

（二）实训项目材料

背景材料1

S大学人力资源开发协会测评方案

【实训背景】

具体内容见“附录1 S大学人力资源开发协会背景材料”。

【实训内容】

现在，又到了一年一度的毕业季，S大学人力资源开发协会也迎来了一年一度的换届选举，会长的候选人们表现了极高的热情。假设你们是S大学人力资源开发协会测评小组成员，现在需要对会长候选人设计一套完整的人员素质测评方案，请结合相关知识和内容开展该项工作。

【实训设施】

人员素质测评实验室，电脑及投影设备（用于播放演示文稿和视频文件）。

【实训指引】

（1）通过访谈、网络查找等渠道获取信息资料，包括该岗位的任职资格、工作描述等；

（2）结合测评方案应包含的内容开展方案设计工作，包括目标、原则、时间、人物、预算等；

（3）形成“某类岗位或者某岗位测评方案设计”文本，包括封面、正文、附录等内容。

背景材料2

安徽省招标集团股份有限公司的测评方案

【实训背景】

安徽省招标集团股份有限公司源于1989年成立的事业单位，总部位于综合性国家科学中心——合肥。伴随市场经济的发展、咨询行业的变革，集团历经改制重组、业务结构转型升级，目前已成为安徽省内“龙头”企业和全国一流的高新技术综合性咨询企业。集团拥有工程咨询单位甲级资信（市政公用工程、建筑、农业和林业及PPP①专项资信）、工程造价咨询企业甲级资质、工程监理资质、工程设计资质，通过军工涉密业务咨询服务安全保密条件备案，入选全军装备采购招标代理服务机构名录单位，并具备国家颁布的各类招标代理甲级资质。业务范围涵盖策划规划咨询，工程投资及PPP专项咨询，设计、招标采购咨询，工程造价及BIM（Building Information Modeling，建筑信息模型）咨询，工程监管一体化服务等全过程咨询业务链，以及供应链采购、大数据+供应链金融、项目投资、酒店运营等多个领域。

---

① PPP(Public-Private Partnership)即政府和社会资本合作，是公共基础设施中的一种项目运作模式。该模式鼓励私营企业、民营资本与政府进行合作，参与公共基础设施的建设。

集团以“为客户创造最具价值的咨询服务”为目标，以“建立一个高尚的企业、成就一批优秀的员工”为愿景，立足安徽、谋动全国，精耕安徽省内各地市县，辐射京津冀、长三角、粤港澳大湾区等区域以及山东、海南、河南、江西、山西、内蒙古等省（自治区），造价咨询业务营业收入连续位居安徽省第一，PPP咨询业绩连续位列财政部全国入库机构前三名，荣获“中国招标代理机构十大领军品牌”“中国军工涉密项目招标代理机构10强”等殊荣，成功实现了“省内第一、全国前五”的初步目标，全体员工的获得感、荣誉感和幸福感日益增强。近年来，集团正以“一业强体，一体多业”的发展理念，依托多年集聚的全链条工程咨询行业资源，凭借多年积淀的咨询服务专业底蕴，致力于工程咨询供给侧提升的探索，创新服务模式与组织模式，在策划规划咨询，工程投资及PPP专项咨询，设计、招标采购咨询，工程造价及BIM咨询，工程监管一体化服务六大板块持续优化咨询供给，助推经济高质量发展。未来集团仍将紧跟国家经济转型升级步伐，斥资20亿元打造涵盖办公、研发、旅游、休闲、教育、商住、酒店、会展等功能于一体的高端现代化“智库”基地，致力于构建一流的全过程高端咨询发展平台，为员工营造一个五星级的“家”，力争5年内成为国内最具价值的综合咨询服务运营商。

集团的梦想之舰已经起航，希望独具眼光、志同道合的您与我们一起扬帆远航。诚聘有志于共创全过程工程咨询事业的专业人员：精通城市规划、市政工程、交通运输、园林设计、土木工程、工程管理、电力、水环境治理、机电暖通、金融、经济等相关专业的人员。联系人：张经理，电话：0551-62220000，邮箱：ABC@ah-inter.com

资料来源　佚名. 安徽省招标集团股份有限公司简介及招聘启事［J］. 中国工程咨询，2020（10）：6.

【实训内容】

结合安徽省招标集团股份有限公司所需要的人员情况，设计一套测评方案。

【实训设施】

人员素质测评实验室，电脑及投影设备（用于播放演示文稿和视频文件）。

【实训指引】

（1）通过不同渠道获取信息资料，包括该岗位的任职资格、工作描述等；

（2）结合测评方案应包含的内容开展方案设计工作，包括目标、原则、时间、人物、预算等；

（3）形成“某类岗位或者某岗位测评方案设计”文本，包括封面、正文、附录等内容。

四、实训实施环节

（一）案例分析实施步骤

步骤一：布置实训案例

对案例中的背景、主要事实及面临的难题等内容进行了解；收集案例中的已知事实并对每一事实进行区别；对案例中的主要角色所开展的活动和所面临的问题或困难进行深入挖掘。

步骤二：组织讨论、调研和分析、形成报告

在对案例进行认真分析之后，找出问题的症结所在，并对需要解决的问题进行概括；集思广益，从不同角度提出解决方案；对多种决策方案进行优劣对比，找出解决现有问题的最佳方案；阐述理由并对方案的实施提出建议。

步骤三：课堂汇报与分享

教师辅助，学生自行组织。由学生讨论选出一位主持人，并选出专人记录会议纪要。学生汇报可采取随机抽取的方式，加强对学生综合能力的锻炼。

步骤四：学生互评与教师点评

随机抽取3～5位学生作为评委，与授课教师共同评分（见表2-1）。评价标准：汇报内容的流畅性、逻辑性、专业性等。

表2-1 **案例分析评分表**

被评分人 / 评分人	学生A	学生B	学生C
学生C			
学生D			
学生E			
授课教师			
平均分			

备注：平均分为学生D、学生E、学生F的评分和教师评分的平均值。

（二）实训项目实施步骤

步骤一：布置实训任务

通过对本节内容的梳理，利用自身在实际生活中参与社团所获得的经验，结合参与实训班级的实训情况，以小组为单位完成相关实训项目。

步骤二：组织讨论、调研和分析、形成报告

组织讨论：可采取课内小组讨论的形式，也可以课外自行组织讨论。

调研和分析：可分为学生个人或小组的形式进行调研分析。

形成报告：形式多样，不做限制。例如，可以采取自制视频的形式进行报告。

步骤三：课堂汇报与分享

教师辅助，学生自行组织。由学生讨论选出一位主持人，并选出专人记录会议纪要。学生汇报可采取随机抽取的方式，加强对学生综合能力的锻炼。

步骤四：学生互评与教师点评

随机抽取1～2位学生作为评委，与实训课程组教师（2～3位）共同点评（见表2-2）。评价标准参见附录2。

表2-2 **实训项目评分表**

被评分人 评分人	学生A	学生B	学生C
学生D			
学生E			
课程组教师1			
课程组教师2			
综合分数			

备注：综合分数=课程组教师评分的平均值×70%+学生评分的平均值×30%

五、实训教学反思

（一）教师反思

反思内容：

____

____

____

（二）学生反思

学生反思结合素质、能力、情感认知等方面来反馈，具体见表2-3。

表2-3 **学生反思用表**

目标	完成程度	收获与反思	备注
了解人员素质测评方案的基本内容和方案设计的注意事项			
在案例分析中阐明基础理论和基本原理			
在实训环节将理论知识与实际需求结合			
增强职业意识与综合素质			

实训三　人员素质测评指标设计

一、实训目标

目标一：记忆

认知人员素质测评指标体系结构的内容、人员素质测评指标特点、人员素质测评指标的构成、人员素质测评指标体系的作用、人员素质测评指标权重的确定方法、人员素质测评指标设计原则、人员素质测评指标要素的确定方法和人员素质测评指标体系的设计步骤。

目标二：领会

人员素质测评指标要根据企业所处不同环境和企业内部结构来确定，通过学习人员素质测评指标内容，独立完成人员素质测评指标设计章节案例分析，并通过对案例的分析，提高自己的理论知识水平，提高分析问题和解决问题的能力。

目标三：应用

通过实训项目，总结人员素质测评指标设计内涵，并充分发挥自主能动性，针对某一测评体系，自主设计测评体系应该包含的人员素质测评指标内容，并将这些内容进行整合，形成人员素质测评指标体系，观察其应用在实践环节中的效果。

目标四：综合

通过此次实训，在提高自己理论知识水平的同时，更应该学会人员素质测评指标设计的思想，许多相关的设计类问题在思想上是具有共通性的，学会设计的思想会使你在以后解决类似的问题时更加得心应手。

目标五：情感和素质目标

通过此次实训，学习人员素质测评指标设计的相关知识内容。在这个过程中，不仅要熟练地掌握各种知识和技能，还要提高自己的思想觉悟，提升自己的责任感和使命感，以便为以后的人才选拔设定合理的人员素质测评指标体系。

二、实训要求

实训时间：4学时。

实训场地：桌椅可活动的教室。

实训完成方式：以个人或团队形式完成。

实训要求知识点：

实训知识点记忆图如图3-1所示。

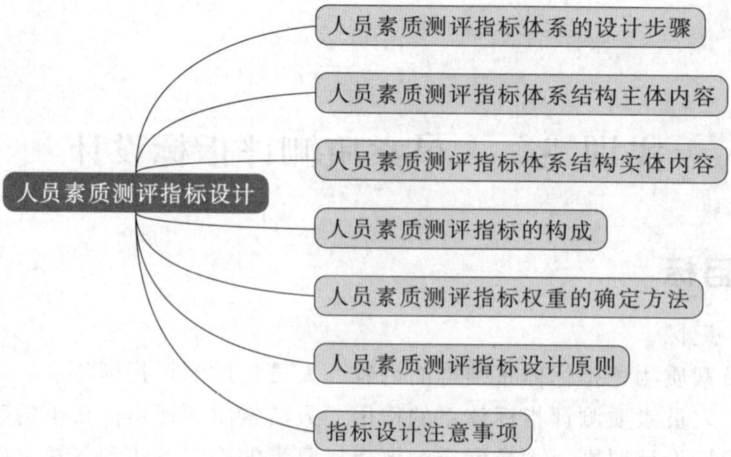

图3-1 知识点记忆图

1.人员素质测评指标体系的设计步骤

（1）明确测评客体与目的

测评客体的特点不同，测评指标体系就不同。即使同一个测评客体，若测评目的不同，所制定的指标体系也不尽相同。

（2）工作分析

在测评内容标准化的过程中确定测评指标体系结构，工作分析是按一定的层次进行的。

（3）明确测评指标

对每一个人员素质测评指标，都必须认真分析研究，界定其内涵与外延，并给予清楚、准确的表述，使测评者、被测评者及第三者均能明确测评指标的含义。

（4）确定权重

因为各个测评指标相对不同的测评对象来说会有不同的地位与作用，因此，要根据测评指标对测评对象反映的不同程度而恰当地分配与确定不同的权重。

（5）反馈修订

对前面确定的指标体系和测评指标进行反复改错和修正。

2.人员素质测评指标体系结构主体内容

（1）结构性要素

身体素质、心理素质、智能素质、品德素质和文化素质。

（2）行为环境要素

企业内部环境、企业外部环境、工作性质、组织背景和组织结构。

（3）工作绩效要素

工作数量、工作质量、工作效率、工作成果、工作内容、人才培养等。

3.人员素质测评指标体系结构实体内容

（1）测评内容

测评内容就是测评想弄明白的具体内容和特征。测评内容的设定首先应分析被测评者的特征，然后通过分析得出需要的测评要素，最后根据测评目的对测评要素进行筛选。

（2）测评目标

测评目标是人员素质测评中最想直观得出的结果。测评目标的设立主要依据工作职位的要求进行，测评内容是测评目标的承担者，测评目标是测评内容的依据。

（3）测评项目

测评项目是对测评目标的具体规定，是测评目标的表现者。

（4）测评指标

测评指标是测评目标的操作化表现形式，是测评项目的具体分解。

4.人员素质测评指标的构成

（1）测评要素

测评要素是测评内容的细化条目，确定测评的内容到底有哪些方面。确定测评要素方法包括工作分析法、胜任特征法、头脑风暴法。

（2）测评标志

每一个测评要素确立的关键性描述特征，都要求可辨别、易操作，通常一个测评要素要由多个测评标志来说明。

（3）测评标度

测评标度指描述测评标志的程度差异与状态水平的顺序和度量。测评标度大致有量词式、等级式、数量式、定义式、综合式。

5.人员素质测评指标权重的确定方法

（1）专家咨询法

专家咨询法又叫德尔菲法，其做法是请专家填写对权重确定的意见，不断反馈信息，慢慢使专家意见趋于一致，得出一个较为合理的权重分配方案。这种方法的优点是：避免了权威、职称、职务、口才和人数优势对确定权重的干扰，集中了大多数人的正确意见。缺点是：由于最后不再考虑少数人的意见，容易失去一部分信息，同时也缺乏科学的检验手段。

（2）主观经验法

主观经验法是指考核者凭自己以往的经验直接给指标设定权重，一般适用于考核者对考核客体十分熟悉和了解的情况。但要注意的是，权重分配要反映测评对象的内部结构和规律，防止因为权重分配不当而脱离实际或产生偏向；权重分配要符合客观实际的需要，可以根据测评目的与具体要求而适当变通；对权重的分配不必十分精确，可以为了便于测评而模糊一点，实际上有些测评指标根本无法做到精确，只能模糊一点。

（3）多元统计分析法

多元统计分析法也叫多变量统计分析，是数理统计中讨论多元随机变量的一系列理论和方法的总称，包括相关分析、回归分析、聚类分析和因子分析。我们可以利用因子分析及回归分析来计算各个测评指标的权数。

（4）层次分析法

层次分析法是将与决策有关的元素分解成目标、准则、方案等，并在此基础上进行定性和定量分析的决策方法，是一种多目标决策方法。层次分析法把专家的经验认识和理性的分析结合起来，两两对比分析，就是直接进行比较，使比较过程中的不确定因素得到很大程度的降低。

6.人员素质测评指标设计原则

（1）与测评对象同质原则

测评指标与标志特征同所测评的对象特征相一致。

（2）可测性原则

设立的指标应可以辨别、可以比较、可以测评。

（3）普遍性原则

设立的指标从内容到形式，能适合所有的测评对象，有足够的代表性。

（4）独立性原则

设立的指标在同一层次上应相互独立，没有交叉。

（5）完备性原则

设立的测评指标体系在总体上能全面地反映测评对象的主要特征，即少而精、少而全。

（6）结构性原则

设立的测评指标体系在总体上要有条件、过程与结果三个方面的指标，防止"短期行为"。

7.指标设计注意事项

第一，设计人员素质测评指标时，要严格按照指标设计步骤来做；否则，可能出现测评指标和需要了解的指标内容不符的问题。

第二，测评指标是规范性的数据体现方式，在确定指标时，要依据具体数据内容，准确地概述数据的承载者。

第三，需要注意的是，测评指标应该是简明扼要的，不能过于复杂，过于复杂会使其呈现出来的东西偏离理想状况。①

三、实训背景材料

（一）案例分析材料

背景材料1

HS公司研发人员胜任力模型的构建

随着工业4.0在全球的演进，大型代工企业HS公司顺应趋势，大力推进智能化转型升级进程，从人口密集型向人才密集型转变，这就对智能制造研发人员的素质提出了更高的要求。

HS公司从成立之初单纯代工笔记本电脑，正向多元化发展，现新增平板电脑、智能手机等电子信息新产品。HS公司逐步加大自动化、智能化升级改造力度，并提出了"创新研发""与众不同""人才第一"三大核心理念，如何拥有能满足公司持续

① 肖鸣政，COOK M.人员素质测评［M］. 3版. 北京：高等教育出版社，2013.

发展的创新人才队伍至关重要。

1.公司介绍

HS公司2011年2月成立，为世界五百强集团公司全资子公司，现有员工1.1万人。该公司凭借精良的加工工艺和研发设计，从投产之初单纯代工笔记本电脑，向多元化发展。截至2020年，HS公司累计实现营业收入2 179亿元，营业利润约99.4亿元。其集团公司系中国台湾六大电子产品代工企业之一，不仅产品开发经验丰富，而且有突出的生产流程垂直整合能力，为客户提供由设计至系统化生产制造的全过程服务，业务范围广泛，不仅涉及服务器、主机、无线通信产品、个人电脑、调制解调器、笔记本电脑等，也涉及CD机、游戏机及周边设备。

HS公司由人资部、行政部、环安部、资讯部、关务部、法务部、制造中心、企划中心、业务中心、采购中心、研发中心、财务中心组成。其中，因集团的高度重视，企划中心、业务中心、采购中心、研发中心、财务中心由集团总部直接管理。HS公司组织架构如图3-2所示。

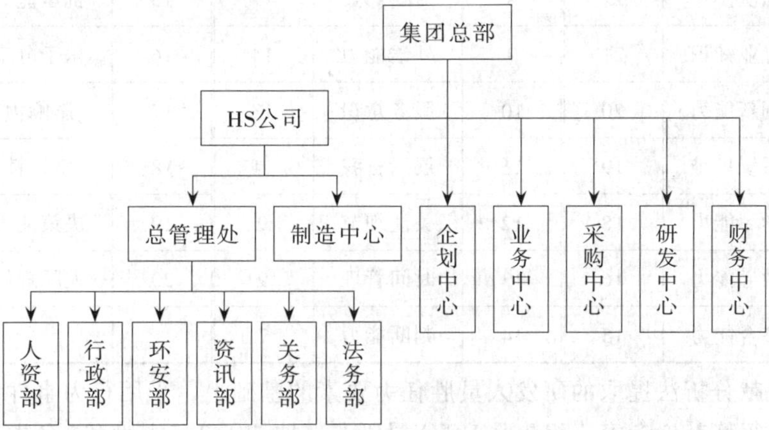

图3-2 HS公司组织架构图

HS公司招聘研发人员时，测评主要针对专业知识、岗位技能和开发经验这些显性项目测评，对不易见的内在心理动机、个性特质测评较少，整个招聘环节人力资源部门的测评专家参与度不足。另外，考虑到成本及外部专家对企业文化和公司管理体制不熟悉等因素，外部专业机构的专家也很少参与研发人员的招聘测评。

HS公司以永续经营为发展方向，积极发展智能制造，以成为具有差异化的国际级企业为战略目标，其研发人员不仅要开发产品，还要设计、整合智能制造服务流程，而HS公司现行的人员招聘是以学历及科研经历为主，对员工的个人需求、职业规划等关注不足，导致了研发人员“招聘难、胜任少、流失快”的问题。

基于胜任力模型进行人员招聘，能够将一般群组和绩优群组进行有效区分，以更加合理、科学的方式甄选人才，能够在众多应聘者中找出绩效倾向的群组，为企业选择优秀人才提供帮助，为企业战略目标的达成提供更多保障。因此，HS公司构建研发人员胜任力模型并应用于研发人员招聘中，将企业战略目标、企业文化和员工个人发展诉求紧密联系起来，选择能够与HS公司企业文化“在工作及生活中不断追求成长，并勇于接受挑战”相匹配的人，对HS公司积极推进智能制造进程、研发出更具优势的新型产品、提升HS公司核心竞争力是极具积极意义的。

2.HS公司研发人员胜任力模型的构建过程

（1）胜任力要素的提取

为了组建HS公司研发人员胜任力数据库，专家小组基于胜任力模型相关理论，结合HS公司发展状况，综合运用文献分析法、行为事件访谈法，广泛收集与胜任力模型构建有关的数据。首先，采用文献分析法，用关键词“研发”“胜任力”搜索CNKI的起止时间为2000年到现在的各类刊物、文章，通过阅读检索出与HS公司相关的文献，找出研发人员胜任力要素，将意思相近的词合并同类项，并对各胜任力要素出现的频次进行归纳和梳理，整理出频次前20个的研发人员胜任力要素，详情见表3-1。

表3-1 **研发人员胜任力要素统计表**

序号	胜任力要素	频次	序号	胜任力要素	频次	序号	胜任力要素	频次
1	团队协作	22	8	执行力	15	15	抗压能力	7
2	专业知识	21	9	外语能力	14	16	乐于分享	6
3	创新能力	20	10	服务意识	13	17	影响力	5
4	系统思维	19	11	展示自我	11	18	坚韧性	5
5	学习能力	18	12	关注细节	9	19	决策能力	3
6	沟通能力	16	13	时间管理	9	20	人际理解	3
7	整合能力	15	14	判断能力	7			

在以文献分析法提取的研发人员胜任力要素的基础上，采用行为事件访谈法对胜任力要素进行修补。专家小组先从HS公司研发部抽调了2名主管和2名去年职位获得晋升的研发人员，从人力资源部抽调了1名招聘专员，由这5人组成专家小组；然后从2017—2019年直接从事开发工作的研发人员中随机选取20名，其中绩效优异和绩效一般的人员分别占50%。为了确保访谈工作顺利进行，专家小组提前一天将表3-2的访谈提纲通过微信发送给访谈对象。

表3-2 **访谈提纲**

1.请列举您认为最具成就感的工作案例。该案例主要是指在特定工作情景下，凭借自身对形势的预判和分析，采取了合理的策略或有效的行动，达成工作目标，获得显著成效的事件
2.请列举3件您认为存在遗憾的工作案例，同时阐述该案例让您领悟到的经验教训。这类案例主要是指在特定工作情景下，由于判断失误、行动出错而造成任务失败或延期完成的事件
3.您认为要成为一名优秀的研发人员需要具备什么能力
4.您认为您身上哪些能力让您胜任研发工作

访谈依据表3-3的STAR问题框架一对一地进行，每个受访对象的访谈时间约1小时，由专家小组记录并全程录音。

表3-3　　　　　　　　　　　　　　　STAR问题框架

Situation（事情发生的背景）	Task（明确任务目标）	Action（采取的行动）	Result（结果如何）
1. 请描述事件发生的情景 2. 事件是在什么情况下发生的	1. 你知道你的工作目标是什么吗 2. 你是怎么进行思考的	1. 你在整个任务执行过程中的角色是什么 2. 你需要采取什么行动完成任务	1. 最终结果如何 2. 你从中学到了什么

访谈结束后，对访谈内容结合录音资料进行梳理汇总，提炼每个被访谈人员所提及的胜任力要素。通过信息汇总发现：绩效优秀的研发人员中，挑战精神为出现频次最多的胜任力要素，其他关注度较高的胜任力要素有专业知识、系统思维、沟通能力、学习能力，各胜任力要素频次分布如图3-3所示。

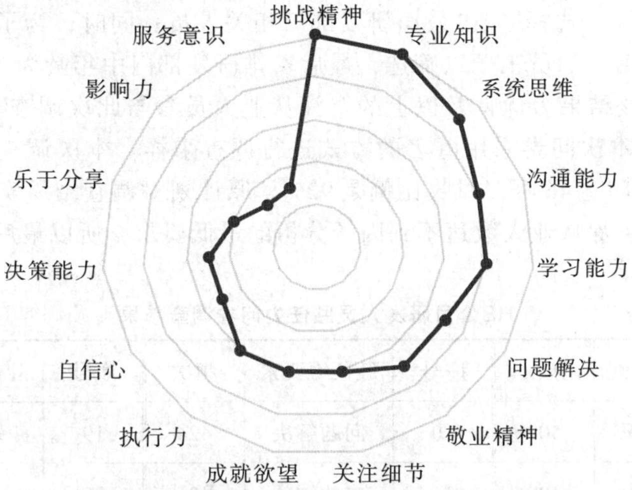

图3-3　绩效优秀的研发人员各胜任力要素频次分布

而绩效普通的研发人员认为最重要的是学习能力，他们需要持续学习，不断提高专业知识与技能，执行力、团队协作、专业知识和时间管理是绩效普通的研发人员的显著特征。绩效普通的研发人员各胜任力要素频次分布如图3-4所示。

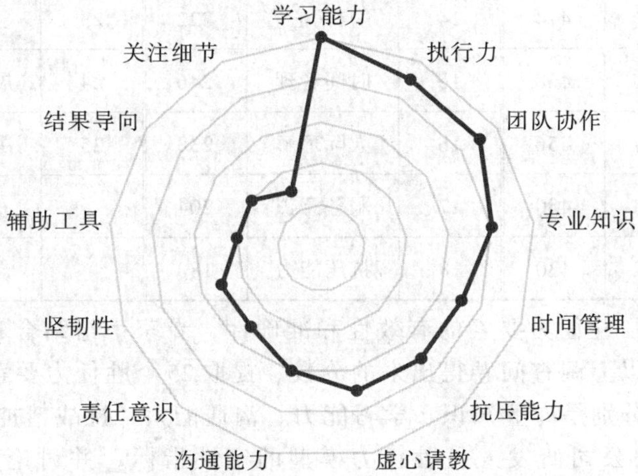

图3-4　绩效普通的研发人员各胜任力要素频次分布

通过对比分析绩效优秀和绩效普通的研发人员，发现前者所具备的特殊胜任力要素主要有5个，分别是挑战精神、问题解决、敬业精神、自信心、成就欲望。对以上文献分析法和行为事件访谈法提取的胜任力要素进行整理归纳，得到25个胜任力要素，作为HS公司研发人员胜任力要素原始样本。

（2）胜任力要素的调查

为了保证访谈结果的客观性和代表性，对文献分析法以及行为事件访谈法提取的共计25个研发人员胜任力要素，按照李克特五点量表法编制HS公司研发人员胜任力调查问卷，由每个被调查者基于个人经验和认知储备做出评价，每一项胜任力要素均包括非常重要、重要、一般重要、不重要、非常不重要5个等级，分值分别设置为10分、8分、6分、4分、2分。出于对调研结果精准性的考虑，本次调查排除了研发团队中的支持型员工，选择了HS公司研发部门相关人员；同时，为了确保调查的有效性，事先对参与活动的员工予以筛选，最后安排研发部门中年龄为25~40岁、年资高且近3年绩效考核结果为优良及以上的资深从业人员参与此次调查。因为HS公司信息保密的要求，本次问卷采用匿名的方式进行调查采样。本次调查共发放调查问卷50份，回收调查问卷46份，回收比例是92%。原计划对调查结果实施因子分析，可是由于研发岗位资深从业人数达不到因子分析的最低要求，所以最后采用总分汇总对比分析，见表3-4。

表3-4　**HS公司研发人员胜任力问卷调查结果**

序号	胜任力要素	频次	序号	胜任力要素	频次	序号	胜任力要素	频次
1	专业知识	502	10	问题解决	424	19	影响力	164
2	学习能力	490	11	成就欲望	406	20	乐于分享	156
3	沟通能力	486	12	执行力	380	21	判断能力	148
4	挑战精神	478	13	整合能力	352	22	关注细节	138
5	团队协作	474	14	自信心	322	23	坚韧性	130
6	敬业精神	468	15	时间管理	246	24	展示自我	126
7	创新能力	456	16	人际理解	238	25	决策能力	122
8	外语能力	450	17	服务意识	204			
9	系统思维	430	18	抗压能力	180			

为进一步增强胜任力要素的有效性和准确性，专家小组结合HS公司研发人员职位特点，根据以上调查问卷得出来的分数，提取25个胜任力要素中得分最多的6个胜任力要素，分别是专业知识、学习能力、沟通能力、挑战精神、团队协作、敬业精神，作为HS公司研发人员胜任力模型的定性指标，并讨论定义了各胜任力要素，具体见表3-5。

表3-5　　　　　　　　　**HS公司研发人员胜任力要素定义**

胜任力要素	定义
专业知识	能够深入理解与充分掌握研发相关的知识，同时对前沿研发成果和技术有独到见解
学习能力	能够自主积极学习，主动掌握新知识、新技能，不断夯实自身的能力基础，提升个人技术水平
沟通能力	能够清晰完整地表述自己的观点，并能够与他人畅通交流、相互扶持配合
挑战精神	不安于现状，向工作中遇到的困难和新事物发起挑战
团队协作	在团队中不注重个人得失，不搞小团体主义，互帮互助完成工作
敬业精神	爱岗敬业，具有专业精神

（3）胜任力要素的权重分配

为了使胜任力模型更有效，除了要进行以上定性指标的研究外，对胜任力要素的权重也要进行分配。对胜任力指标进行定量研究是构建胜任力模型非常重要的环节，可运用德尔菲法、群组综合权值法、层次分析法等。在此，专家小组主要采用层次分析法结合专家咨询法进行。打分过程中，彼此隔离的专家们同时打分。专家小组基于各胜任力要素特点将其进行归类并为其命名，然后分项打分。总权重为100%，单项权重最小为5%，最终汇总出HS公司研发人员胜任力要素的权重分配明细，见表3-6。

表3-6　　　　　　　　**HS公司研发人员胜任力要素权重分配明细**

分类	权重	胜任力要素	权重
知识技能	57%	专业知识	45%
		学习能力	12%
动 机	24%	沟通能力	15%
		团队协作	9%
个性特质	19%	挑战精神	13%
		敬业精神	6%

通过采用文献分析法、行为事件访谈法，以及通过问卷调查，结合专家小组打分，确定了HS公司研发人员胜任力的定性和定量指标，形成了HS公司研发人员胜任力初步模型，如图3-5所示。

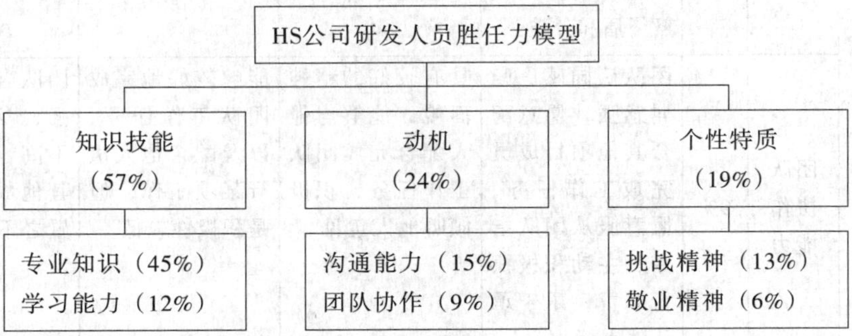

图3-5　HS公司研发人员胜任力初步模型

从以上HS公司研发人员各胜任力要素权重数据可见，知识技能的占比排在第一位，占总比例的57%，这与HS公司所制定的复合型人才培育目标是一致的。排在前三位的胜任力要素分别是专业知识、沟通能力、挑战精神，这为未来HS公司研发人员的招聘工作指明了方向，对应聘人员的评估甄选应从这几个指标入手。

（4）胜任力模型的确定

专家小组在以上各胜任力定性和定量指标的基础上，对其予以等级划分，最终构建了HS公司研发人员胜任力模型，见表3-7。

表3-7 **HS公司研发人员胜任力模型**

分类	权重	胜任力要素	权重	行为划分			
				优（9～10分）	良（8～9分）	中（6～8分）	差（<6分）
知识技能	57%	专业知识	45%	专业知识扎实，了解本人参与的科研项目所有流程和相关技术，对于面试官提出的项目背景、科研成果、研究创新点等问题能够沉着应对、清晰答复	专业基础相对稳固，参与过相关项目，对于项目流程较为熟悉，可协助团队完成项目研发工作	专业知识储备一般，在专业项目中的参与度一般	对于项目所需要的技能和知识了解甚少，无法准确回答面试官提到的专业领域的问题
		学习能力	12%	主动学习意识强，能够自主学习新技术，并将新理论知识应用于实践中，以促进研发成果的提出与转化	学习意识相对较强，基本能够实现理论与实践的结合，且愿意参与企业的培训项目	缺乏自主学习意识，往往被动地接受新技能和新知识	缺乏学习主观能动性和自主学习意识
动机	24%	沟通能力	15%	能够清晰准确地表达自己的观点，或者能够以简洁的语言陈述复杂问题，积极与部门成员沟通交流，以得体的方式化解矛盾和分歧	能够主动倾听他人的意见，对于对方的分歧点能够予以理解和沟通，能够以相对合适的方法表达自己的态度	能够合理表达自身的看法，同时能够与其他项目成员进行积极交流	无法通畅、清晰地表明观点，在交流时前后矛盾，或者所采用的沟通方式不易被人接受
		团队协作能力	9%	团队认同感、归属感强，愿意配合其他项目成员完成工作任务，愿意服从团队指令，主动积极执行职责，乐于承认他人能力	具有较好的精神面貌，能够与他人配合完成团队工作任务，积极倾听他人意见	能够较好地完成团队工作任务，以及配合他人执行某项工作，但是积极性较低	团队合作意识不强，参与积极性不高，对于团队其他成员的求助置之不理

续表

分类	权重	胜任力要素	权重	行为划分			
				优（9~10分）	良（8~9分）	中（6~8分）	差（<6分）
个性特质	19%	挑战精神	13%	敢于尝试富有挑战性的工作，敢于朝更高的目标发展奋进，具有强烈的自主创新意识	对工作和学习的要求是尽善尽美，会制定高目标激励自己前进	按部就班在既定政策下完成公司和主管下达的指示或任务	工作态度散漫，以不犯错为原则，从不追求高绩效
		敬业精神	6%	沉浸于项目中，有计划、有目的地推进工作；能够尽心尽责地完成工作任务，并协助他人共同完成项目	能积极推动工作，遇事不逃避，敢于承担责任	推诿工作，参与工作的积极性不高	玩忽职守，不主动积极完成工作任务，遇到问题时逃避或推卸责任

资料来源　王蓉．胜任力模型在HS公司研发人员招聘中的应用研究［D］．昆明：云南财经大学，2021.

讨论题：

（1）该胜任力模型中权重确定用的是哪种方法？

（2）该胜任力模型适合所有企业吗？为什么？

背景材料2

MD公司的人员素质测评操作实例

1.测评范围

本公司在册非计件员工，包括人力资源部、财务部、公关部、外经贸部、信息部、内贸部等部门的80多个岗位上的员工。

2.测评目的

（1）通过科学的人员素质测评，对每一名非计件员工的能力进行一次全面公正的评价，以便在实践中更好地配置人力资源。

（2）通过测评，更好地发现员工的潜能，了解员工发展潜力的情况，以便公司安排下一步培养和使用。

（3）希望员工通过测评能够更好地认识自己，以便在以后改善工作绩效。

3.人员素质测评的组织和准备工作

（1）由人力资源部负责牵头，组成人员素质测评小组，实施具体工作，包括人力资源部的员工、公司上级相关主管及外部专家。

（2）利用工作分析法对本公司测评岗位进行全面调查。

（3）搜集并整理3年来有关人员的绩效考评方式。

（4）设计合理的人员素质测评流程。

4.人员素质测评指标体系的建立

MD公司的人员素质测评指标体系构建大致上分成3步：

第一步，整合测评要素。根据能力是内在于人体的体力和智力的总和，而每个人的能力又是由各种素质要素组合而成的综合体这一原理，人员素质测评小组整理了一个表示人员及其功能行为的各个方面相互联系、相互制约的要素体系，依次通过测量个体在各个素质要素上表现出来的差异来全面衡量人的能力。该要素体系见表3-8。

表3-8 **人员素质测评的初步要素体系**

基本要求	分项要求
心理能力	智力、人格、价值观
身体素质	健康状况、体力状况
文化素质	知识素质、专业知识
工作技能	专业技能、工作经验

第二步，筛选测评要素并确定指标。通过对MD公司被测评岗位的工作说明书的总体调查，对初步要素进行相应筛选。参考影响岗位绩效的因素以及与各个部门员工代表的访谈结果，总结并设计人员素质测评指标体系。

第三步，确定指标权重，建立测评要素模型。该模型由测评小组使用专家咨询法重复修订而得。

5.规定测评指标的计量

由于非计件员工的测评指标没有客观数据，没有可以参考的量化标准，所以利用主观性测评指标的计量方法进行模糊计量。这里将测评指标分为5个等级，每个等级的赋分相差都是2分，见表3-9。

表3-9 **MD公司人员素质测评指标体系**

一级指标	权重（%）	二级指标	权重（%）	三级指标	评价等级及赋分					权重（%）
					一等	二等	三等	四等	五等	
心理素质	30	价值观	10	1.事业心、进取心	10	8	6	4	2	10
		智力	10	2.学习能力	10	8	6	4	2	5
				3.综合分析能力	10	8	6	4	2	5
		人格	10	4.积极性	10	8	6	4	2	5
				5.自信与开拓性	10	8	6	4	2	5
文化素质	30	知识素质	15	6.学历	10	8	6	4	2	6
				7.继续教育情况	10	8	6	4	2	9
		专业知识	15	8.专业知识	10	8	6	4	2	7
				9.专业培训情况	10	8	6	4	2	8
工作能力	40	专业能力	10	10.专业技能与经历	10	8	6	4	2	10
		社会能力	30	11.人际交往能力	10	8	6	4	2	10
				12.领导与管理能力	10	8	6	4	2	10
				13.科学决策能力	10	8	6	4	2	10

6.人员素质测评方法体系的设计

科学合理的指标体系必须配以科学合理的测评方法才能让个体能力在各项指标上表现出差异，所以，MD公司将很多精力放在了方法选择上。测评小组在广泛听取专家意见并联系公司实际的情况下，对于常见的人员素质测评方法，如心理测评、笔试、面试、情景模拟、评价中心技术以及主观评定等进行了一定的选择和重组，见表3-10。

表3-10　**MD公司人员素质测评方法**

指标	测评方法	方法使用权重（%）
1.事业心、进取心	面试	20
3.综合分析能力		
5.自信与开拓性		
8.专业知识		
7.继续教育情况	笔试+情景模拟测验	30
9.专业培训情况		
10.专业技能与经历		
12.领导与管理能力		
13.科学决策能力		
2.学习能力	学历、工作、经历评定	15
6.学历		
7.继续教育情况		
8.专业知识		
9.专业培训情况		
10.专业技能与经历		
4.积极性	群体评议评定法	15
10.专业技能与经历		
11.人际交往能力		
综合评定	绩效考核评定：1.目标考核 2.过程考核	20

资料来源　侯典牧，傅家荣．人员素质测评［M］．北京：科学出版社．2012：331-332.

讨论题：

（1）人员素质测评指标体系建立的流程是什么？

（2）人员素质测评指标体系在实际中的意义是什么？

（二）实训项目材料

背景材料1

S大学社团策划部社员素质测评指标构建

【实训背景】

具体内容见“附录1 S大学人力资源开发协会背景材料”。

【实训内容】

以S大学人力资源开发协会某一部门的部长为例，结合人员素质测评指标构建方法，构建一套符合该职位的人员素质测评指标。

【实训设施】

人员素质测评实验室、电脑及投影设备（用于播放演示文稿和视频文件）。

【实训指引】

（1）根据测评目的、要求确定测评指标。

（2）设计测评指标权重。

（3）制定完整的人员素质测评指标体系，包括最后结果分析。

背景材料2

KY饭店的人员素质测评指标设计

【实训背景】

KY饭店地处苏州城南，占地30余亩，建筑面积近3万平米，占尽地广之优势，将苏州园林特色融入饭店建筑各个层面，细微之处尽显浓郁古典气息，是集园林之美、时尚理念、现代设施、优质服务于一身的国有四星级旅游饭店，设施齐全，格调典雅，极具苏州园林韵味。该饭店共有278间客房，具有中西式豪华装修的各式房型；拥有大小餐厅28个，可同时供1 000人用餐；三楼多功能厅设施完备、装饰豪华，可满足350～400人开会、用餐。KY饭店自开业以来，始终把保障每一位员工的福利待遇放在首位，关心、照顾员工的工作生活，也为优秀员工提供良好的发展空间。在KY饭店这个大家庭里，每一位员工，只要努力、优秀，都将获得出彩的机会。

目前，KY饭店已处于稳定的发展时期，具备明确的组织战略、包容的企业文化、先进的管理方式、高效的人才队伍，但在人力资源管理中还遗留了各种问题。为进一步促进企业的成熟与稳步发展，该饭店管理层决定构建员工素质模型，并将模型的应用提上日程。

资料来源 根据智联招聘网站的资料改编。

【实训内容】

通过总结该饭店员工素质模型构建要点，得出素质模型在KY饭店人员素质测评指标设计中的应用、KY饭店人才招聘方法以及人员素质测评指标要点。

【实训设施】

人员素质测评实训室、计算机及投影设备（用于演示文稿和视频文件的播放）。

【实训指引】

（1）搜集文献，查找所讨论的职业（或职位）素质的一般结构（至少有两份资料）。

（2）分析与总结，整合测评要素。

（3）筛选测评要素并确定指标，制定一份企业招聘评分表。

（4）运用测评指标量化技术对上述评分表赋分。

（5）进行人员素质测评方法体系的设计。

（6）根据构建人员素质测评指标体系的流程，画出人员素质测评指标体系的一般结构。

（7）教师进行实训点评。

四、实训实施环节

（一）案例分析实施步骤

步骤一：布置实训案例

对案例中的背景、主要事实及面临的难题等进行了解。搜集案例中的已知事实并对每一事实进行区别，对案例中的主要角色所面临的问题、活动或困难进行深入挖掘。

步骤二：组织讨论、调研和分析、形成报告

在对案例进行认真分析之后，找出问题的症结所在，并对需要解决的问题进行概括。集思广益，从不同角度提出解决方案。对多种解决方案进行优劣对比，找出解决现有问题的最佳方案。阐述理由并对方案的实施提出建议。

步骤三：课堂汇报与分享

教师辅助，学生自行组织。由学生选出一位主持人，并选出专人记录会议纪要。学生汇报可采取随机抽取的方式，加强对学生综合能力的锻炼。

步骤四：学生互评与教师点评

随机抽取3～5位学生作为评委，与授课教师共同评分（见表3-11）。评价标准：汇报内容的流畅性、逻辑性、专业性等。

表3-11 **案例分析评分表**

被评分人 评分人	学生A	学生B	学生C
学生D			
学生E			
学生F			
授课教师			
平均分			

备注：平均分为学生D、学生E、学生F和授课教师评分的平均值。

（二）实训项目实施步骤

步骤一：布置实训任务

通过对本节内容的梳理，利用自己在实际生活中参与社团所获得的经验，结合参与实训班级的实训情况，以小组为单位完成相关实训项目。

步骤二：组织讨论、调研和分析、形成报告

组织讨论：可采取课内小组讨论的形式，也可以是学生在课外自行讨论。

调研和分析：可以是学生个人，也可以是小组进行调研和分析。

报告形成：形式多样，不做限制。例如，可以采取自制视频的形式进行报告。

步骤三：课堂汇报与分享

教师辅助，学生自行组织。由学生选出一位主持人，并选出专人记录会议纪要。学生汇报可采取随机抽取的方式，加强对学生综合能力的锻炼。

步骤四：学生互评与教师点评

随机抽取1～2位学生作为评委，与实训课程组教师（2～3位）共同点评（见表3-12）。评价标准参见附录2。

表3-12 **实训项目评分表**

被评分人 评分人	学生A	学生B	学生C
学生D			
学生E			
课程组教师1			
课程组教师2			
综合分数			

备注：综合分数=课程组教师评分的平均值×70%+学生评分的平均值×30%

五、实训教学反思

（一）教师反思

反思内容：

____

____

____

（二）学生反思

学生反思结合素质、能力、情感认知等方面进行，具体见表3-13。

表3-13 **学生反思用表**

目标	完成程度	收获与反思	备注
了解人员素质测评指标体系结构主体内容、结构实体内容、指标设计的原则			
在案例分析中阐明基础理论和基本原理			
在实训环节将理论知识与实际需求结合			
增强职业意识与综合素质			

实训四　人员素质测评方法的选择

一、实训目标

目标一：记忆

认知不同的人员素质测评方法，熟悉人员素质测评方法选择的流程和注意点，掌握不同测评方法的内涵。

目标二：领会

人员素质测评方法的选择要根据企业需要的人才类型来决定，通过对人员素质测评方法的了解，能根据不同用人单位对人才需求的不同，清楚怎样选择合适的人员素质测评方法。

目标三：应用

独立完成人员素质测评方法的选择章节案例分析，并通过对案例的分析，提高自己的理论知识水平，提高自己分析问题和解决问题的能力。在完成案例分析的基础上，学会使用已有的知识，为不同类型企业人员素质测评工作选择合适的方法。

目标四：综合

通过实训项目训练，掌握人员素质测评方法的选择的知识点，改善自己在方法选择方面的不足。通过模拟真实环境，对环境进行分析，看是否能够选择适合组织的人员素质测评方法。在实训中，将自己的疑问说出来，通过大家的共同努力来解决自己的问题，并且尽力去帮助别人。

目标五：情感和素质

通过此次实训，不仅要掌握人员素质测评方法的选择的相关知识点，更要增强自己的规范意识，使自己在处理问题时能够更有条理性。在做出选择时，要符合公司对人才素质的要求，要理性地去看待这些选择。

二、实训要求

实训场地：桌椅可活动的教室。

实训时间：2学时。

实训完成方式：以个人或团队形式完成。

实训知识点要求：

实训知识点记忆图如图4-1所示。

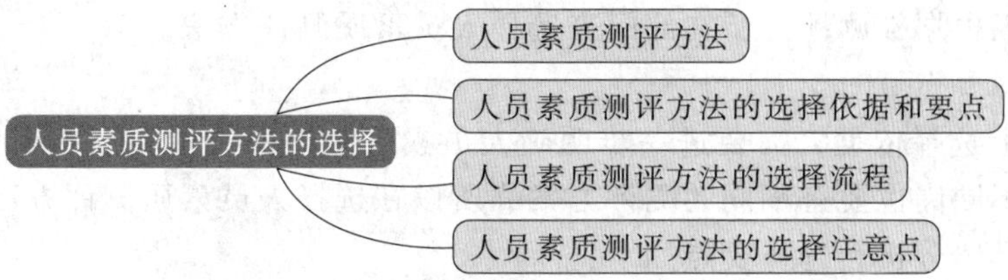

图4-1　知识点记忆图

1.人员素质测评方法

（1）履历分析

履历分析是通过对评价者的个人背景、工作与生活经历进行分析，判断其对未来岗位适应性的一种人才评估方法，适用于面试之前筛选人员。

（2）面试测评

面试是人员素质测评中最常见、应用最广泛的评价技术，也是我们在日常生活中接触最多的一种招聘方式。几乎所有的组织在进行招聘活动的时候都会使用面试测评作为主要的测评方法。有效的面试测评能够弥补履历分析和笔试测评的不足，帮助组织甄选出合适的人员。面试测评适用于任何情形。

（3）心理测验

心理测验就是通过运用心理学知识，了解一个人的外在表现行为，并以此来判断这个人的某些人格特征。心理测验包括人格测验和能力测验，能力测验又包括智力测验、特殊能力测验、职业能力测验和创造力测验。心理测验一般测量比较有代表性的东西。心理测验只能提供一个专业的心理学方面的参考，并不能为一个人下终生的论断。任何人在对测验结果进行解释的时候，都必须谨慎，不要把心理测验结果作为终生的标签。心理测验一般适用于不太正式的场合，或是想进一步了解一个人的时候。

（4）评价中心技术

评价中心技术是现代人事测评的一种主要形式，被认为是一种针对高级管理人员的、最有效的测评方法。完成一次完整的评价中心技术通常需要两三天的时间，对个人的评价是在团体中进行的。评价中心技术包括无领导小组讨论、公文筐测验、角色扮演、管理游戏和案例分析。

2.人员素质测评方法的选择依据和要点

（1）选择依据

人员素质测评方法的选择依据主要有人员素质测评体系的建立及实施、企业和被测评者。

首先，从人员素质测评体系的建立及实施角度来选择。这要结合人员素质测评体系和测评方案、人员素质测评的具体目的、测评指标的性质、测评指标考核的内容等来进行，如企业要求建立以选拔为导向的人员素质测评体系，那么对于一般员工来讲，笔试和面试就是较适合的测评方法；对于高级管理者来讲，评价中心技术就是较有效的测评方法。

其次，从企业的角度来选择。从企业的角度来选择人员素质测评方法，主要是以企业文化、企业管理体系、领导者的管理风格和企业管理系统为依据。

最后，从被测评者的角度来选择。可以根据被测评者的职务来选择人员素质测评方法，也可以根据被测评者所在部门来选择人员素质测评方法。

（2）选择要点

基于以上选择依据，需要进一步明确人员素质测评的选择要点，因为不同内容、不同对象、不同岗位要有不同的测评方案，所以在选择人员素质测评方法时也应当做到具体问题具体分析。选择要点如下：

① 不同人员素质测评方法的功能、适用对象和解释范围各有不同，所以应针对人员素质测评本身的特点进行选择。

② 各种人员素质测评方法服务于不同的测评要素、岗位和企业，不应让测评要素、岗位与企业服务于人员素质测评方法。

③ 在人员素质测评中，同一测评方法服务于所有的测评要素、岗位与企业是不可取的。

④ 人员素质测评方法应从测评管理目的、岗位职责的特点以及被测评企业的特征等方面进行选择。①

3.人员素质测评方法的选择流程

首先，实施测评的组织针对岗位的特性，全面分析岗位所需要素，针对缺少的要素确定人员类型。

其次，根据所确定的人员类型，做出系统评估，从四大类测评方法中选择合适的一种或组合。

再次，按照测评方法的实施程序，进行人员安排和场地布置，做好测评前准备。

最后，根据测评数据，得出测评结果。

4.人员素质测评方法的选择注意点

第一，测评方法选择时要明确测评目的，只有根据测评目的才能选择最合适的测评方法。每种素质测评方法都有各自的特点，要根据不同情形下的测评要点进行测评方法的选择。

第二，测评方法要跟招聘职位有很强的联系性，通过测评方法的筛选，选择出最适合该岗位的人才，同时严格把握岗位特点，根据岗位所需人才做出合理规划。

第三，在进行岗位分析时，要做到客观公正，不可以考虑其他无关因素。②

三、实训背景材料

（一）案例分析材料

背景材料1

S集团高管素质测评技术的选择与运用

1.公司背景

成立于1995年的S集团，是以产品研发、生产、销售为主营业务的年轻企业。该

① 赵曙明，赵宜萱．人才测评——理论、方法、工具、实务［M］．2版．北京：人民邮电出版社，2019：39-41.
② 肖鸣政，COOK M.人员素质测评［M］．3版．北京：高等教育出版社，2013.

集团是全国流通企业中第一家有民营成分的商业企业。在多年发展中，该集团从单一的产品经营到并购多家生产厂，再到拥有自己的研发企业，完成了整个产业链布局，成为集贸、工、科研为一体，拥有员工人数达1 855人（截至2006年10月31日）的新型集团公司。

目前，S集团拥有3家通过GMP认证的大型现代化生产企业、2家全国性的经营企业和一家研究院。S集团以500万元的原始资本起家，2005年实现产品销售总额7.36亿元，总资产增值达6.21亿元。2004年，S集团被评为南京市民营企业综合实力前10强，是南京市民营企业10大纳税大户之一。

2005年，联想控股公司下属的北京弘毅投资顾问有限公司出资2.1亿元，参股S集团31%的股份。

自联想控股公司携手S集团后，S集团确定了新的战略目标，以新产品研发为核心竞争力，坚信创新是企业永恒的生命力；以营销为企业发展的内驱力，以专业的品质，整合、组织国内外适合S集团特质的资源，提供超越顾客需求的产品和服务，全面提升顾客满意度。S集团视员工为企业的合作伙伴、内部顾客和拥有共同事业梦想的人，充分发挥其潜能和价值。员工与全体股东共同追求不断超越自我的成功理念，创造人生的最大价值，赢得社会的关注、尊重和欣赏。

2.测评方法选择之困

联想控股公司的注资，使得S集团内部的股份结构发生了较大的变化，为了适应这种变化，S集团董事会做出了中高层管理人员调整的决定。因为要吸纳一批新的管理人员进来，所以必须淘汰一批原有的不合格人员。于是，S集团决定对该集团内的研究院、江苏S、上海S、S东元、海南S5家企业中所有的中高层管理人员进行一次人员素质测评。

需要说明的是，本项目所涉及的人员素质实际上都是与绩效相关的，但是由于本次采用外部专家进入的方式，再加上时间紧，不可能再考查高管的绩效，所以有关高管绩效的评估不在本项目之内，而是由企业自己把握。

那么，选择何种方法好呢？

3.科学手段助力测评方法的选择

外部专家在对上面提到的企业开展系列基础工作以后，基于以下步骤开展测评技术的选择：

首先，列出测评指标和测评技术的匹配（这个过程在实训三已经阐述过），得到表4-1。

其次，对于每项指标选择最优的测评技术，使用模糊评判法。下面以战略规划能力为例来说明选择过程：

第一，建立评判对象集X。评判对象即备选测评技术，分别为测评量表和测评软件、面试和评价中心技术，记为X1、X2、X3。

第二，确定评判要素集U。这是指各种备选技术的考虑因素，外部专家从可行性、成本、有效性3个要素来考虑。这里用U1、U2、U3代表。

表4-1　　**测评指标和测评技术的匹配**

要素	指标	测评技术
知识	经营管理知识	测量量表和测评软件、笔试
	政策法规知识	测量量表和测评软件、笔试
	专业技术知识	测量量表和测评软件、笔试
经验	管理经验	
	专业技术经验	履历档案分析、面试、评价中心技术
能力	战略规划能力	测量量表和测评软件、面试、评价中心技术
	创新能力	面试、评价中心技术
	沟通能力	面试、评价中心技术
	影响力	评价中心技术
	领导能力	测量量表和测评软件、面试、评价中心技术
	分析问题、解决问题能力	面试、评价中心技术
品性	成就导向	测量量表和测评软件、面试、评价中心技术
	坚韧性	测量量表和测评软件、面试、评价中心技术
	自信心	测量量表和测评软件、面试、评价中心技术
	亲和力	面试、评价中心技术
	责任心	测量量表和测评软件、面试、评价中心技术

第三，确定评语集V。将可行性、成本、有效性3个要素分3个等级进行评判，即V=（高V1，中V2，低V3）。

第四，确定权数分配集A。经过计算得出，A=（0.21，0.32，0.47）。

第五，建立模糊关系矩阵R。先看第一种方法，即测评量表和测评软件。先让10个专家对其就可行性、成本、有效性3个方面进行评价。认为可行性高的有5个，认为可行性中的有3个，认为可行性低的有2个；认为成本高的有1个，认为成本中的有7个，认为成本低的有2个；认为有效性高的有3个，认为有效性中的有4个，认为有效性低的有3个。外部专家据此得到一个要素集（略）。

第六，求决策集B。根据模糊变换B=A·R可得：B=（0.3054，0.3509，0.3437），然后计算该技术的综合评价值（步骤省略）为14.62。

面试和评价中心技术也用一样的方法进行，得出综合评价值分别为13.21和18.63，于是就可以知道，评价中心技术对于该项战略规划能力是最优的。

其余的测评指标也可以用同样的方法，寻找最优的测评技术，过程省略。

最后，外部专家对各指标所选的最优技术进行统计、归类，得出的结果是选用测评量表和测评软件、面试和评价中心技术。

经过科学方法论证后，选出的测评方法是否可以保障测量的可靠性和有效性呢？这成为企业管理者的疑问。

资料来源　朱樱．企业高管素质测评技术的选择与运用［D］．南京：河海大学，2007.

讨论题：

（1）S集团在测评方法的选择上是否合适？为什么？

（2）为什么这3年来校园招聘效果并不好？

背景材料2

M公司经典测评方法使用

1.M公司情况介绍

M公司坐落于广东省佛山市，是目前全球规模最大的家用电器供应商之一。M公司有完善的研发和生产体系，产品远销国内外，在世界多个国家和地区建设了销售网络。2017年，销售收入突破300亿元大关，其中国外销售达20亿美元。根据相关品牌研究单位的估计，M公司的品牌价值接近100亿元人民币。未来，M公司将在加大自主技术研发之外，积极引进世界先进的技术和管理经验，从而推动战略转型、全球布局，进而积极推进结构调整，构建以顾客为中心的新型企业，并逐步成为世界领先的白色家电制造企业。

2.M公司招聘情况介绍

截至2018年11月，M公司在册员工总数15 393人，比上月下降1.6%，同比增加5.0%。从同比情况来看，M公司员工总数呈现增长态势。由于制造业招聘量大的特征，M公司采用多种招聘渠道来招聘员工，常用的有外部招聘和内部招聘两种。外部招聘主要采用员工推荐、劳务派遣、人才市场、校园招聘、网络招聘等形式。内部招聘主要采用内部发布通知、在信息栏张贴广告等方式进行。M公司员工招聘情况呈现如下特点：首先，员工进入公司后短期内流失率较高。员工流失率较高跟公司福利、生活和工作环境等很多方面有关，但入职后短期内就离开的现象，一定跟招聘中没有很好地传达信息有关。招聘处于人才战略的第一道门户，招聘方法的选择、流程的设置、效果的评估等都会影响企业的人才结构和质量。其次，员工满意度非常低，员工进入公司上班后出现工作不适应、对工作节奏认识不深刻等情况。长期不适应的积累，导致工作氛围受到巨大影响。最后，M公司面试官面试能力不足，且该公司重视程度不够，相关培训缺乏。录用决策大部分时候都是凭感觉做出的，面试官没有系统地接受过面试能力的培训。面试能力是指面试官准确把握应聘者与企业职位匹配水平的能力，做到人岗匹配。一般来说，应从面试官接受培训状况、应聘者对面试官的评价、试用期流失率3方面衡量面试能力的高低。

3.M公司应用测评工具的实践

（1）加强工作岗位分析

岗位分析是科学招聘的前提，只有清晰地了解岗位的工作内容和要求，才能为招聘到合适的人才打下坚实的基础，缺乏岗位分析的招聘犹如建在空中的楼阁。M公司组建由人事部门牵头、各部门参与的工作岗位分析团队，对该公司内各岗位做了系统分析，对每个岗位的职责、能力要求做了详细梳理和登记，从而为招聘到合适的人才提供了保证。

（2）加强面试官面试能力培训

面试官是直接站在招聘前沿、跟应聘者接触的人员。面试官能力的高低，直接决定能不能为企业挑选出合适的人才，因此面试官面试能力的培养必须得到重视。M公司针对人员素质测评工具的使用和注意事项，特意设立面试官认证制度。只有认证合格的人员才可以参与招聘工作；认证不合格的人员，哪怕职位再高，也不允许参与招聘录用面试。针对面试官认证制度，M公司出台了培训细则，只有接受相关的培训并经过严格的考核，才可以拿到面试官资格证。这从总体上保证了面试官面试能力的提高，进而为挑选合适人才提供了保证。

（3）针对不同人员选用不同测评工具

基层员工数量多，采用基础知识笔试来做第一层筛选。笔试题难度很低，通过笔试可以把明显不符合要求的人员排除在面试之外。笔试合格人员进入主管面试环节，受过专业训练的主管通过人员在面试中的表现来做出最后录用决定。基础知识笔试保证了效率，主管面试保证了质量。

专业技术人员是企业技术取胜的关键，M公司高度重视专业技术人员的技术理论基础和学习能力。针对这两项素质，M公司采用行业最前沿知识作为专业笔试题，笔试之外增加了霍兰德测试等心理测评手段。只有笔试和心理测试完全达标的人，才能进入最终面试环节。

基层管理人员的一举一动直接影响M公司的价值观，管理人员往往成为员工效仿的对象，管理人员的认知和行为往往会给公司管理造成重大影响。这些特点要求我们高度重视管理人员招聘工作。针对该岗位的特点，招聘中引入了心理测评手段，重点衡量管理人员的动机和社会人格跟M公司整体氛围的匹配情况。

高层管理人员的工作动机直接影响M公司的长远发展，所以M公司对该类人员的引进非常谨慎，从猎头的推荐开始，经历第一轮面试、第二轮面试等，最后增加了公文筐测试和投射测试两种经典测评方法，来判断求职者的动机和价值观，从而保证良好的招聘效果。

（4）测评工具有效性的对比分析

采用新的人员素质测评工具后，M公司经过半年时间，人员状况呈现如下特点：

① 员工离职率有明显下降。从当年3月开始，离职率从28%下降到15%左右，员工离职现象有了显著改善，尤其是入职半年内的员工离职率下降更是明显。同时，员工的内部晋升率并没有显著改善，这个问题的具体原因需要做进一步的研究和分析。

② 员工产能稳定中有所上升。通过M公司提供的详细产能数据可以看出，从当年3月开始，员工的直接产能有了显著提高。当然，员工产能的提高是由于多种因素导致的，但招聘到合适的员工肯定是其中重要的因素之一。

③ 招聘成本显著下降。招聘成本是前期招聘规划是否科学、组织是否顺畅、执行是否到位的体现，是前面一切活动的数量化表示。由于员工离职率的下降，招聘人

员工作量也下降了，按季度核算的人均招聘成本有了显著改善，这也间接反映了人员素质测评工具的使用对M公司招聘工作的改进有很大帮助。

资料来源　白国超. 经典测评方法在企业招聘中的应用研究——以M公司为例 [J]. 中国市场，2020（16）：66-67.

讨论题：

（1）测评方法的选择是否重要？为什么？

（2）该公司经过慎重选择后使用的测评方法为其带来哪些好处？

（二）实训项目材料

背景材料1

对社团实践部成员进行人员素质测评

【实训背景】

具体内容见“附录1 S大学人力资源开发协会背景材料”。

【实训内容】

S大学人力资源开发协会开展一场测评活动，目的在于从众多候选人中甄选出合适的部长。现需要结合该协会情况，选择合适的测评方法。

【实训设施】

人员素质测评实验室、电脑及投影设备（用于播放演示文稿和视频文件）。

【实训指引】

（1）列出可能用到的人员素质测评方法。

（2）分析社团实践部部长应具备的特征。

（3）选择合适的人员素质测评方法并给出理由。

背景材料2

ZL公司人员素质测评方法的选择

1.公司简介

ZL公司作为一线房地产企业品牌，凭借卓越的产品品质、优质的客户服务，根植长三角经济区，布局全国，现已发展成拥有员工1万多名的大企业，这些员工在企业发展中做出了卓越的贡献。借由中国城镇化发展的不断推进，ZL公司的项目已经遍布中东西部绝大多数城市，现已发展成有7个区域集团、56个区域公司和168个事业部的庞大地产投资集团。

ZL公司在发展过程中，充分认识到人力资源对企业的重要作用，所以通过引入咨询公司和大量的人才，构建了完善、先进的人力资源管理体系，并以此积累了专业经验、管理经验与具备竞争力的人才优势。

2.组织架构

在ZL公司的组织架构中，事业部作为分布在各个城市的组织，是一线房产建设、营销和创造利润的主体，也是能接触到客户的一线组织；而处于中间层次的区域公司职级，设置有成本、设计、财务融资、人力行政、投资拓展及研发等职能部门，下辖的事业部及城市也会有多个。在这个层面上，区域公司更像是一种支持事业部项目进展的共享服务中心，兼具承接上层各类指标管控；处于上层的是区域集团，一般是以省级区域为管辖范围，以战略导向和区域帮扶支持为主要职能。通过这种组织结构设计，ZL公司形成了强管头、强过问、强支持、强检查、强管尾的组织治理体系。

3.人力资本组织架构

ZL公司部署在各级的人力资源（HR）工作人员受组织一把手和HR本条线双头领导，整体上更像是矩阵组织架构。ZL公司人力资源一把手为公司执行董事，直接向董事会汇报工作。

ZL学院定位为“党校”，为公司解决人员“想打仗”、“会打仗”和“打胜仗”的问题，旨在为公司建设一支为命运而战的高素质经营人才队伍。ZL学院通过人才发展体系的设计和人才发展的规划，为不同层级的人才建立培养体系；人力资源发展中心下设招聘组、组织机制后台组、人力运营组和高素质经营人才管理部，负责建立统一的人力资源管理政策，并不断促进人力资源管理体系的优化，同时承接公司战略发展需要，建立科学的人才标准，打造核心素质，完善人才发展体系，加速关键岗位人才培养，做好人才的梯度储备。

区域集团联盟支持平台人力资源部门和业务伙伴（BP）组承接上级组织人力资源战略，坚持区域集团经营目标导向，以业务需求及发展为重点，打造利益共同体、事业共同体，提升组织能力、组织效率，活跃组织氛围，同时做好人才引进及人才池建设，支持区域集团经营目标完成；同时向下对接区域公司，传达人力资源管控政策，并对所辖区域公司人力资源工作进行管控和支持。区域公司人力资源管理负责为区域公司生产经营提供卓越的人力资源保障，负责开展区域公司的企业文化建设、组织治理、干部管理、机制落地等工作，落实“精总部、强一线、小组织”的组织发展理念，助力项目快速实现有质量的增长，助力区域公司经营业绩达成。部门内设置人力运营、招聘、培训、干部与组织发展职能小组，承接区域集团相关业务，并对下设的事业部在各个板块进行支持。

事业部设置人力资源工作岗，对事业部进行工作支持，并同时在区域公司授权下，负责事业部人才管理，搭建优良的管理团队，有效发挥人才价值，保障事业部各部门的良性运作，岗位工作内容及职责更加贴近一线，也更加细化，所以事业部层级还会再设置一名辅助人员，来协助办理烦琐的事务性工作，让事业部人力资源业务伙伴（HRBP）得以抽出更多的时间和精力去关注战略执行落地和组织情况，在业务层面创造价值。对接的部门包括营销部、财务部、成本管理部、工程项目部、开发部等多个部门，人员在50名左右。

4.对事业部HRBP胜任素质模型的需求

通过对ZL公司事业部的日常工作观察及访谈调研，我们总结出目前事业部HRBP所面临的问题。如果要解决这些问题，仍要回到设置HRBP的价值这个最原始的问题上来。让HR工作人员参与到公司业务发展战略中去，助力战略、目标在一线落地，而作为参与其中的人员，就要满足这一岗位的胜任力，明确自己的角色和定位。目前ZL公司事业部HRBP是没有胜任素质模型的，要解决ZL公司出现的上述问题，首先要从构建胜任素质模型来进行。结合我们研究的重点，接下来将通过访谈的形式，从事业部HRBP考核、人才盘点及人才招聘3个方面对现状进行调研并阐述胜任力需求。

5.构建HRBP胜任力模型

构建思路如图4-2所示。

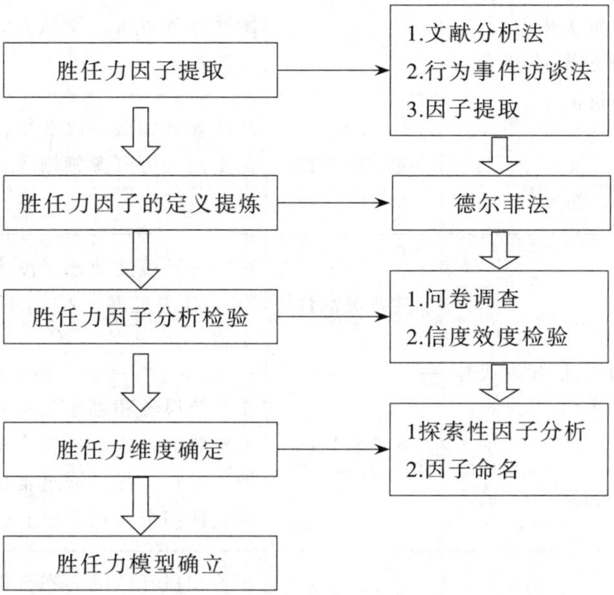

图4-2　胜任力模型构建思路

胜任力模型见表4-2。

表4-2　**胜任力模型**

我们是		胜任力	胜任力行为描述
值得信赖的顾问	信守承诺，言出必行，追求成果，以获得顾客的信任，建立良好的关系	人际理解力	与周围的每个人维持积极良好的人际关系；认真倾听他人，理解对方潜在的兴趣和需求
		个人信誉	正直诚实，清楚明确地传达前后一致的信息
		客户服务导向	提供不同的方案建议，讨论业务策略的风险
业务的战略盟友	熟知业务并关心业务，有能力在理解业务的基础上，将业务痛点转化为明智的决策和行动	本行业全职能业务知识	懂得业务语言，了解盈利模式，了解竞争对手的情况，以及ZL公司与之相比的优劣之处
		业务理解力	理解业务的不同部分是如何互相影响的
		业务洞察力	识别外部的成功趋势，并分析所在的业务部门存在的差距，引用内部和外部业务知识，提出有用的建议，并推动实际行动

续表

我们是		胜任力	胜任力行为描述
人力资源的整合者	能够整合人力资源，创造性解决相关问题，并能通过资源整合实现业务价值	HR专业知识和技能	拥有专业的知识、技能和经验，能被他人因为这些而视为专家，并在人力资源工作中发挥重要的影响力
		沟通影响能力	阐明业务背景，使他人更易于理解战略，遵循流程
		创造性思维	理解业务领域的改变如何影响其他领域，在负责的人力资源领域中，不断追求创新的工作方式
变革的引领者	推动对业务有重大影响的变革	具备灵活性	对内外环境变化敏感度高，并能随时做出调整，抓住机遇，推动不同的解决方案得以实施
		变革管理的能力	能系统思考和理解变革的原因，以及通过各类资源的投入，确保变革得以在组织范围内持续进行，另外通过辅导和培养员工，可以实现他们个人在工作上的改变
科技的推动者	利用科技支持业务，并促进业务发展，同时加强员工间的联系，整合资源	学习能力	怀着积极开放的心态，不断学习新知识、新方法，同时能够进行创新性思考，将学到的内容运用到工作中
		资源整合能力	利用科技建立业务关联，并使这种关联更加紧密；通过信息互通，获得各类资源信息，并整合利用，推动组织内部变革

资料来源　张兆勇．ZL公司事业部HRBP胜任素质模型构建及应用研究［D］．济南：山东大学，2021.

【实训内容】

以该公司HRBP职位为例，根据其职位素质要求，选择人员素质测评方法并讨论其在职位素质评价时的可行性。

【实训设施】

人员素质测评实训室、电脑及投影设备（用于播放演示文稿和视频文件）。

【实训指引】

（1）通过网络、期刊等途径收集可行的人员素质测评方法。

（2）根据HRBP岗位选择测评方法（每种素质可选择多种）。

（3）讨论每种方法的可行性，并列出理由。

（4）教师实训点评。

四、实训实施环节

（一）案例分析实施步骤

步骤一：布置实训案例

对案例中的背景、主要事实及面临的难题等进行了解，搜集案例中的已知事实并对每一事实进行区别，对案例中的主要角色所面临的问题、所进行的活动进行深入挖掘。

步骤二：组织讨论、调研和分析、形成报告

在对案例进行认真分析之后，找出问题的症结所在，并对需要解决的问题进行概括，集思广益，从不同角度提出解决方案；把多种解决方案进行优劣对比，找出解决现有问题的最佳方案，阐述理由并对方案的计划实施提出建议。

步骤三：课堂汇报与分享

教师辅助，学生自行组织。由学生选出一位主持人，并选出专人记录会议纪要。学生汇报可采取随机抽取的方式，加强对学生综合能力的锻炼。

步骤四：学生互评与教师点评

随机抽取3～5位学生作为评委，与授课教师共同评分（见表4–3）。评价标准：汇报内容的流畅性、逻辑性、专业性等。

表4–3 **案例分析评分表**

被评分人 评分人	学生A	学生B	学生C
学生D			
学生E			
学生F			
授课教师			
平均分			

备注：平均分为学生D、学生E、学生F和授课教师评分的平均值。

（二）实训项目实施步骤

步骤一：布置实训任务

通过对本节内容的梳理，利用自己在实际生活中参与社团所获得的经验，结合参与实训班级的实训情况，以小组为单位完成相关实训项目。

步骤二：组织讨论、调研和分析、形成报告

组织讨论：可采取课内小组讨论的形式，也可以是学生在课外自行讨论。

调研和分析：可以是学生个人，也可以是小组进行调研和分析。

报告形成：形式多样，不做限制。例如，可以采取自制视频的形式进行报告。

步骤三：课堂汇报与分享

教师辅助，学生自行组织。由学生选出一位主持人，并选出专人记录会议纪要。学生汇报可采取随机抽取的方式，加强对学生综合能力的锻炼。

步骤四：学生互评与教师点评

随机抽取1~2位学生作为评委，与实训课程组教师（2~3位）共同点评（见表4-4）。评价标准参见附录2。

表4-4 **实训项目评分表**

评分人＼被评分人	学生A	学生B	学生C
学生D			
学生E			
课程组教师1			
课程组教师2			
综合分数			

备注：综合分数=课程组教师评分的平均值×70%+学生评分的平均值×30%

五、实训教学反思

（一）教师反思

反思内容：

____

____

____

（二）学生反思

学生反思结合素质、能力、情感认知等方面来进行，具体见表4-5所示。

表4-5 **学生反思用表**

目标	完成程度	收获与反思	备注
了解素质测评方法类型、人员素质测评方法选择注意点等内容			
在案例分析中阐明基础理论和基本原理			
在实训环节将理论知识与实际需求结合			
增强职业意识与综合素质			

实训五　履历分析

一、实训目标

目标一：记忆

掌握履历表的类型及作用、履历表和简历表的区别、履历表的设计原理、履历分析的注意事项、履历表需要核查的项目、履历分析的特点和基本假设、履历表基本内容和履历分析的步骤等知识点。

目标二：领会

在使用履历分析人才评估技术时，明白怎样利用履历分析更加准确地判断出一个人是否适合企业。自主完成此次实训案例，通过对案例的分析，提高自己的理论知识水平，提升自己的分析问题和解决问题的能力。

目标三：应用

通过进行实训项目，总结履历分析理论知识并进一步加深自己对知识点的理解，针对某一特定岗位，运用实训所学知识，能够自主地设计一份履历表，履历表中的内容能够凸显出特定岗位的岗位特征，达到初步筛选人员的作用。

目标四：综合

通过此次的实训学习，提高自己的履历分析能力，并能够运用类似的方法去分析其他的相关表格。持有严谨的工作态度，做任何筛选工作都会很成功。

目标五：情感和素质目标

在以后做履历筛选时要本着公平公正的原则，本着应有的法律意识去完成工作。同时为了以后的发展和职业生涯规划，我们应该怀有责任感和归属感，尽自己最大的努力去实现自己的价值。

二、实训要求

实训时间：4学时。

实训场地：桌椅可活动的教室。

实训完成方式：以团队形式完成。团队成员充分发挥自己的才能，通过讨论和查阅资料，运用头脑风暴法总结小组成员的观点，共同设计出一份履历表，然后站在应试人的角度撰写履历。

实训要求知识点：

知识点记忆图如图5-1所示。

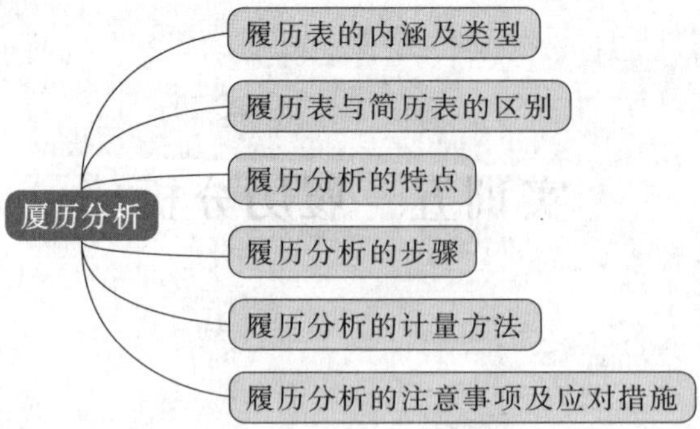

图5-1　知识点记忆图

1.履历表的内涵及类型

（1）履历表的内涵

简单地说，履历就是一个人的经历，或者说是一个人社会实践的过程，也可称为个人传记。而履历表指的是一种对被测评者的初步筛选，它要求用标准化的格式描述被测评者的背景情况。[①]其内容包括个人的基本信息、成长的背景信息、学习培训经历、工作任职经历、社会交往情况、个性特征等。

（2）履历表的类型

履历表主要有传记式问卷和权重履历表两种。传记式问卷包括大量的多项选择题，这些问题与工作标准相关，所有能够反映工作表现的题目都根据选择的答案分配相应的分数。

权重履历表是比较常用的，是一种由申请人填写的履历表，表中的所有项目都根据对工作业绩影响的大小而赋予相应的权重。首先，将现有员工根据工作表现分为高、中、低三个等级，再与所填写的履历表进行比较。二者相关度较高的项目就被赋予较大的权重，相关度低的项目就被赋予较低的权重或不赋予权重。最后，加权汇总得到最后的总分数。在筛选决策中就以此分数为依据。[②]

2.履历表和简历表的区别

履历表通常包含多项内容，如姓名、性别、民族、出生日期；户籍、地址、身份证号；籍贯、政治面貌、职称；家庭住址、联系方式；受教育经历；工作经历等。虽然简历表也会包含履历表中部分内容，但是其与履历表有着一定的区别，见表5-1。

表5-1　**履历表和简历表的区别**

名称	履历表	简历表
概念	是对个人情况的一个简单说明，是个人的基本资料、工作经历、学习经历，能让企业对自己有一个简单的了解。履历表常用于职务升迁	主要是针对自己的工作经历、教育经历进行描述，并对工作中有突出表现的地方进行详细描述。简历表内容一般用记述的方式，没有太多的感情色彩。一般简历表是用来找工作的
优点	容易评估，内容简单易懂	可以体现出求职者的个性，允许求职者进行自我修饰
缺点	限制了求职者的主观能动性	求职者可以略去一些内容，有时会影响评估

① 王文成. 人员素质与能力测评［M］. 北京：中国电力出版社，2014：87-88.
② 王文成. 人员素质与能力测评［M］. 北京：中国电力出版社，2014：87-88.

3.履历分析的特点

履历分析是根据履历表中记载的事实，了解一个人成长的历程和工作业绩，从而对其个人能力、职业兴趣与人格特质等进行分析，并预测其未来的工作胜任情况。

（1）真实性

履历分析是对被测评者过去的经历进行分析，以此来预测其在未来岗位上的绩效水平。而个人过去所经历的事实是无法改变的，通过现代信息技术的查询，可以去除大多数的欺骗行为，履历分析的真实性也就因此体现了出来。

（2）便捷性

相较其他的一些人才选拔方法，履历分析更加便捷。只需要将履历表设计出来然后分发给被测评者，通过回收被测评者履历表并对履历表进行分析，就可以判断一个人的价值水平及未来工作绩效，而且不需要在其他方面进行较大的投入。履历分析的便捷性也就体现在此处。

（3）适用性

履历分析的结果与被测评对象的多种行为之间往往具有较高的相关性，如工作绩效、出勤率、忠诚度等，因此，可以用于人才行为的多维度预测，且可以适用于所有部门和岗位的人才初步筛选。

（4）全面性[①]

履历分析对个体成功与失败的经历、工作业绩等进行历史的、全面的考察，涉及工作经验、能力倾向、职业兴趣、个性特点等多方面的测评要素，弥补了其他测评技术在测评维度上的不足，减少或避免了书面考试中一些高分低能的现象，突出了对人的既定行为和实际业绩的评价，从而更有利于对人才素质的全面把握。

4.履历分析的步骤

（1）分析对象，建立胜任力模型

对对象进行分析，通过总结得出特定职位表现优异的要求，建立胜任力模型，它是一系列人力资源管理与开发实践工作的重要基础。

（2）确定分析要素和要素权重

通过分析数据，得出履历分析过程中要侧重的方面，对其进行较大权重赋值。

（3）编制和设计履历表

通过要素确定和权重赋值，将所需要素设计到履历表中。

（4）对履历项目进行计算

对回收的履历表进行数据分析，运用乘法公式、加法公式和混合公式对履历项目进行计算分析。

（5）修改和重新测量

对通过项目计算所得出的被测试人员分数数据进行修正，如果数据存在问题就重新测量和计算。

（6）形成分析报告

对前面的履历分析数据进行整理，撰写履历分析报告。

---

① 郭朝晖．人才素质测评技术［M］．北京：北京大学出版社，2018：60.

5.履历分析的计量方法[①]

履历分析的一个重要目的就是对每个被测试者的履历进行计量，可以根据其过去的经历及行为事件，对被测试者之间的综合素质差异进行比较。具体计量方法如下：

第一，确定测评项目的权重或分数。加权履历表是履历分析最常用的工具。履历表中各项目会因岗位的不同而有所变化，并且不同岗位所占的权重大小也不一样。履历表中各个项目的选择及权重的确定，主要根据项目内容与未来岗位要求及工作业绩要求而定，与拟任岗位关系密切的项目应赋予较大的权重。在实践操作中，为了方便，往往会给每一个测评项目规定一个分数，确定分数的主要依据是预测该项目对工作业绩的要求。对某一项目的工作业绩或者要求相对高，则分数定得高一些；而要求相对低，则分数要定得低一些。

第二，设计测评项目的评分标准。标准是衡量人或事物的依据或准则。评分标准是对履历表中各项目进行测量的“尺子”，是评分保持统一性的具体规定。设计履历表中各测评项目的评分标准体现了组织对候选人的要求，是进行履历分析的关键。只有各测评项目的评分标准与岗位及工作业绩的要求保持一致，才能提高人岗匹配度，强化组织的人才政策导向。评分标准设计的范例见表5-2。

表5-2　**评分标准设计范例**

项目	正向计分（2分）	基础分（1分）	负向计分（-1分）
1.社团经验	担任领导者		不适用
2.工作经验	相关工作全职或兼职	未提出	不适用
3.荣誉成就	奖项、证照等	未提出	不适用
4.兴趣专长	职务相关兴趣专长，如计算机操作等	不相关	未列举
5.业余爱好	两种以上不同性质	只列出一种	未列举
6.个人优缺点	优缺点各一项以上	仅优点或缺点	未列举
⋮	⋮	⋮	⋮

第三，履历测评项目得分汇总与决策。根据事先确定的标准把申请人各项得分加权汇总，根据总分做出选择决策。履历分析一般把测评项目分为四类：第一类为个人基本情况；第二类为知识与能力；第三类为家庭与社会关系；第四类为品性特点。假设四大类得分汇总后分别为X_1、X_2、X_3、X_4，综合评估值为P，则综合评估公式有三种：第一种为加法公式$P_1=(X_1+X_2+X_3+X_4)/4$，该公式为相对宽松的公式；第二种为乘法公式$P_2=(X_1\cdot X_2\cdot X_3\cdot X_4)^{1/4}$，该公式为最严格的评价公式；第三种为混合公式$P_3=[(X_1+X_2+X_3)/3\cdot X_4]^{1/2}$，该公式兼顾了乘法公式的严格和加法公式的宽松。

6.履历分析的注意事项及应对措施

（1）履历分析与评估的有效性问题

虽然履历分析结果能较好地预测绩效水平和培训成绩，但是有人提出，履历分析具有较强的组织情境性，且其效度系数随着时间变化而降低。这是现阶段履历分析工

① 郭朝晖．人才素质测评技术［M］．北京：北京大学出版社，2018：65-67.

作遇到的较大的挑战。

应对措施：在进行履历分析时，需要对履历表的模块进行区分，从各模块中选出与需求岗位相关的项目，并根据与工作内容的相关性，赋予各项内容模块不同的权重，计算得出各模块分数以及总的分数，再进行量化比较，从而对候选人进行筛选。①

（2）履历表项目设计的合理性问题

第一，履历表设计忽视了不同岗位的差异性；第二，履历表项目的选择更多的是靠管理者的经验来设定的；第三，履历表分析各项目权重分配存在不合理的情况；第四，履历分析项目有可能会侵犯隐私，而受到法律限制。②

应对措施：企业在确定履历分析项目和权重前必须对需求岗位进行分析，从而确定该工作岗位对人员各方面的能力和素质的要求。最终确定的履历表项目数量根据需求岗位的特点和评价需要而定；而权重则是依据项目内容与未来岗位绩效的相关程度等指标来确定。

（3）履历内容填写的真实性问题

为了提高个人的竞争力，在填写履历表时，应聘者可能会隐藏“缺陷”。

应对措施：核查履历表具体内容。通常我们建议对候选人的工作履历进行核实的部分包括九大类：就职岗位名称、在岗时间、担任职位、离岗原因、劳动纠纷、竞业限制协议、离岗前薪资情况、证明人真实性、工作表现评价。这九项基本内容都有其调查的意义。

三、实训背景材料

（一）案例分析材料

背景材料1

西安秦易信息技术有限公司人事专员的履历分析

1.公司背景

西安秦易信息技术有限公司（Xi′an Qinyi Information Technology Co., Ltd.），是经公安部认证，国家网络安全等级保护工作协调小组办公室向社会推荐的网络安全等级保护测评机构（编号：DJCP2020610198）。公司多次获得陕西省公安厅优秀技术支持单位荣誉，下设的黑霾实验室获得公安部优秀团队称号。

公司以网络安全等级保护测评为核心，专业从事等级保护测评、风险评估与安全加固、安全规划与设计、应急响应与灾难恢复、攻防演练与安全保障、安全培训等网络安全服务。公司拥有完善的安全服务体系，服务团队由从事网络安全服务工作多年的众多资深安全专家组成，对最新技术应用、标准体系、行业要求有深刻的理解，能够充分保证网络安全服务的先进性、系统性和全面性。

---

① 任正臣. 人员素质测评理论与方法［M］. 南京：江苏科学技术出版社，2017.
② 郭朝晖. 人才素质测评技术［M］. 北京：北京大学出版社，2018：70.

2.岗位情况

岗位名称：人事专员。

岗位职责：

(1) 执行并完善公司的人事制度与计划，培训与发展，绩效评估，员工社会保障福利等方面的管理工作；

(2) 组织并协助各部门进行招聘、培训和绩效考核等工作；

(3) 执行并完善员工入职、转正、异动、离职等相关政策及流程；

(4) 员工人事信息管理与员工档案的维护，核算员工的薪酬福利等事宜；

(5) 其他人事日常工作。

任职要求：

(1) 人力资源、公共关系、心理学、管理学或其他相关专业大专及以上学历；

(2) 具有一定的人力资源管理经验，具备人力资源专业知识；

(3) 接受过人力资源管理、劳动法规、企业管理等方面的培训；

(4) 具有很强的沟通协调能力；

(5) 熟练使用常用办公软件及相关人事管理软件。

3.测评目的

该公司首选履历分析技术对人事专员进行首轮筛选工作，提升测评工具的有效性，从而降低企业的招聘与选拔成本，提高人员选拔工作的效率。

4.筛选方法——履历分析

该公司测评人员依据空缺岗位任职资格要求设立筛选指标与评价标准，见表5-3（满分100分）。

表5-3　　人事专员履历筛选测评指标和评价标准

测评指标		评价标准（满分100分）
证书（30%）	英语（50%）	六级证书100分；四级证书60分；无证书0分
	人资三级（30%）	有三级证书100分；无三级证书0分
	计算机（20%）	二级或二级以上证书100分；一级证书60分；无证书0分
能力（60%）	沟通能力（25%）	能力好80～100分；较好60～80分；一般40～60分；较差20～40分；差0～20分
	逻辑能力（25%）	能力好80～100分；较好60～80分；一般40～60分；较差20～40分；差0～20分
	责任心（25%）	责任心强80～100分；较强60～80分；一般40～60分；较弱20～40分；弱0～20分
	学习能力（25%）	能力好80～100分；较好60～80分；一般40～60分；较差20～40分；差0～20分
履历格式（10%）	排版（30%）	合理有序80～100分；较合理60～80分；不合理0～60分
	错别字（40%）	无100分；有0分
	清晰程度（30%）	逻辑清晰80～100分；较为清晰60～80分；不清晰0～60分

5.筛选过程

经过各评委打分，各候选人的测评结果见表5-4。

表5-4 **人事专员测评结果汇总表**

项目		履历一	履历二	履历三	履历四	履历五	履历六	履历七	履历八
证书	英语（50%）	0	100	60	60	100	60	0	60
		0	100	60	60	100	60	0	60
		0	100	60	60	100	60	0	60
		0	100	60	60	100	60	0	60
	人资三级（30%）	0	100	100	0	0	100	100	100
		0	100	100	0	0	100	100	100
		0	100	100	0	0	100	100	100
		0	100	100	0	0	100	100	100
	计算机（20%）	0	100	100	60	100	60	60	60
		0	100	100	60	100	60	60	60
		0	100	100	60	100	60	60	60
		0	100	100	60	100	60	60	60
能力	沟通能力（25%）	80	80	80	80	75	70	95	75
		80	85	80	85	80	75	95	70
		75	85	80	80	80	75	90	65
		70	80	75	80	75	85	80	65
	逻辑能力（25%）	60	85	70	75	75	85	80	80
		60	90	80	65	70	80	80	80
		70	85	70	70	80	85	85	75
		80	85	88	90	95	90	85	80
	责任心（25%）	75	75	88	75	70	80	85	70
		85	75	85	80	65	80	90	70
		80	80	80	80	60	80	87	75
		80	85	80	95	95	100	80	75

续表

项目		履历一	履历二	履历三	履历四	履历五	履历六	履历七	履历八
能力	学习能力（25%）	80	90	75	75	85	90	75	80
		75	80	70	85	85	90	75	70
		78	90	80	85	85	95	75	80
		70	90	90	90	90	90	95	90
履历格式	排版（30%）	70	85	60	65	80	85	70	85
		70	90	70	50	80	90	65	80
		65	85	65	60	85	90	70	87
		95	80	100	89	95	80	85	85
	错别字（40%）	100	100	100	100	100	100	100	100
		100	100	100	100	100	100	100	100
		100	100	100	100	100	100	100	100
		100	100	100	100	100	100	100	100
	清晰程度（30%）	75	85	80	70	80	85	85	70
		60	90	80	85	75	85	80	80
		70	88	75	80	80	87	80	84
		95	80	90	95	95	78	90	95
最终得分		53.425	89.373	80.313	69.43	77.463	81.325	71.988	75.595
最终排名		8	1	3	7	4	2	6	5

6.筛选结果

最终，王红（履历2）、李想（履历6）以及常梨（履历3）通过了履历筛选，原因如下：相比较其他被测评者而言，他们三个的学历、专业均符合要求，证书齐全，工作经验丰富，可以看出其具有良好的沟通协调能力，学习能力较强，有较强的责任心和抗压能力，并且履历清晰明了，简洁大方，符合本公司用人要求。

资料来源　背景和岗位职责相关内容根据智联招聘网站上发布的招聘广告资料修改所得。

讨论题：

（1）该案例中使用了哪种履历分析技术计算公式？它有何优缺点？

（2）还有其他计算方法吗？其他方法有什么优缺点？

背景材料2

履历筛选

1.项目背景

在履历收集整理的基础上如何筛选出合格的求职者。

2.项目实施

（1）运用经验法筛选求职者信息。

（2）运用简单计分法给每位求职者求职竞争力评分。

（3）运用加权计分法给每位求职者求职竞争力评分。

（4）根据各种方法评分结果确定面试人选。

3.训练与测评

（1）招聘广告

公司规模：100～499人。

公司性质：外商独资，外企办事处。

公司行业：电子、微电子，通信（设备、运营、增值服务），汽车、摩托车（制造、维护、配件、销售、服务）。

招聘岗位：外销业务员。

职位性质：全职。

学历要求：不限。

招聘人数：1人。

工作地点：昆山

职位要求：

① 有1～2年的外销工作经验及市场客户管理经验。

② 有良好的语言沟通能力及应变能力，有团队合作精神。

③ 能够经常出差并能承受一定的工作压力。

④ 专业要求为经济管理类相关专业。

⑤ 有汽车电子元器件销售经验者优先考虑。

（2）应聘人员履历情况汇总表（见表5-5）

表5-5　**应聘人员履历情况汇总表**

序号	求职编号	性别	出生年月	年龄（截至2022年）	户口所在地
A	4000000003313340	女	1999年2月	23	北京
B	4000000011990800	女	1999年1月	23	江苏南京
C	4000000013067700	女	1998年12月	24	山东潍坊
D	4000000016765390	男	2001年1月	21	江苏泰州
E	4000000017280180	男	1996年4月	26	山东济南

（3）要求

① 运用简单计分法给每位求职者的求职竞争力评分。

② 运用加权计分法给每位求职者的求职竞争力评分。

③ 根据各种方法评分结果确定面试人选。

（4）项目实施

①运用简单计分法给每位求职者的求职竞争力评分（见表5-6）。

表5-6 **求职者求职竞争力评分（简单计分法）**

求职者	A	B	C	D	E
工作经验	0	1	1	1	1
语言沟通/团队合作	1	1	1	1	1
压力承受	1	1	1	1	1
专业对口	0	1	1	1	0
优先条件是否具备	0	1	0	1	1
综合评分	2	5	4	5	4
处理结果	筛除	进入面试	筛除	进入面试	筛除

②运用加权计分法给每位求职者的求职竞争力评分（见表5-7）。

表5-7 **求职者求职竞争力评分（加权计分法）**

求职者	权重	A	B	C	D	E
工作经验	5	0	1	1	1	1
语言沟通/团队合作	4	1	1	1	1	1
压力承受	3	1	1	1	1	1
专业对口	2	0	1	1	1	0
优先条件是否具备	1	0	1	0	1	1
综合评分		7	15	14	15	13
处理结果		筛除	进入面试	进入面试	进入面试	筛除

资料来源 佚名．履历分析教学案例［EB/OL］．［2022-03-28］．https：//www.docin.com/p-142888483.html.

讨论题：

（1）如果运用简单计分法选择两位面试者，则选择谁？

（2）如果运用加权计分法选择三位面试者，则选择谁？

（二）实训项目材料

背景材料1

以HED纳新为例的履历分析流程

【实训背景】

具体内容见“附录1 S大学人力资源开发协会背景材料”。

【实训内容】

能根据具体社团人员需求自己设计一份“应聘履历申请表”，并确定履历表中各项目的权重。

【实训设施】

人员素质测评实训室，电脑及投影设备（用于播放演示文稿和视频文件）。

【实训指引】

（1）挖掘并补充完善招聘岗位的信息资料，包括该岗位的任职资格、工作描述等；

（2）结合岗位情况设计应聘申请表。

背景材料2

百胜中国控股有限公司实习生履历分析

【实训背景】

1.公司介绍

百胜中国控股有限公司是中国领先的餐饮公司，致力于成为全球最具创新性的餐饮先锋。自从1987年中国第一家餐厅开业以来，如今百胜中国的足迹遍布全国各地，在1 200多座城镇经营着8 100余家餐厅。

百胜中国从Yum! Brands（纽约证券交易所代码：YUM）分拆出来之后，于2016年11月1日独立在纽约证券交易所上市，股票代码为YUMC。百胜中国在中国市场拥有肯德基、必胜客和塔可贝尔三个品牌的独家运营和授权经营权，并完全拥有东方既白和小肥羊连锁餐厅（2022年3月，百胜中国发布公告称,将永久关停其旗下中式快餐品牌东方既白）。

经过30多年的发展，百胜中国不仅在店面数量方面，而且在品牌知名度、社交及数字媒体营销和传播、全国供应链管理、产品质量及创新方面，都已经成为一家中国领先的餐饮企业。百胜中国46万多名员工是其发展的支柱，与此同时，在百胜积累了丰富经验的管理团队和全情投入的前线伙伴也正在继续引领充满活力、直面机遇和充满欢乐的企业文化。

百胜中国将通过创新产品、提升就餐体验、增强移动连接及持续创造价值来满足消费者不断改变的需求。百胜中国对于未来长期的发展充满信心。

百胜被誉为服务业的“黄埔军校”，培养了无数服务业管理人才。现在，正在寻找具有潜力的伙伴，一起为这个行业创造更多辉煌。只要你有勇气、自信、激情，就能成为百胜的明星员工，与世界一流的团队并肩前行。百胜中国将毫无保留地将经验分享给你，让你学会在工作中独当一面，成为万众瞩目的明星。

公司网址链接：http：//www.yumchina.com.

2.需求岗位

（1）岗位名称：人力资源实习生

（2）岗位要求

① 维护、拓展公司招聘渠道，更新招聘信息；

② 根据职务描述筛选履历表，与候选人沟通，协调面试时间；

③ 负责跟进面试安排，进行面试结果反馈；

④ 协助进行人力资源相关数据统计工作；

⑤ 支持招聘团队协调其他事宜。

（3）任职资格

① 本科或研究生在读，全日制统招2022年及以后毕业，专业不限；

② 连续实习3个月及以上，每周出勤4天及以上；

③ 熟练运用Excel、Word、PowerPoint等办公软件；

④ 积极主动，性格外向，善于沟通，思路清晰，乐于总结。

【实训内容】

经历一个月广告的发布，公司收回20份履历表，请结合公司情况撰写一份履历分析报告。

【实训设施】

人员素质测评实验室，电脑及投影设备（用于播放演示文稿和视频文件）。

【实训指引】

（1）挖掘并补充完善需求岗位的信息资料，包括该岗位的任职资格、工作描述等；

（2）结合岗位情况撰写评价报告、评价目标、评价标准、评价过程、评价结果等；

（3）形成“某类岗位或者某岗位履历测评报告”文本，包括封面、正文、附录等内容；

（4）“履历分析”所用的20份履历表由同学们通过网络媒介（如微信朋友圈、校园平台等）发布广告后自行获取。

四、实训实施环节

（一）案例分析实施步骤

步骤一：布置实训案例

对案例中的背景、主要事实及面临的难题等内容进行了解。收集案例中的已知事实并对每个事实进行辨别，对案例中的主要角色所面临的问题、活动或困难进行深入了解。

步骤二：组织学生讨论、调研和分析、形成报告

在对案例进行认真分析之后，找出问题的症结所在，并对需要解决的问题进行概括。集思广益，从不同角度提出解决方案。对多种决策方案进行优劣对比，找出解决现有问题的最佳方案。阐述理由并对方案的实施计划提出建议。

步骤三：课堂汇报与分享

教师辅助，学生自行进行组织。由学生讨论选出一位主持人，并选出专人记录会议内容。学生汇报可采取随机抽取的方式，加强对学生综合能力的锻炼。

步骤四：学生互评与教师点评

随机抽取3～5位学生作为评委，与授课教师共同点评（见表5-8）。评价标准：汇报内容的流畅性、逻辑性、专业性等。

表5-8　**案例分析评分表**

被评分人 评分人	学生A	学生B	学生C
学生D			
学生E			
学生F			
授课教师			
平均分			

备注：平均分为学生D、学生E、学生F和授课教师评分的平均值。

（二）实训项目实施步骤

步骤一：布置实训任务

通过对本节内容的梳理，利用自身在实际生活中参加社团所获得的经验，结合参与实训班级的实训情况，以小组为单位完成相关实训项目。

步骤二：组织学生讨论、调研和分析、形成报告

组织学生讨论：可采取课内小组讨论的形式，或课外学生自行组织讨论。

调研和分析：可以学生个人或小组的形式进行调研分析。

形成报告：形式多样，不做限制。例如，可以采取自制视频的形式进行报告。

步骤三：课堂汇报与分享

教师辅助，学生自行组织。由学生讨论选出一位主持人，并选出专人记录会议内容。学生汇报可采取随机抽取的方式，加强对学生综合能力的锻炼。

步骤四：学生互评与教师点评

随机抽取1～2位同学作为评委，与实训课程组教师（2～3位）共同点评（见表

5-9）。评价标准参见附录2。

表5-9 实训项目评分表

评分人 \ 被评分人	学生A	学生B	学生C
学生D			
学生E			
课程组教师1			
课程组教师2			
综合分数			

备注：综合分数=课程组教师评分的平均值×70%+学生评分的平均值×30%

五、实训教学反思

（一）教师反思

反思内容：

___

___

___

（二）学生反思

结合素质、能力、情感认知等方面来反馈，具体见表5-10。

表5-10 学生反思用表

目标	完成程度	收获与反思	备注
了解履历表类型、履历分析的特点、履历分析的注意事项			
在案例分析中阐明基础理论和基本原理			
在实训环节将理论知识与实际需求结合			
增强职业意识与综合素质			

实训六　笔试测评

一、实训目标

目标一：记忆

学生应掌握识别笔试测评方法以及试题编制的要求、原则与优缺点等，能够认识到笔试也是人才测评方法的一种，是对人们实际掌握的知识广度和深度、知识结构与知识水平的测评与评定；认识到人员素质测评中笔试测评在企业招聘与选拔中的作用。

目标二：领会

学生能对所学习的关于笔试测评的概念、原理等加以运用。让学生在案例讨论中认识到笔试测评是如何帮助企业经营者准确了解员工的能力和心理素质的，从而使企业的人力资源配置更加合理，让学生提高自身解决问题、思考问题的能力。

目标三：应用

学生应当在实训过程中把实训材料分解成各种要素，从而对各概念间的相互关系更加明确，对材料的组织结构更为清晰，并能详细地阐明基础理论和基本原理。同时，能够在没有说明问题解决模式的情况下，正确地把抽象概念运用于适当的情况中。

目标四：综合

首先，学生应能够利用笔试测评更直观地了解招聘中人员的筛选流程并建立筛选体系。其次，通过实训掌握笔试测评——试题编制及基本程序、方法和技巧等，使试题编制内容系统、完整而且逻辑性强。

目标五：情感与素质目标

通过模拟实训，培养学生的职业道德感，提高职业责任感，形成良好的工作能力。帮助学生牢固树立团队精神，在以后的工作中立足于行业与社会利益。

二、实训要求

实训场地：桌椅可活动的教室

实训时间：4学时

实训完成方式：以个人或团队形式完成

实训要求知识点：

知识点记忆图如图6-1所示。

1.笔试测评的定义、作用与优缺点

（1）笔试测评的定义

笔试测评属于一种传统的测评技术，是指被测评者在同一时间和同一地点，按照测评人员或者测评组织的统一要求，通过纸笔测验的形式完成测试题目，测评人员按

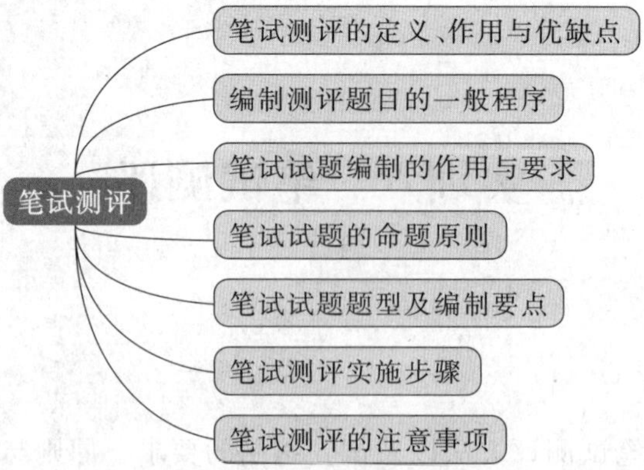

图6-1 知识点记忆图

统一测评标准测量被测评者所掌握的知识数量、知识结构与知识程度的一种方法。①

笔试测评的题目一般是根据被测评者将要从事的工作性质、工作条件和岗位职责所必备的理论知识等测评要素来设计的。通过笔试可以测评被测评者的专业知识、基本知识、外语知识、文字表达能力、逻辑分析能力等素质能力。

（2）笔试测评的作用

笔试测评的价值在于通过一些基本的专业知识与技能的测评，起到反馈、评价及选拔的作用。具体作用体现在反馈作用、评价作用、人才选拔作用。②

（3）笔试测评的优点

① 测评的内容和分工有高度倾向性；

② 真实地反映出被测评者的素质；

③ 花费的时间少、效率高；

④ 成绩评定比较客观且便于存档；

⑤ 在人员素质测评程序中笔试测评方法作为测评活动的初次测评方法，成绩较高者可以继续参加面试或其他测评，节省了测评时间。

（4）笔试测评的缺点

① 测评者与被测评者不能直接建立联系，因而不能直观及时地当场了解所需信息。

② 笔试测评方法不能提供和反映被测评者其他方面的素质，如被测评者的工作态度、品德修养，以及组织管理能力、口头表达能力和操作技能等。

③ 不能排除偶然性和被测评者作弊的可能性。测评者不能通过集体讨论、多角度地深入分析被测评者的有关表现和能力。

④ 不能满足用人部门笔纸测验以外的其他特殊要求。

⑤ 虽然笔试测评方法有效，但还必须同时采用其他测评方法，如情景模拟法、心理测验法和面试法等，以弥补不足。

2.编制测评题目的一般程序

编制测评试题时，因测评方法本身的性质不同，其编制的流程和要求也各不相同，但原理大致相同，一般包括如图6-2所示的几个步骤。

---

① 王文成．人员素质与能力测评［M］．北京：中国电力出版社，2014：100-101.
② 王文成．人员素质与能力测评［M］．北京：中国电力出版社，2014：101.

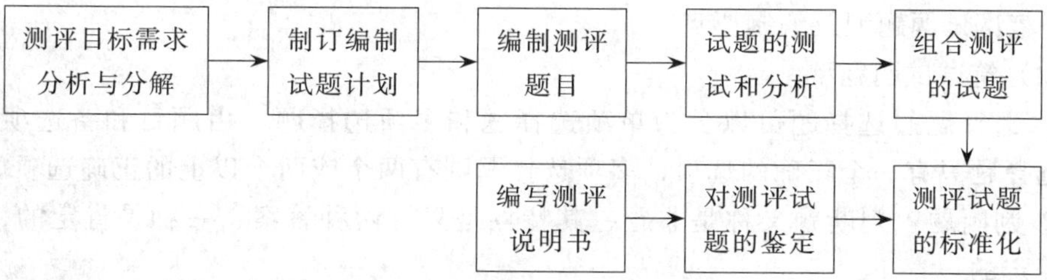

图6-2　编制测评题目的一般程序

3.笔试试题编制的作用与要求

笔试也是人才测评方法的一种，是对人们实际掌握的知识广度和深度、知识结构与知识水平的测评与评定。笔试可以有效地测量应聘者基本知识、专业知识和文字表达能力等的差异，在招聘环节中起到淘汰作用。

（1）笔试试题编制的作用

① 试题编制是笔试测评方法的核心。

② 试题编制影响笔试测评方法的有效性。一次笔试所要测验的内容是十分丰富的，每项具体内容又可以从不同的角度、按不同的深度编制成许多问题。编制试题和试卷既是选取测量样本的过程，又是制造和选取测量工具的过程，它是确保测评质量和笔试有效性的关键环节。

（2）笔试试题编制的基本要求

一般来说，试题编制应符合如下要求：

① 测评的内容应符合大纲的要求，不应该有超出大纲的难题和没有测评意义的偏题。

② 提出问题的方式和设置解题任务的情境应该是新颖的。

③ 问题的含义是明确的，应避免界限不清或模棱两可，语言简练准确，对答题的要求清楚具体。

④ 问题的正确答案是有定论的，不是模糊不清的。

⑤ 试卷中试题的难度比例、考查深度应以人员素质测评的目的为基础，要有适当的难度和较高的区分度，以使测评更具有针对性。

⑥ 试卷考查的面广，考查点分布合理，考查的内容对整个人员素质测评活动有足够好的代表性。

⑦ 试卷中各试题要有相对独立性。

⑧ 试卷中的试题排列要合理。

4.笔试试题的命题原则

科学的命题活动必须遵循以下几个原则：

（1）抽样应具有代表性

（2）试题难易程度适度

（3）试题内容表述简明

（4）试题之间相对独立

（5）命题与答案同步进行

（6）试题有利于客观评分

5. 笔试试题题型及编制要点

（1）笔试试题题型

① 选择题。选择题可以分为单项选择题和多项选择题，由题目和备选项组成。单项选择题只有一个正确的选项，多项选择题则有两个或两个以上的正确选项。

② 判断题。判断题又称是非题，其特点是只有两种答案：一种是肯定的，另一种是否定的。

③ 配对题。配对题有两种常见的形式，即完全匹配（一对一匹配）和不完全匹配。完全匹配是指反应项和刺激项数目相同，不完全匹配是指反应项的数目多于刺激项的数目，被测评者要从中挑选出正确的那几项。

④ 填空题。填空题要求被测评者用一个正确的词或句子来填充一个未完成的句子。它的主要作用是考查被测评者的知识是否扎实，对关键知识点的掌握是否精确。

⑤ 计算题。计算题就是以计算作为答题方式的试题，它对于了解应试者的基础知识、运算能力、逻辑思维能力和空间想象能力、分析判断能力等具有重要的作用。

⑥ 简答题。简答题是要求被测评者主动给出答案，并用简短的语言对问题进行简要的解释、说明的试题。

⑦ 案例分析题。案例分析题通过提供材料、图形、表格等资料，要求被测评者针对所提出的问题，运用基本原理进行分析说明，并得出结论。

⑧ 论述题。论述题要求被测评者以长篇的文章对某种理论观点、法律法规、科学原理、技术规程、现实政策等进行分析、评价，并表明自己的观点、态度、立场和主张等，进而测量被测评者的知识、才能。

（2）各类试题的编制要点①

①选择题的编制。编制选择题题干的基本要领，可以用以下三条标准衡量：内容必需；表达清晰；文字精练。选择题在结构和编制上与其他题型的最大区别就在于，除科学设计题干的内容外，还需编制备选答案选项。

②判断题的编制。编制判断题时要注意以下五点：一是避免“有时”“可能”“肯定”“绝不”“所有”等暗示性的特殊词汇出现；二是题目中避免半对半错的现象出现，同一题中应避免出现两个以上的概念；三是题目叙述条理清晰，尽量避免出现双重否定的叙述；四是题目内容以重要的概念、知识点、原理等作为基础，避免以无关紧要的细节命题；五是正确的测试题目与错误的测试题目随机排列，数量应大致相等。

③配对题的编制。在编制配对题时要注意以下两点：一是在格式上，配对题的反应项和刺激项应排成两列或两行，易于被测评者理解；二是配对数目的选择要适中，在使用不完全匹配时，可以不限制每个反应项被选择的次数，以提高题目的灵活性。

④填空题的编制。在编制填空题时应注意以下三点：一是题目中所空缺的词语或句子应该是知识测评的重点，要和上下文有密切的联系；二是一道题目中不能设置太多的空白，否则不利于被测评者理解题意；三是题目中的空白一般放在句子的中间或

---

① 任正臣．人员素质测评理论与方法［M］．南京：江苏科学技术出版社，2017：158，161-177.

末尾，不建议放在句子的开头。

⑤计算题的编制。在编制计算题时应注意以下三点：一是题意清楚明了，便于被测评者迅速找到切入点；二是各道计算题分别考查不同的知识点，以全面考查被测评者的能力水平；三是答案清晰明了，按照答题步骤给分而不是简单地检查最终计算结果。

⑥简答题的编制。编制简答题时应注意以下三点：一是题目内容以重要的概念、知识点、原理等作为基础，避免以无关紧要的细节命题；二是题目清晰明了，避免出现含糊性的问题；三是设计答案时以答题要点为主，不要求展开论述。

⑦案例分析题的编制。编制案例分析题时应重点关注以下三个方面的问题：一是明确案例分析题的性质特点和结构规范；紧扣测评要素选择案例，站在局外角度设计问题、提供答案要点和评分标准。二是根据所测能力要素设置问题，严格按照能力要素进行赋分。三是在案例真实的前提下，案例分析题的编写遵循三条基本原则：案例典型，案情完整，文字简明。

⑧论述题的编制。论述题的编制应注意以下四个方面：一是根据具体测试目标确定论述题的类型；二是以附加评分标准的方法强调或限定作答要求；三是合理控制试题容量和作答时间；四是尽量不出选做题。

6.笔试测评实施步骤

笔试实施的流程主要包括制订测试方案、成立笔试实施小组、收集资料、编制笔试试题、试题测试、实施笔试、评卷、发布成绩，[①]具体如图6-3所示。

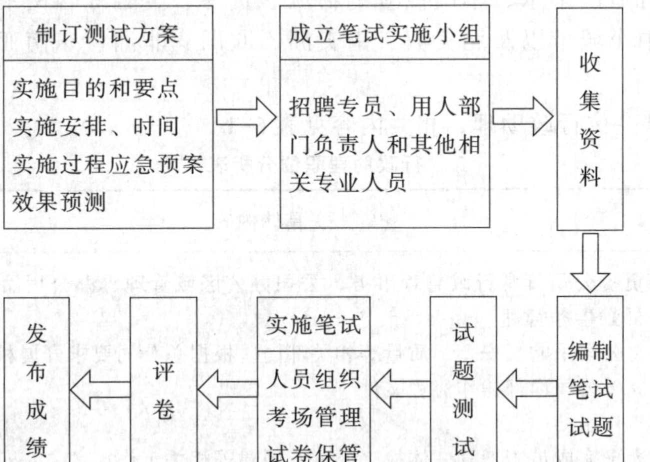

图6-3 实施笔试测评的一般程序

7.笔试测评的注意事项

(1) 笔试测评试题编制的问题

第一，尽可能让试题背景来源于现实生活，问题情境在工作和思维中具有重要作用。试题背景应该直接来自现实生活或者虽然经过加工，但有现实生活原型，提供被测评者现实生活中可能遇到的具有真实背景的现实问题。

① 孙宗虎，庄俊岩．人员测评实务手册［M］．4版．北京：人民邮电出版社，2017：69-70.

第二，笔试试题题型多样性问题。让试题的呈现形式有利于被测评者实际水平的发挥。每一道试题都有其一定的呈现方式，呈现方式的差异在一定程度上会影响被测评者解题水平的发挥，影响到被测评者展现实际素养的公平性，所以试题应遵循多样性原则。

（2）笔试测评过程公平性问题

近年来，笔试测评过程中“作弊”行为、试题泄露现象等屡见不鲜。因此，保障测评工作有效性，需要周密实施笔试测评工作。

三、实训背景材料

（一）案例分析材料

背景材料1

行政助理岗的招聘

××民生（上海）供应链有限公司成立于2002年10月，位于中国（上海）自由贸易试验区，是供应链领域专业服务商，致力于通过精益求精的研发、运营和服务，成为向客户提供现代物流、采购与贸易、金融服务等全程无忧的先进解决方案领导者。

公司隶属于重庆××民生物流股份有限公司，以长安集团、民生轮船、新加坡美集物流集团三大股东为支撑，辖下三个分公司、五大事业部、四个办事处、一个物流研究中心，打造出华东、华南供应链物流、贸易、金融综合网络运营平台，业务辐射全国各大中小城市以及北美洲、南美洲、欧洲、非洲、东南亚等区域的国家和地区。

公司现招聘一位行政助理，相关内容见表6-1。

表6-1 **行政助理职位分析表**

项目	具体内容
职位描述	1.主要负责公司日常行政管理事务，公司办公区域管理、办公用品管理、车辆管理以及部分外勤事务管理 2.对接总公司采购、安全、质量等相关部门，根据总公司要求开展相关工作 3.辅助完善公司内部操作流程文件 4.撰写工作小结 5.协助人事完成员工考勤、体检、外训、团建等相关工作
任职要求	1.全日制本科及以上学历，行政管理、文秘、中文等相关专业 2.应届毕业生或从事相关工作2年以上，有行政管理相关工作经验者优先 3.优秀的文字撰写能力和语言表达能力优先，熟练使用Word、Excel、PowerPoint等办公软件 4.C1驾照
职位福利	交通补助、餐补、通信补助、采暖补贴、带薪年假、高温补贴、周末双休、全额公积金

行政助理岗位笔试题见表6-2。

表6-2　　行政助理岗位笔试题

非常感谢你前来应聘我公司行政助理职位，现请你将下列各题的答案写在相应位置，时间约为30分钟，谢谢你的合作！
1.你所理解的企业行政管理应包括哪些工作内容？作为行政助理应该做哪些工作？
2.公司将于下月中旬组织一次集体旅游，由你来组织承办该项活动，请制订一份活动方案。
3.请撰写一份关于中秋节放假的通知，并制定一份中秋节福利发放办法。
4.员工吕某因酗酒闹事严重影响公司的正常工作，被记严重警告处分，请作为行政助理的你撰写一份处分通知。
5.公司总经理在例会上提出公司上月电费开支过大，请各部门注意节约用电。你觉得从行政方面应如何进行公司的日常用电管理？
6.总公司的相关领导到本公司开展视察工作，你觉得该如何做好接待工作？

资料来源　综合网络资源编写。

讨论题：

（1）试题编制应遵循哪些原则？

（2）请结合实际情况和相关背景，判断以上笔试题是否合适？如果你认为不合适，应当怎么做？

背景材料2

新余公司营销岗位的笔试试题

新余公司成立于2012年5月，注册资金为1 000万元人民币，现有员工80余人。新余公司起步艰难，从零做起，经过多年的不懈努力，不断进步，拥有二级爆破资质，被评为科技型中小企业，2019年9月被认定为国家高新技术企业，现有发明专利一项，实用新型专利四项。新余公司旨在为客户提供销售、爆破一条龙服务。

该公司营销岗位的笔试试题包括："当你陈述问题时，别人能正确地理解你的意思吗？""当你表达很重要的事情时，你能够清楚地表达你的重点吗？""你能够让同事听懂如何完成交给他的任务吗？""从已得到的'反馈'中，你能确认听者确实理解了你所说的内容吗？""当你听别人说话时，你能够集中精力吗？"……

资料来源　王文成. 人员素质测评与能力测评［M］. 北京：中国电力出版社，2014：114.

讨论题：

（1）该测评包含哪些题型？

（2）这些题型可以帮助新余公司达成哪些目的？

（二）实训项目材料

背景材料1

以社团纳新为例的笔试测评设计

【实训背景】

具体内容见"附录1 S大学人力资源开发协会背景材料"。

【实训内容】

能根据具体社团人员需求选择相应的笔试测评方法，初步学会运用相关知识编制一份完整的测试题和评分标准。

【实训设施】

人员素质测评实训室，电脑及投影设备（用于播放演示文稿和视频文件）。

【实训指引】

（1）挖掘并补充完善招聘岗位的信息资料，包括该岗位的任职资格、工作描述等；

（2）结合岗位情况撰写笔试试题编制全过程方案，笔试试题编制准备阶段、笔试试题信息收集阶段、笔试试题信息整理阶段、笔试试题预测试阶段、笔试试题修订与完成阶段等全流程；

（3）形成“某类岗位或者某岗位笔试试题编制方案”文本，包括封面、正文、附录等内容。

背景材料2

人力资源管培生笔试测评设计

【实训背景】

1.公司简介

新特能源股份有限公司是特变电工股份有限公司控股子公司，是专业从事光伏新能源产品研制，硅基新材、先进陶瓷、锆基新材、粉体新材等产品研发，风、光资源的开发及运营以及节能环保技术应用的高新技术企业集团，股票代码：01799.HK。公司实行“1+5+N”的发展战略，配套建设了新疆新特晶体硅高科技有限公司、内蒙古新特硅材料有限公司、新疆晶硕新材料有限公司、新特新能建材有限公司、新疆新特新能材料检测中心有限公司、新疆硅基新材料创新中心有限公司等10家分子公司延伸产业链，大力推进科技创新、管理创新、商业模式创新、文化创新，实现零排放、零污染的绿色环保、清洁生产。为积极响应国家“2030年实现碳达峰、2060年实现碳中和”的号召，进一步巩固和发挥新特能源股份有限公司在高纯多晶硅行业的先进研制能力，“十四五”期间公司将投资建设年产20万吨高纯多晶硅及配套20万吨工业硅和新能源电站开发项目。

新特能源公司将秉承“绿色、循环、协同、跨界、共生、共赢”的理念，始终致力于打造中国硅谷、世界硅谷，让新材料、新能源开启新生活、照亮新未来！

2.招聘需求

现招聘人力资源管培生5人，职位信息如下：

（1）岗位职责

① 根据岗位需求状况和人力资源规划，制订招聘计划，做好招聘前的准备、招聘实施和招聘后的手续完备等工作。

② 组织建立绩效管理体系，制订相关方案；牵头组织单位各部门进行绩效考核并予以指导和监督。

③ 根据单位规划和员工发展需要，建立和完善员工培训体系；组织实施、指导

协调对员工进行的分类、分层次培训，提高员工素质。

④ 核算员工工资，计算员工社会保险应缴费用并缴纳。

⑤ 做好员工人事档案管理工作，定期汇总、编制人力资源管理方面的相关统计报表和统计报告。

⑥ 办理员工录用、迁调、奖惩、离职、退休手续，办理中层管理人员的考察、选拔、聘任、解聘事宜。

⑦ 做好劳动合同管理、劳动纠纷处理和劳动保护工作。

⑧ 完成单位领导交代的其他任务。

(2) 任职资格

① 优秀应届毕业生及毕业两年内的本科生及研究生，人力资源管理、工商管理、劳动关系、哲学、应用语言学、劳动与社会保障、管理科学、信息管理与信息系统、会计学、财务管理、审计学等相关专业；

② 有行业经验者优先；

③ 熟练使用各种办公软件；

④ 有责任心和敬业精神，具有良好的职业道德和职业操守；

⑤ 富有团队精神，具有良好的沟通、协调和表达能力。

(3) 福利待遇

① 取得毕业证后统一缴纳"五险一金"；

② 带薪年休假、节日福利、餐费补贴、夜班补贴、生日补助、高温补贴、话费补贴、免费通勤车、员工公寓、公司内夫妻房（双职工享受）、员工食堂、青年联谊、集体婚礼、免费运动场所及活动中心；

③ 公司长期为员工提供学历晋升教育平台。

(4) 员工成长

健全的管理人才供应链、全方位的新员工融入计划、H型双通道培养模式、完善的培训体系、赛马不相马的用人机制。

(5) 流程和注意事项

① 招聘流程：筛选简历—笔试—面试（可现场面试或视频面试）—发送录用通知书—签订就业协议。

② 投递简历注意事项：应聘人员可在招聘会现场投递简历，也可投递电子简历，电子简历投递邮箱：****@xinteenergy.com。

资料来源　根据新特能源股份有限公司访谈资料整理所得。

【实训内容】

能根据公司具体人员需求选择相应的笔试测评方法，初步学会运用相关知识编制一份完整的测试题。

【实训设施】

人员素质测评实训室，电脑及投影设备（用于播放演示文稿和视频文件）。

【实训指引】

(1) 根据所讨论的人员的素质测评要求确定需要笔试测验的形式、种类。

（2）通过查阅资料设计相关笔试测验的测评内容及程序。

（3）形成“某类岗位或者某岗位笔试测评流程方案”文本，包括封面、正文、附录等内容。

四、实训实施环节

（一）案例分析实施步骤

步骤一：布置实训案例

对案例中的背景、主要事实及面临的难题等内容进行了解；收集案例中的已知事实并对每个事实进行辨别；对案例中的主要角色所开展的活动和所面临的问题或困难进行深入了解。

步骤二：组织学生讨论、调研和分析、形成报告

在对案例进行认真分析之后，找出问题的症结所在，并对需要解决的问题进行概括；集思广益，从不同角度提出解决方案；对多种决策方案进行优劣对比，找出解决现有问题的最佳方案；阐述理由并对方案的实施提出建议。

步骤三：课堂汇报与分享

教师辅助，学生自行组织。由学生讨论选出一位主持人，并安排专人记录会议内容。可采取随机抽取的方式选择学生进行课堂汇报，加强对学生综合能力的锻炼。

步骤四：学生互评与教师点评

随机抽取3~5位学生作为评委，与授课教师共同点评（见表6-3）。评价标准：汇报内容的流畅性、逻辑性、专业性等。

表6-3 **案例分析评分表**

被评分人 评分人	学生A	学生B	学生C
学生D			
学生E			
学生F			
授课教师			
平均分			

备注：平均分为学生D、学生E、学生F和授课教师评分的平均值。

（二）实训项目实施步骤

步骤一：布置实训任务

通过对本节内容的梳理，利用自身在实际生活中参加社团所获得的经验，结合参与实训班级的实训情况，以小组为单位完成相关实训项目。

步骤二：组织学生讨论、调研和分析、形成报告

组织学生讨论：可采取课内小组讨论的形式，或课外学生自行组织讨论。

调研和分析：可分为学生个人或小组的形式进行调研分析。

形成报告：形式多样，不做限制。例如，可以采取自制视频的形式进行报告。

步骤三：课堂汇报与分享

教师辅助，学生自行组织。由学生讨论选出一位主持人，并安排专人记录会议内容。学生汇报可采取随机抽取的方式，加强对学生综合能力的锻炼。

步骤四：学生互评与教师点评

随机抽取1~2位同学作为评委，与实训课程组教师（2~3位）共同点评（见表6-4）。评价标准参见附录2。

表6-4 **实训项目评分表**

被评分人 评分人	学生A	学生B	学生C
学生D			
学生E			
课程组教师1			
课程组教师2			
综合分数			

备注：综合分数=课程组教师评分的平均值×70%+学生评分的平均值×30%

五、实训教学反思

（一）教师反思

反思内容：

____

____

____

（二）学生反思

结合素质、能力、情感认知等方面来反馈，具体见表6-5。

表6-5 **学生反思用表**

目标	完成程度	收获与反思	备注
了解笔试测评的作用、笔试测评方法的优缺点、笔试测评方法的注意事项			
在案例分析中阐明基础理论和基本原理			
在实训环节将理论知识与实际需求结合			
增强职业意识与综合素质			

实训七　心理测验

一、实训目标

目标一：记忆

深刻认识心理测量学的基本原理，掌握心理现象的基本活动规律，提高对研究心理现象的兴趣，初步培养学生的实验设计能力及实验技能，形成科学严谨的研究态度。

目标二：领会

使学生了解心理测量的发展过程，掌握心理测量的基本性质与功能，正确认识和使用心理测验，培养学生的科学本质观、探究态度和技能、开放的思维方式。通过案例讨论，提高学生解决问题、分析问题的能力。

目标三：应用

通过实训，学生应掌握和了解心理测量学的基本概念和理论，在实训中能运用心理测量学知识自行编制科学的心理测验，并与心理学、管理学的研究实践相结合，从而达到理论联系实际、学以致用的目的。

目标四：综合

使学生了解心理测验编制的完整过程，包括测验目的、用途的界定，测验项目的编制与组织，项目分析技术，信效度的检验，测验常模的建立与分数解释，心理测验的使用资格与规范等，并能够结合实际研究需要，自行编制心理测验工具，培养理论联系实际的学风，提高学生的逻辑思维能力。

目标五：情感与素质目标

通过实训，将心理测验相关内容与自身职业素质及道德相结合，深入了解自己和他人的特质，以期在后续的实际工作中充分展现出兵团特有的精神。

二、实训要求

实训场地：桌椅可活动的教室

实训时间：4学时

实训完成方式：以个人或团队形式完成

实训要求知识点：

知识点记忆图如图7-1所示。

1.心理测验的内涵

心理测验就是通过观察人的少数有代表性的行为，对于贯穿在人的全部行为活动中的心理特点做出推论和数量化分析的一种科学手段。它是心理测量的一种工具和手

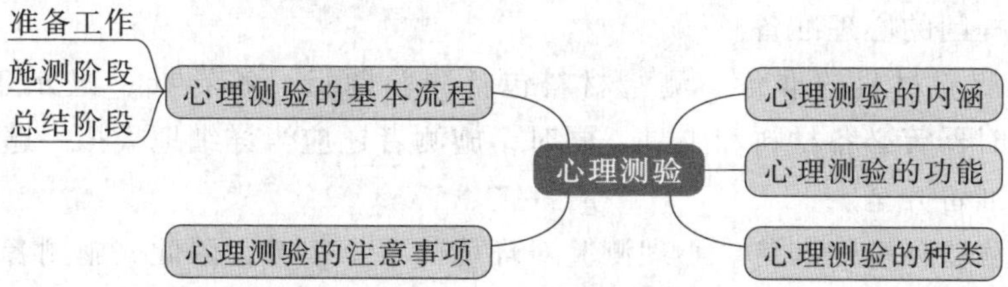

图7-1　知识点记忆图

段，是根据一定法则对人的行为用数字加以确定的方法。

2.心理测验的功能

第一，心理测验在实际工作中的应用，体现在选人、安置、诊断、预测、评价和咨询等。值得注意的是，用测验来解决实际问题时，测验材料只是做决定时要参考的一个因素，而不是充分条件，要做出一个好的决策还必须考虑其他因素。

第二，心理测验在理论研究中的应用，体现在搜集资料、建立和检验假说、实验分组等。总之，心理测验是心理学研究的重要方法之一，它不但推动了心理学理论的发展，还促使心理学更好地为实践服务。

3.心理测验的种类

第一，按照测验的功能分类，分为能力测验、成就测验、人格测验。

第二，按照测验的对象分类，分为个体测验、团体测验。

第三，按照测验的材料分类，分为文字测验、非文字测验。

第四，按照测验的目的分类，分为描述性测验、诊断性测验、预测性测验。

第五，按照测验的难度和时限分类，分为速度测验、难度测验。

第六，按照测验的要求分类，分为最高作为测验、典型作为测验。

第七，按照测验的性质分类，分为构造性测验、投射性测验。

第八，按照测验的标准化程度分类，分为标准化测验、非标准化测验。

第九，按照测验结果的评价标准分类，分为常模参照测验、标准参照测验。

第十，按照测验的应用领域分类，分为教育测验、职业测验、临床测验。①

4.心理测验的基本流程

（1）准备工作

测验前的准备工作是保证测试顺利进行和测验实施标准化的必要环节。准备工作主要包括以下几个方面：

第一，预告测验。事先应当通知受测者，保证受测者确切知道测验的时间、地点、内容范围、试题的类型等，使受测者对测验有所准备，及时调整自己的情绪和生理状态。

第二，施测者自身的准备。首先，施测者要熟悉测验指导语并能流利地用口语说出来，这是对心理测验施测者的最基本的要求。其次，施测者还必须熟悉测试的具体程序。测验的实施并不仅仅是分发、收集测试卷，对于某些个体测验和团体测验来说，测验的实施必须由受过专门训练的人来完成。最后，施测者必须做好应付突发事

① 郑日昌，孙大强．实用心理学测验［M］．北京：开明出版社，2012：1-5.

件及受测者提问的心理准备。

第三，测验材料的准备。测验材料包括测验题目、答卷纸、记分键、指导书、纸、笔及计时器等必备材料和工具。同时，施测者还应当详细地模拟一遍测验，以观察材料是否准备齐全。

第四，测验环境的准备。心理测验对环境的要求很高，因此，施测者必须对测验时的光线、通风、温度及噪声水平等物理条件做好安排，统一布置。

（2）施测阶段

选择好测验并做好充分准备后，就可以施测了。实施标准化测验的基本原则是努力减少无关因素对测验结果的影响。

第一，指导语。指导语一般是指对测验的说明和解释，有时包括对特殊情况发生时应如何处理的指示。在实施测验时，必须使用统一的指导语。指导语对受测者的反应态度、反应方式及施测者的行为方式、说话方式做了严格的规定。

第二，时限。施测者应事先告诉受测者该测验具体的时间限制。对于有分测验的测验，施测者应根据有关时限的操作语执行。

第三，记分。记分的标准化关键是使评分的方法尽量客观化，使得不同评分者对同一测验反应（答案）赋予相近的分数。

（3）总结阶段

对受测者进行系统性、全面性的评分，并撰写测评报告。①

5.心理测验的注意事项

（1）在编制测题时必须经过标准化的过程

测验中的测题必须有针对性，试测对象必须能代表所要测验的对象。试测的程序要标准化。试测对象选定之后，必须在同样的时间与情境下，使每一个被试者按同样的规定去做测验题目。建立常模，标准化样本的平均分即常模，有了常模，在单独测试时，就可以进行比较。

（2）必须有较高的效度，并由专人测量

效度高表明测验所得结果正是它所想要测量的心理品质。同时，要求有专业资格的人员来进行测量。不少人误以为任何人都可以进行心理测验，其实心理测验和其他科学工具一样，必须加以适当的应用，才能发挥其功效，如果滥用或者由无专业资格的人员实施、解释，则会引起不良后果。

（3）避免对测验的认知偏差

现阶段存在两种认知偏差：一种是“测验万能论”，即高估测验的效用；另一种是“测验无用论”。在使用测验时，需要明确测验是心理学研究的一种重要方法和做决策的重要辅助工具；还需要认识到测验作为一种研究手段和测量工具还有待完善。测验同其他研究方法如观察法、访谈法等一样，各有优缺点，这也是由心理现象的复杂性和内隐性所决定的，因此，测验结果不应作为唯一信息来源以做出重

① 顾全根，刘轩．人力资源评价实务［M］．北京：高等教育出版社，2015.

要决策。①

此外，进行心理测验还要注意，施测前主试者要做好充分的准备；测验时应有良好的情境；主试者和受试者要保持和谐的关系；详细记录测验过程中受试者的反应；主试者的威信对测验结果有直接关系。

三、实训背景材料

（一）案例分析材料

背景材料1

心理测试有用吗？

心理测试是与面试和评价中心技术并列的三大人员素质测评方法之一，在招聘中的应用越来越广泛。很多销售心理测试的公司都宣称，心理甄选能够发掘具有公司所需工作特质的人，并过滤掉那些心理不稳定的人。所以，30%～40%的企业在招聘过程中（无论是招聘基层员工，还是招聘高层管理者）采用一种或多种心理测试就不足为奇了。但是，旁观者也许会怀疑心理测试是否真的如此神奇。

因此，有必要提出以下问题：企业在员工心理测试方面的投入是否值得？或者更准确地说，有没有确切的证据能够证明，企业开展多年的员工心理测试的确帮助它提升了员工的诚实度，挖掘到了更多的管理者，或者帮助它过滤掉了不受欢迎的员工？心理测试是否真的奏效？

这取决于对“奏效”一词的理解。心理测试分为数十类，有成百上千个版本。任何心理测试，其目的都是考核应聘者的工作风格、个人价值观、职业兴趣和情绪稳定度，以预测他未来的工作绩效。有少数心理测试宣称是为了找到杰克·韦尔奇式的人物，因为他在做运营经理时，是个不显山不露水的人，也许只有通过心理测试才能发现其潜能。

正如其他任何招聘评估工具一样，如果此类测试工具真的可以找到它们宣称要找到的人才（例如，被打上“热心”“大胆”“乐于变革”“敏感”“自强”测试标签的应聘者，果然是热心、大胆、乐于变革、敏感、自强一族），这类测试就可以算得上是科学的、正确的。但是，人力资源经理并不是很关心心理测试是否科学、正确，他们更关心这类测试能否带来有效的成果，即心理测试的效用。

心理测试项目都如其承诺的那么有效吗？事实上，它们良莠不齐。

1.诚实度测试最有效

心理测试体系中的一大“明星”是诚实度测试。20世纪80年代，在诸多企业出现犯罪风潮之后，诚实度测试成为最流行的心理测试形式。

“我一直都在强调减少内部盗窃现象应从员工招聘环节抓起”，安全咨询公司Jack L. Hayes International的总裁道尔（Mark R. Doyle）说，“就是说，不要聘请不诚

① 郑日昌，孙大强. 实用心理学测验［M］. 北京：开明出版社，2012：26.

实的员工。避免聘请危险员工比不幸聘请他们后再应对，要有效得多。”

毫无疑问，将危险应聘者拒之门外是诚实度测试的首要目标。与测试调查机构相比，北美一家主要的专业零售商的做法有过之而无不及。该公司遭遇了业内普遍存在的不幸：很多员工从商店前门进入，但很多库存货品却从后门消失了。于是，该公司开始借助诚实度测试，对旗下1 900家商店中近600家的新聘员工进行筛选。一年后，管理层将这些商店与那些没有进行测试的商店进行比较，发现经过测试的商店其存货损失减少了35%以上，而没有经过测试的商店其存货损失增加了10%以上。他们还发现，在经过测试的商店，其员工流失率降低了13%，而没有经过测试的商店，其员工流失率提高了14%。

诚实度测试的兜售者已经广泛地宣传这些研究成果。然而，他们之所以这样做，可能与其自身利益有关，研究本身也可能完成得很糟糕。深受盗窃之苦的企业，通常采取多种防盗措施，这就意味着，将所有的成效归功于总体安全措施中的测试环节容易引起误导。此外，即使心理测试根本没有预测能力，它也同样能发挥作用。工业与组织心理学学会（Society for Industrial and Organizational Psychology）认为，诚实度测试的成效之一，在于它向应聘者传递了这样一条信息：诚实是企业价值观的重要组成部分。当然，诚实度测试也受到不少人士的批评，但他们通常都是指责测试题设计得非常糟糕，以至于有可能将非常诚实的应聘者判定为不诚实之人。然而，如果只根据企业效用来进行评测，已有足够的证据表明了诚实度测试的效用，这足以使人们对其保持谨慎的认可。工业与组织心理学学会也持有同样的观点，该组织认为，诚实度测试能够识别出应聘者是否不大可能做出旷工或其他无益的行为（用企业的行话来说，就是“赔钱”的行为）。

2.性格测试用处小

很多企业采用“迈尔斯-布里格斯人格类型量表”（MBTI）对员工的性格进行评估。该测试方法将人的性格分为16类。

“在提供培训或咨询过程中，MBTI可以作为开始对话的一个有效方式”，性格测试专家瑞安（Ann Marie Ryan）说，“但是你必须自问：‘有什么证据能够表明这项测试与员工的工作绩效或领导才能有关?’我认为测试无法给你这个答案。”擅长于领导者选择和培训话题的咨询师韦勒姆（John Wareham）同意这个观点，他说：“有人说他完成了迈尔斯-布里格斯测试，但测试结果没有告诉他自己工作得怎么样，他的困难在哪里。其原因就在于，这项测试没有回答一个关键的问题：有可能让他陷入困境的是哪些因素呢?”

除了MBTI，市面上还有数百种心理测试问卷，这不禁令那些急于更加了解员工的企业产生疑虑。要找到一套有科学依据的测试题尚且不易，要找到又科学又符合特定需求的测试题就难上加难。

实际上，除了诚实度测试以外，性格测试和兴趣调查表都难以证明心理测试的效用。例如，兴趣调查表只关注应聘者的兴趣和工作经历，这难以对应聘者未来的工作绩效做出有效的预测，更不要说预测其对公司的价值了。

即使借助一种或多种心理测试准确评估出应聘者的创造潜力、合作意识及其他优点，也只能根据应聘者的这些优点来推测，而不能证明他对企业的实际绩效能够产生多大的影响。要计算多少库存被盗很容易，但要计算员工创造潜力或合作意识的改善会为企业带来多少利润，则非常困难。当然，这并不意味着对应聘者的这些特质进行评估毫无价值，只是这种价值难以量化。

3.测试好过不测试

除了基本的诚实度测试问卷，为什么要为心理测试烦恼呢？因为任何形式的心理甄选都比常见的替代方法有效。后者指的是大部分公司在招聘新人以及将他们安置在特定的职业发展道路上时随便采用的方法。

阿诺德（David W. Arnold）曾在心理测试行业担任高级研发副总裁，有20年的从业经验，他现在是人事测验机构Wonderlic公司的一名企业法律顾问。他注意到，很多企业雇主都希望找到被他称为“胃热反应”（gastro-thermic response）的感觉，这种感觉指的是他们在与应聘者见面时，心中自然涌起的一股暖流。韦勒姆将招聘过程比作与某人谈恋爱：“如果他看起来像你，说出的话也正是你想听的，你就会有冲动迅速对此人做出判断。”

其他一些雇主则根据对方握手的力度或行走步伐的稳定性，判断应聘者是否符合要求。尽管这种做法容易招致他人嘲笑，但背景调查、传统的非结构化面谈，甚至是大学学历，都难以帮助企业更有效地判断应聘者是否符合其要求，因为根据这些指标无法有效预测应聘者的工作绩效，这有些出人意料。与传统做法相比，使用预测效力低下的心理测试更能增加预测的准确性，尤其是当企业需要从众多应聘者中挑选出较少的合格者时。

所以，进行心理测试要好过不进行测试。专家们一致认为，这里的问题是，在采用这些测试工具的企业中，只有很少一部分实现了工具的潜在价值。当然，那些没有采用这些测试工具的企业是无法实现其潜在价值的。与通过采用新的IT系统来创造最大价值的方式相比，企业要通过心理测试创造最大价值并不会更加容易。开发一种有效的评测工具涉及许多环节和保障措施，许多采用心理测试工具来甄选应聘者的企业都无法实现最大投资回报，其中的原因是这些企业缺乏对细节的关注。

专家们解释了导致心理测试失败的种种原因：企业采用的心理测试问卷设计得非常糟糕，或与其目的不相符；对测试运用不当或不够认真；将测试看作其他甄选机制的一种廉价替代方案，而不是对其加以改进。以上任何一种因素都会削减心理测试的价值。

4.不要用错测试

“一项好的测试如果用错了地方，就会变成坏的测试。”（一家位于美国佐治亚州的企业招聘系统提供商）执行董事威廉姆斯（Wendell Williams）说。在被广泛采用的测试中，有一些测试与工作毫无关系，它们是基于其他目的而开发的。明尼苏达多项个性量表（Minnesota Multiphasic Personality Inventory，MMPI）可能就是最好的例子。该测试问卷由明尼苏达州精神病院于20世纪30年代编制，共包括567道试题。经过数十年的研究，MMPI已被证实是一种能够帮助心理学家诊断性格异常和精神障碍的有效工具。但是，办公室有别于家庭，同样有别于精神病院。威廉姆斯认为："人力资源部门往往不理解该测试的局限性，即使其发布商已宣称该测试不适用于人才招聘。"

不过，Wonderlic公司的阿诺德对MMPI有几分肯定，尽管他也认为该测试已被广泛误用于人才评估。他认为，这项测试只适用于与安全相关的岗位。他说："我很高兴自己搭乘的美国联合航空公司飞机上的所有机组人员都经过了MMPI测试，并已接受过心理咨询。"

当然，即使是最好的心理测试，如果其准确预测出的员工特质与特定工作岗位无关，也是浪费企业的资金。"你不应该只是进行测试，然后说'这些就是最好的性格特质'。"测试项目提供商IPAT的总裁琼斯（John W. Jones）解释道。他补充说："要了解哪些性格特质最适合特定的企业文化和战略，以及哪种测试最能有效地评估出这些特质，企业必须首先进行一些性格导向的职位分析。如果缺少这一环，就好像你在没有弄清楚需要拧紧何种螺丝时就从工具箱中抽出一把螺丝刀。"

门克斯（Justin Menkes）是一位工业与组织心理学家兼顾问，也是《决策智慧：伟大的领导者都具备的素质》（Executive Intelligence：What All Great Leaders Have）一书的作者。他甚至看到了那些为职场评估开发的测试（如性格调查表）所存在的问题。"这些测试适用于与人才招聘截然不同的环境。"他解释道。

在开发心理测试的过程中，开发企业会向测试参与者承诺他们会对测试信息绝对保密，且这些信息仅用于研究目的。他们会向同一岗位的申请者询问同样的问题。门克斯认为，这样做无法从测试参与者那里获得同样坦诚的答案，因此无法确保这些测试具有相同的预测效果。

资料来源　肖鸣政，COOK M.人员素质测评［M］. 3版. 北京：高等教育出版社，2013：201-205.

讨论题：

（1）结合心理测试相关知识和案例背景，谈谈心理测试相比于面试和评价中心技术的独特优势。

（2）结合案例材料，谈谈为什么心理测试在实践中的效果往往难以被证明。

（3）如果你是一名企业人力资源主管，试述你将如何结合岗位、企业文化和战略去选择合适的心理测试。

背景材料2

公交驾驶员心理疲劳测评

公交驾驶员在行车过程中通常要对大量的路况和车内信息进行筛选，这就要求公交驾驶员要有清醒的头脑和高度的注意力。另外，公交驾驶员在行车过程中不仅要注意车外情况，还要注意车内情况，比如乘客上、下车是否完毕，是否站稳和刷卡等，同时，及时做出判断并进行操作。这就要求公交驾驶员在注意力分配方面达到安全行车的要求，这样才能保证在行车中不慌不忙、安全可靠。另外，公交驾驶员在行车过程中不可避免地会遇到或大或小的紧急情况，比如其他车辆的违规驾驶、部分乘客的追车行为和来自自身判断失误所造成的危险处境。公交驾驶员除了要经验丰富外，还要反应迅速，这样才能及时正确地应对突发事件。

可见，筛选公交驾驶员时需要关注多元指标，如上所述，包括闪光融合频率、注意力分配、反应时。那么，如何找到合适的工具对驾驶员进行筛选呢？这是找到一名合格公交驾驶员的关键。

研究发现，疲劳测评主要通过生理学、生物力学、心理学的测量方法，测得肌体相关生理与心理指标的变化，以此可以定性、定量地评定肌体的疲劳程度。其基本原理是人体出现疲劳反应能够引起生理和心理的一些变化，目前发现的生理变化如人体心率、血压的变化以及体液中血液成分和尿液物质含量的改变，心理上的变化如注意力的变化、情绪的波动、反应时间的变化和大脑清醒度的改变等。

对驾驶疲劳的定量评价可通过使用生理、心理测试设备对人体各项指标进行测试，找出上述各种变化值，以此来定量地评定驾驶员的疲劳程度。驾驶疲劳的评价方法主要包括主观评价法、生理参数测试法、心理反应测试法和生物化学法等。

某公司在开展驾驶员招聘时，选取了闪光融合频率测试法（CFF）。闪光融合频率能够很好地表现大脑中枢神经疲劳程度，反映闪烁光被人眼视为融合光时的临界频率，其度量单位是赫兹（Hz）。该方法在测量心理疲劳中颇受好评，其应用领域广泛，涉及医学、实验研究、驾驶和航空操作等。

该测评方法所运用的原理如下：测量仪表目镜的里面放置不断闪烁的发光体，它的频率可以人为地增高和降低，当发光体的频率增高时，闪动的速度就会变快；反之则会变慢。被试者通过改变目镜内光源的闪动来观察光源的变化，当被试者刚刚无法区分光源闪动与否时，就认为光源连续，达到融合，与此相对应的频率称为CFF值，即闪光融合值。研究表明，人眼对于闪烁光的刺激所做出的反应，是由光源的闪光频率决定的，降低频率，就能够看到闪光，此时处于“闪烁”效应，当不断增高闪光频率时，“闪烁”效应会逐渐消失，就能够看到持续且稳定的光源，此时发生“融合”效应。人体的闪光融合频率受到光源的亮度、颜色、强度和背景光的影响，并且闪光融合频率具有个体间差异性，该频率的值能够直接反映被试者大脑皮层的觉醒程度。当光源确定时，临界频率是稳定不变的。一般来讲，闪光频率值随着人体疲劳程度的加重会逐渐变低。之前普遍认为正常人的闪光融合值在30Hz至40Hz之间，后来有学者对众多不同年龄、性别和职业的人进行测试，发现30Hz至45Hz之间都属于正常的闪光融合值。

在使用该方法之后，公司招聘的驾驶员的质量确实有所提升，但是招聘成本也大大提升了，这使得该公司对心理测评工具“又爱又恨”。

资料来源　李洋. 成都公交司机心理疲劳测评研究［D］. 成都：西南交通大学，2014.

讨论题：

（1）心理测评工具的优缺点有哪些？

（2）招聘驾驶员时，是否一定要进行心理测评？为什么？

（二）实训项目材料

背景材料1

社团纳新中的心理测验设计

【实训背景】

具体内容见“附录1 S大学人力资源开发协会背景材料”。

【实训内容】

能根据具体社团岗位需求选择相应的心理测评方法，初步学会运用量表调查和分析心理现象。例如，分析纳新中被试者的责任心或心理健康状况等。

【实训设施】

人员素质测评实训室；电脑及投影设备（用于播放演示文稿和视频文件）。

【实训指引】

（1）根据所讨论的岗位的素质测评要求确定需要心理测验的形式、种类。

（2）通过查阅资料设计相关心理测验的测评内容及程序。

背景材料2

管理人员素质测评

【实训背景】

A集团人力资源总监王先生最近压力非常大，因为公司内部出了大问题：前段时间总部的销售总监突然辞职，并带走了大量高端客户，投奔竞争对手。这名销售总监是王先生参与招聘进来的，刚刚上任不到一年，个人能力很强，到任后带领销售团队为公司的快速发展做出了很大贡献。正在管理层庆幸遇到一个好帮手的时候，毫无预兆地出现了上面的事情。总部领导非常重视这件事，责令人力资源部对招聘和人才培养工作做出检讨。王先生几天来一直在思索，自己制定的招聘流程到底哪里出了问题呢？一般来说，公司的中高层管理人员招聘会经历以下几个阶段：联系猎头公司，提出职位要求；根据猎头公司提供的简历对候选人进行初步筛选；通过初筛的候选人会接受首轮素质测试，测试的内容包括相关专业知识、对工作相关信息的掌握更新情况等；随后，公司会对所有候选人进行评价中心考核，对人员素质进行全面评价；第三轮的面试则主要了解应聘者的工作经历，以及一般人际沟通等情况。对该销售总监的招聘过程也正是如此，应该说整个招聘过程考虑得非常周全，对应聘者的素质可以进行较好的理解，招聘的准确性一直较高。

资料来源　郭晶萍. 管理人员素质测评——企业良性发展的必经之路［EB/OL］.［2022-03-28］. http：//blog.sina.com.cn/s/blog_5d3dd25b0100bxl1.html.

【实训内容】

能根据公司具体人员需求选择相应的心理测评方法，初步学会运用相关知识编制一份完整的测试题，最好包含诚信度和忠诚度测验，并且会综合每名应聘者的各项测试数据给出有针对性的综合报告，方便面试官更快地了解应聘者。

【实训设施】

人员素质测评实训室；电脑及投影设备（用于播放演示文稿和视频文件）。

【实训指引】

（1）根据所讨论的人员素质测评要求确定需要心理测验的形式、种类。

（2）通过查阅资料设计相关心理测验的测评内容及程序。

四、实训实施环节

（一）案例分析实施步骤

步骤一：布置实训案例

对案例中的背景、主要事实及面临的难题等内容进行了解。搜集案例中的已知事实并对每一个事实进行区分，对案例中的主要角色所面临的问题、活动或困难进行深入挖掘。

步骤二：学生组织讨论、调研和分析、报告形成

在对案例进行认真分析之后，找出问题的症结所在，并对需要解决的问题进行概括。集思广益，从不同角度提出解决方案。把多种方案进行优劣对比，找出解决现有问题的最佳方案。阐述理由并对方案的计划实施提出建议。

步骤三：课堂汇报与分享

教师辅助，学生自行组织。由学生讨论选出一位主持人，并选出专人记录会议纪要。学生汇报可采取随机抽取的方式，加强对学生综合能力的锻炼。

步骤四：学生互评与教师点评

随机抽取3～5位学生作为评委，与授课教师共同评分（见表7-1）。评价标准：汇报内容的流畅性、逻辑性、专业性等。

表7-1　**案例分析评分表**

被评分人 评分人	学生A	学生B	学生C
学生D			
学生E			
学生F			
授课教师			
平均分			

备注：平均分为学生D、学生E、学生F和授课教师评分的平均值。

（二）实训项目实施步骤

步骤一：布置实训任务

通过对本节内容的梳理，利用自身在实际生活中参与社团所获得的经验，结合参与实训班级的实训情况，以小组为单位完成相关实训项目。

步骤二：学生组织讨论、调研和分析、报告形成

学生组织讨论：可采取课内小组讨论的形式，或课外学生自行组织讨论。

调研和分析：可采取学生个人或小组的形式进行调研、分析。

报告形成：报告形式多样，不做限制。例如，可以采取自制视频的形式进行报告。

步骤三：课堂汇报与分享

教师辅助，学生自行组织。由学生讨论选出一位主持人，并选出专人记录会议纪要。学生汇报可采取随机抽取的方式，加强对学生综合能力的锻炼。

步骤四：学生互评与教师点评

随机抽取1～2位学生作为评委，与实训课程组教师（2～3位）共同点评（见表7-2）。评价标准参见附录2。

表7-2 **实训项目评分表**

被评分人 评分人	学生A	学生B	学生C
学生D			
学生E			
课程组教师1			
课程组教师2			
综合分数			

备注：综合分数=课程组教师评分的平均值×70%+学生评分的平均值×30%

五、实训教学反思

（一）教师反思

反思内容：

____

____

____

（二）学生反思

学生反思结合素质、能力、情感认知等方面来反馈，具体见表7-3。

表7-3 **学生反思用表**

目标	完成程度	收获与反思	备注
了解心理测验的概念、类型、功能以及施测的注意事项			
在案例分析中阐明基础理论和基本原理			
在实训环节将理论知识与实际需求结合			
增强职业意识与综合素质			

实训八　面试测评

一、实训目标

目标一：记忆

了解面试测评的基本流程和试题编制要求，掌握面试测评试题编制步骤、操作技巧和常见误差。通过编制面试试题，充分理解面试的实际情况以及面试试题的特点和要求。通过制订编制计划，认识测评要素和测评标准的重要性。

目标二：领会

学生能够对面试测评的各要素进行分析，建立对面试测评系统化的认识，详细地阐明其基本原理；不同面试试题考查的能力不同，且能够区分不同考查试题类型。科学认识面试测评的意义和作用，了解面试测评与其他测评方法的关系和不同之处。

目标三：应用

通过对基本知识的再学习、案例分析等练习，学生能够将面试测评与其他测评方法进行比较，对不同的招聘背景和岗位设计完善的面试流程，并能够编制合适的面试试题。学生能够独立完成面试测评，通过面试测评充分考查员工，并选出合适的员工。

目标四：综合

通过案例讨论和实训内容的情景模拟，培养和提高学生自身素质，增强学生进行面试测评的能力；使学生能够掌握提问、倾听和观察的技巧，提高学生看人识人的综合能力；提高学生分析、解决现实问题的能力，使学生将理论与实际相结合。

目标五：情感和素质

面试测评可以增强学生的责任感与敬业精神，团队合作使学生之间联系更加紧密，更加团结。学生的职业素质得到增强，能够平衡好个人与集体的利益，更好地践行兵团精神，服务社会。

二、实训要求

实训场地：桌椅可活动的教室

实训时间：4学时

实训完成方式：以个人或团队形式完成

实训要求知识点：

知识点记忆图如图8-1所示。

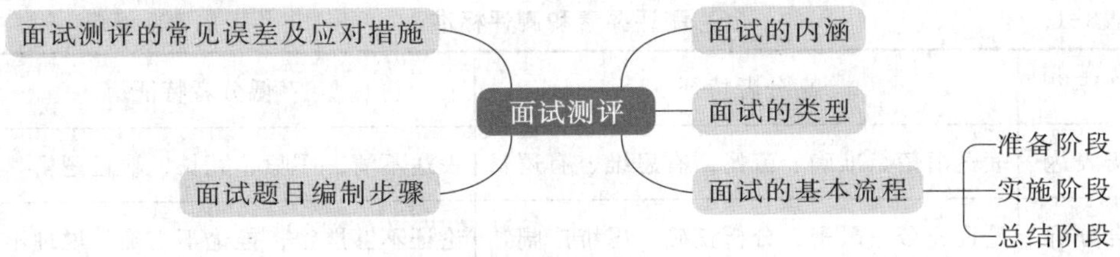

图8-1 知识点记忆图

1.面试的内涵

面试是人员素质测评中的一种重要方法，与其他测评方法相比有着独特的优势。面试在中国虽然历史悠久且应用非常广泛，但人们至今对面试尚未形成统一的看法。综合各类观点，面试是用人单位在对求职者的简历进行阅知后，实现经过精心设计的，在特定的场景下，考官与求职者双方面对面地直接交谈及观察，由表及里测评求职者的有关知识、技能、工作经验、性格、态度和待人接物的方式等，以判断求职者与职位是否匹配以及谁匹配度最高的一种测评方式。

2.面试的类型

按照不同标准，面试可分为不同的类型。

第一，按照面试的空间距离、使用工具或时间要求划分，可以分为电话面试、视频面试、当面面试等。

第二，按照面试官数量划分，可以分为一对一面试、多对一面试。

第三，按照被测试人员数量划分，可以分为单人面试和集体面试。

第四，按照面试的模式划分，可以分为结构化面试、非结构化面试、半结构化面试。

第五，按照面试考查因素划分，可以分为压力面试、非压力面试。

3.面试基本流程

第一，准备阶段。准备面试题、准备面试评分表、选拔与培训面试官等。

第二，实施阶段。分为面试接待阶段、面试引入阶段、面试正题阶段、面试结束阶段、面试评价阶段。

第三，总结阶段。撰写面试实施报告，并公布面试结果。[①]

4.面试题目编制步骤

面试题目的编制过程主要包括准备阶段、编制阶段和试测阶段。

（1）准备阶段

这一阶段的主要工作是确定面试的目的、素质要求，面试题目的类型和取材，以及面试的组织与协调等。常见的测评要素和测评标准见表8-1。

（2）编制阶段

①根据测评要素设计题目。每个题目都是为了测评某个胜任特征而设计的，可以一个题目考查多个特征，也可以多个题目考查一个特征。

① 陈全明，张广科. 人才素质测评［M］. 北京：高等教育出版社，2016：196-204.

表8-1　　　　　　　　　　　　测评要素和测评标准

测评要素	高分者特征	低分者特征
言语表达	表达清楚、准确、流畅，有思维、有逻辑	表达不清，啰嗦、冗长，缺乏逻辑
综合分析	论证充分、严密，分析正确，思维广阔	论证不够严密，推论不正确，说理不充分
组织协调	有计划、有方案，组织能力强	办事无计划，缺少组织管理意识
人际交往	合作意识强，充分掌握人际交往的技巧，沟通能力强	缺少合作意识，较难与人相处
应变能力	对事物的变化反应敏捷，有较强的危机处理能力	对事物的变化反应迟钝，手足无措
专业知识	专业基础扎实，工作技能出色	缺少专业知识，难以掌握工作技巧
仪容仪表	举止得体，穿着整洁大方，仪态规范	穿着不恰当，举止随意

第一，设计具体问题。文字要精炼，表意要明确，措辞要严谨。

第二，设计可能的追问。根据题干的外延和内涵来设计，要尽可能考虑到可能出现的回答。

第三，设计题目的评分要点。评分要点可以帮助面试官把握评判应试者素质的主要着眼点和行为与结果标准。它包含两个部分：题目的设计思路；指出对应试者应该观察和评价的若干方面，以及相关行为与结果标准。常见的面试评分表见表8-2。

表8-2　　　　　　　　　　　　面试评分表

编号		姓名		职位	
测评要素	A.优秀	B.良好	C.普通	D.较差	E.差
言语表达	语言表述的连贯性、逻辑性，语句是否简洁、通顺，思维是否清晰				A　B　C　D　E
综合分析	能否辩证地分析问题，论证是否充分、严密、有创造性				A　B　C　D　E
组织协调	有无责任感、大局意识与整体意识，组织活动的能力如何				A　B　C　D　E
人际交往	有无合作意识与沟通能力，是否真诚、友好				A　B　C　D　E
应变能力	思维活跃程度，反应的速度、灵敏程度				A　B　C　D　E
专业知识	回答问题的正确率，是否具有相关专业基础				A　B　C　D　E
仪容仪表	表情与动作，回答问题的态度、精神面貌，衣着				A　B　C　D　E
总体评定	A.非常适合该职位　B.适合该职位　C.基本适合该职位　D.较难胜任该职位 E.不能胜任该职位				

②按顺序安排题目。题目的安排要遵循前面讲述的原则，利于应试者逐渐适应并展开思路。

（3）试测阶段

在题目的试测阶段，面试官对岗位的在职者进行测评，收集典型的回答并制定评分细则。在试测时，要选取两组试测样本分别进行测试，一组为绩效优秀的员工，一组为绩效一般的员工，将两组员工的得分进行汇总并对比。如果绩效优秀员工的得分与绩效一般员工的得分差不多，则表明此面试题目效度不高，不能有效地区分绩效优秀员工与绩效一般员工，不能用于招聘面试。如果绩效优秀员工的得分普遍高于绩效一般的员工，则表明此面试题目效度较高，能够有效区分绩效优秀员工与绩效一般员工，可以用于招聘面试。[①]

5.面试测评的常见误差及应对措施

（1）首因效应

首因效应是指在认知过程中，人们倾向于根据最初获得的信息形成对他人的第一印象，并根据所获得的第一印象，做出对他人的整体评价。

应对措施：认识并延迟判断。

（2）近因效应

近因效应是指在认知过程中，人们对他人做出评判时往往更多考虑其最近时段的表现，而忽略了其之前的表现。

应对措施：适时安排面试时间，避免疲劳等。

（3）晕轮效应

晕轮效应是指在认知过程中，当一个人在某个方面具有显著的优点时，人们会误认为他在其他方面也同样具有优势；反之亦然。而当优点、缺点同时存在时，则会放大缺点，非常难以改变。

应对措施：细化评分要素。

（4）与我相似效应

与我相似效应是指在面试过程中，面试官以自己为标准来评价应试者的一种趋势。

应对措施：集中于与测评要素相关的问题上。

（5）暗示效应

暗示效应是指面试官之间通过语言或者非语言的形式提示他人，从而诱导他人采取一定的行动，使其思想、行为与暗示者的预期相符合。

应对措施：独立评分，避免干扰。

（6）顺序效应

当面试官连续对多名应试者进行面试时，应试者的顺序可能会对面试官的评价产生影响。面试官对前几名和后几名应试者的印象会比较深刻。

应对措施：要素评价与备注相结合。

---

① 徐世勇，李英武．人员素质测评［M］．北京：中国人民大学出版社，2017：129.

（7）趋中效应

趋中效应是指当面试官对多名应试者进行评分时，应试者的得分会出现在中位数聚集的现象。

应对措施：细化测评要素。

（8）刻板效应

刻板效应又称为思维定式效应，是指在认知过程中，人们对某个群体中的人形成的一个概括而固定的看法，这个看法根深蒂固，不容易被改变。

应对措施：通过培训提升面试官的专业性。[①]

三、实训背景材料

（一）案例分析材料

背景材料1

不同应试者亲历讲述

故事一：万科集团面试亲历——有一个环节是视频面试

应试者：代先生，某大学研究生毕业

我去面试的时候电话里并没有说要笔试，但是我一到公司却让我做一份笔试题。作为考场的办公室只有5平方米左右，内置一张圆形玻璃桌、两把椅子，就没有了多余的空间，估计是专门用来做单人测试的。卷子共分为六个部分，每次只发其中的一部分，做完后才发后面的部分，但是每部分都要在规定的时间里做完，不能完成也必须交卷。第一部分，词义代替，简单；第二部分，中文篇章分析，也简单；第三部分，平面图形分析，不算难；第四部分，数列填空，有几个想了老半天，但也按时做完了；第五部分，数字运算，题量特别大，留下若干空白没做完；第六部分，推理题，根据一段文章的内容选择一个可以直接从文中推理出的命题，这种题目的答案看似个个都可以，关键就在于是否能“直接”从文中推出，所以考的是应试者对理智推论分寸的把握能力。

万科进行的是视频面试。屏幕上有两个人，分别是人事部门负责人、《万科周刊》主编。先是进行自我介绍，然后主编开始发问。问我以前的办报经历，我就列举了曾经办的一期报纸，将从选题的确定到采访名单、从征稿到最后的排版、从拉广告到最后向赞助商通报出刊情况的细节都说了一遍，自然把自己在其中扮演的角色着重描述了一番。第二个问题是关于知识结构的，这个问题答深了不容易，不过一般性的回答则很好组织，把文学、哲学、法律、经济、政治的相关内容都说一点也就过了。

末了，我还特意强调自己喜欢读的报纸是《经济观察报》。面试就这样结束了，总体上我觉得这是一场愉快的面试。

① 任正臣．人员素质测评理论与方法［M］．南京：江苏凤凰科学技术出版社，2017：213-218.

故事二：华为公司面试亲历——自始至终没有问过学习成绩

应试者：郑先生，某大学本科毕业

我应聘到华为，不是通过校园招聘，而是在中国人才热线投放简历得到的面试机会。所以搜集招聘信息的时候，要眼观六路、耳听八方，广开就业门路，特别是不要忽略了网上招聘这一块。

华为的笔试不是很难，考的都是一些基础知识，但是面很广。要想笔试取得好成绩，就要先了解你感兴趣的工作所涉及的知识面，然后比较系统地复习一下。考试的内容要记好，因为面试的时候很可能让你很详细地分析并写出答案。

华为问的都是心态上的问题或者细小的知识点，总之就是考查一个人的基础知识，是否具有端正的心态以及个人学习能力。但是自始至终，华为都没有问到我的学习成绩，他们关键是看你能否胜任这个工作，此外，拥有思考、负责、主动、服从的品质也很重要。

故事三：腾讯公司面试亲历：只接受网上申请

应试者：崔先生，某大学计算机专业硕士

腾讯只接受网申。在网上投递简历后，腾讯行动迅速：第一天宣讲会，第二天笔试，第三天第一轮面试，第四天第二轮面试，第五天签约，然后带着一堆协议书马上离开。

宣讲会当晚就会发布笔试名单。笔试时间为两个小时，分三个部分：填写简历、考核专业知识和开放性问题。题量很少，时间非常充足，不过简历填写和开放性问题就占去一大半时间。专业知识考得比较简单，不过涉及面很广，包括C++（指针、内存、排序、静态数据等）、Java、数据结构、网络知识、数据库等。好在我基础还好，有幸进入了面试。

第一轮面试是一对一，同一间房子里有三组人在同时“面”，不过由于距离适当，其他人的声音不会对自己的面试造成干扰。坐下后，先等待一段时间，沉默三分钟后，面试终于开始了。面试官先看了我的简历，又把之前的笔试资料拿出来一起看。由于简历上我特别注明了“项目经验”这一项，于是他开始让我介绍。中间该考官针对一些具体的细节追问了好几个问题，我全都对答如流。然后考官又随意问了我有什么兴趣爱好。面试前后一共只有十几分钟。

第二轮面试主要考查个人的综合素质。与项目相关的内容只是提一下而已，不会细问。第二轮大约持续了半个小时，问了好多经典问题，下面是其中一部分：

① 说说你的优点吧。

② 你在大学期间最大的两个荣誉是什么？

③ 你在做过的项目中担任什么职位？

④ 你对项目中的人员安排、项目分工、整体需求有哪些了解？

⑤ 你如何体现你的责任感？

⑥ 你最喜欢的一本书是什么？

⑦ 你最近看过的一本书是什么？

⑧ 你在学校的成绩如何？有没有考研或者出国的打算？

⑨ 对工作环境有什么期望？对工作的职位有什么期望？

⑩ 你的职业生涯规划是什么？

面试之后是提问时间。我问了一个上市以后的资金流向问题，这个问题是秘密，主考官不能告诉我。满以为这次终于成了，谁知道又被领到了另一个屋子里由另一位面试官继续面试。

第三轮面试比较简单，面试官是招聘工作的主要负责人，参加过宣讲会的人对他就比较熟悉了，所以会很放松。历时短短几分钟，他问了几个简单的问题，就让我回去等消息了。我出去和同学聊了一下才知道，原来见到主要负责人就算收到Offer（录用通知）了。

参加腾讯面试的一些忠告：了解腾讯的工作环境和招聘情况，主要有三个渠道：一是师兄师姐的切身体会；二是网站上的信息；三是腾讯的宣讲会。腾讯的笔试注重对专业知识的考查，没有考查IQ、EQ等。面试问题很多，自然有些问题会回答得不好，但是不要慌，一两个问题没答好不会有太大的影响。最重要的是整体发挥，切莫紧张。

资料来源　鲁克德. 500强企业面试题与面试流程全记录［M］. 南昌：江西人民出版社，2017：101-104.

讨论题：

（1）结合案例中的三个故事，你认为其面试方式是否相同？为什么？

（2）为了保证面试的有效性，需要注意哪些事项？

背景材料2

某厂财务经理助理招聘面试题

引入语：

您好，请坐。欢迎您参加我公司的人才招聘，为了进一步加强我们对您的了解，我们今天将进行半个小时左右的谈话，希望您能够想到什么就回答什么。我们现在就开始，好吗？

敬业精神：

1.工作中出现失误是不可避免的。您能否说一下您在工作中出现的最大的失误是什么？

追问：从这次失误中您获得了什么教训？

2.石油富豪盖蒂在管理中发现，下属经理常常会对企业的盈亏情况不敏感，但只要在他们的月工资中扣除一元，他们总是能很快找到财务部门来查询。请问，您对此有何评价？

追问：您认为这对您将来的工作有何启示？

3.假设您到了我们单位，负责某审计项目，您发现，另一部门在账目上有问题，而这个部门的负责人是位工作多年、得到公认的权威性人物。您的做法是什么？

分析判断能力：

4.如果您是某部门领导，发现实际库存与账面上的数字有很大出入，您应当采用何种方法来解决这一问题？

5.您认为下列几位人物的共同点是什么？取得成功的主要原因是什么？

钱学森，比尔·盖茨，罗马里奥，贝多芬。

组织协调能力：

6.您被新任命为一家大公司的财务部门负责人，上任后得知，您的前任是因为财务记录不清、管理不善而被解雇的。但他与部门多数员工的私人关系甚好，因此，他的解雇给财务部门造成一定的混乱，甚至有几个人扬言要集体辞职。面对这种情况，您该如何开展工作？

7.某天早上，您的上司给您布置了一项任务，要求在下班前完成，这对您已经很吃力了。现在，上司又给您下达一项新任务，要求您也必须在下班前完成，您将怎么办？

综合规划能力：

8.管理人员在进行决策时，通常有两种倾向：一种人喜欢采用集体决策的办法，认为集体决策能集思广益，产生不同的解决问题的方法。而另一种人认为个体决策更迅速，更能对问题做出及时反应。结合您所应聘的职位，谈谈您更倾向于哪一种决策方式？为什么？

资料来源　佚名．财务经理助理面试提纲［EB/OL］．［2022-03-28］．https：//www.docin.com/p-167288416.html.

讨论题：

（1）这些面试题属于哪种类型？

（2）如果顺利开展面试，对面试官有哪些要求？

（二）实训项目材料

背景材料1

S大学人力资源开发协会的社团面试

【实训背景】

具体内容见“附录1 S大学人力资源开发协会背景材料”。

【实训内容】

正值开学季，S大学人力资源开发协会欲开展社员纳新活动，请为该社团纳新社员活动设计一套面试问题，并配上面试评分表。

【实训设施】

人员素质测评实训室，计算机及投影设备（用于播放演示文稿和视频）。

【实训指引】

（1）根据每组所讨论的面试岗位设计问题；

（2）设计面试程序、面试评分表和评分标准；

（3）班级全部学生扮演观察者；

（4）要求观察者发表感想；

（5）教师实训点评。

背景材料2

行政助理面试命题

【实训背景】

题型：行为题或情景题

参考时限：3分钟

试题正文：

在工作中，常有与同事协作完成某项任务，或由一人牵头负责组织完成任务的情况。假设上级要求与你共同完成任务的是一位经验丰富的同事，上级出于某种考虑，让你来牵头负责，而那位同事对此却有些不满，你会怎么处理这个问题？

考查要素：计划、组织、协调能力，人际关系应对技巧

评分标准：

好：能认识并理解上级的安排，意识到自己与同事潜在的人际角色变化，有成熟的解决方法，并有组织自己不熟悉领域工作的能力与信心。

中：能以任务为重，并有能力组织完成，但处理人际关系较生硬，协调能力差。

差：做和事佬，放弃自己的责任，或趾高气扬，拿上级的命令压制，或缺乏信心，动辄拿上级命令做挡箭牌。

资料来源　佚名. 国家公务员考试面试试题自测训练（含答案）一［EB/OL］.［2022-03-28］. https：//www.gwyoo.com/gwyks/mishi/moni/200704/85381.html？ivk_sa=1024320u.

【实训内容】

根据面试题目设计面试程序，并在课堂上模拟。

【实训设施】

人员素质测评实训室，计算机及投影设备（用于播放演示文稿和视频）。

【实训指引】

（1）根据每组所讨论的面试岗位设计面试问题；

（2）设计面试程序、面试评分表和评分标准；

（3）从班级中选择6名学生扮演应聘者，6名学生扮演考官，2名学生扮演采访记者，其余学生扮演观察者；

（4）考官要根据评分表评价；

（5）要求考官及观察者发表感想；

（6）会后要求记者对学生随机采访；

（7）教师实训点评。

四、实训实施环节

（一）案例分析实施步骤

步骤一：布置实训案例

对案例中的背景、主要事实及面临的难题等内容进行了解。搜集案例中的已知事实

并对每一事实进行区分，对案例中的主要角色所面临的问题、活动或困难进行深入挖掘。

步骤二：学生组织讨论、调研和分析、报告形成

在对案例进行认真分析之后，找出问题的症结所在，并对需要解决的问题进行概括。集思广益，从不同角度提出解决方案。把多种方案进行优劣对比，找出解决现有问题的最佳方案。阐述理由并对方案的计划实施提出建议。

步骤三：课堂汇报与分享

教师辅助，学生自行组织。由学生讨论选出一位主持人，并选出专人记录会议纪要。学生汇报可采取随机抽取的方式，加强对学生综合能力的锻炼。

步骤四：学生互评与教师点评

随机抽取3～5位学生作为评委，与授课教师共同评分（见表8-3）。评价标准：汇报内容的流畅性、逻辑性、专业性等。

表8-3 案例分析评分表

被评分人 评分人	学生A	学生B	学生C
学生D			
学生E			
学生F			
授课教师			
平均分			

备注：平均分为学生D、学生E、学生F和授课教师评分的平均值。

（二）实训项目实施步骤

步骤一：布置实训任务

通过对本节内容的梳理，利用自身在实际生活中参与社团所获得的经验，结合参与实训班级的实训情况，以小组为单位完成相关实训项目。

步骤二：学生组织讨论、调研和分析、报告形成

学生组织讨论：可采取课内小组讨论的形式，或课外学生自行组织讨论。

调研和分析：可采取学生个人或小组的形式进行调研、分析。

报告形成：报告形式多样，不做限制。例如，可以采取自制视频的形式进行报告。

步骤三：课堂汇报与分享

教师辅助，学生自行组织。由学生讨论选出一位主持人，并选出专人记录会议纪要。学生汇报可采取随机抽取的方式，加强对学生综合能力的锻炼。

步骤四：学生互评与教师点评

随机抽取1～2位学生作为评委，与实训课程组教师（2～3位）共同点评（见表8-4）。评价标准参见附录2。

表8-4　　　　　　　　　　　　　　　　　**实训项目评分表**

被评分人 / 评分人	学生A	学生B	学生C
学生D			
学生E			
课程组教师1			
课程组教师2			
综合分数			

备注：综合分数=课程组教师评分的平均值×70%+学生评分的平均值×30%

五、实训教学反思

(一) 教师反思

反思内容：

____

____

____

(二) 学生反思

学生反思结合素质、能力、情感认知等方面来反馈，具体见表8-5。

表8-5　　　　　　　　　　　　　　　　　**学生反思用表**

目标	完成程度	收获与反思	备注
了解试题编制要求、面试测评技巧、面试测评的注意事项			
在案例分析中阐明基础理论和基本原理			
在实训环节将理论知识与实际需求结合			
增强职业意识与综合素质			

实训九　无领导小组讨论

一、实训目标

目标一：记忆

了解无领导小组讨论内涵，熟悉无领导小组讨论的基本理论和题目编制的步骤，掌握无领导小组讨论的实施和评价维度，并认识到无领导小组讨论过程中需要注意的内容。了解进行工作分析的流程，掌握制定评分表的方法。

目标二：领会

学生能够理解无领导小组讨论的适用范围和作用，能够对无领导小组讨论的结果做出正确的评价。学生能够科学引导他人正确完成讨论，并且能够提出改进意见。学生要了解无领导小组讨论的注意事项，在讨论的不同阶段有不同的问题和要求，掌握这些问题和要求，更好地达到讨论目标。

目标三：应用

通过对无领导小组讨论测试的基本理论和基本技术学习，能够独立设计无领导小组讨论的测试题目，能够独立结合具体公司甄选岗位情况设计一套完善的无领导小组讨论测评流程，并且能够用不同的评价维度看待讨论结果，更加全面地看待问题。

目标四：综合

通过案例讨论和实训内容的情景模拟，让学生独立、多角度思考问题，提高学生团队合作与解决问题的能力。通过无领导小组讨论，学生不断进行思维发散和碰撞，创造力得到激发，全面思考问题的能力得到锻炼，综合能力得到发展。

目标五：情感和素质

通过无领导小组讨论，增进小组成员之间的协作能力，学生的工作能力在不断地互相交流学习中得到进步，培养其良好的职业素质、责任感以及奉献精神。

二、实训要求

实训场地：桌椅可活动的教室

实训时间：4学时

实训完成方式：以个人或团队形式完成

实训要求知识点：

知识点记忆图如图9-1所示。

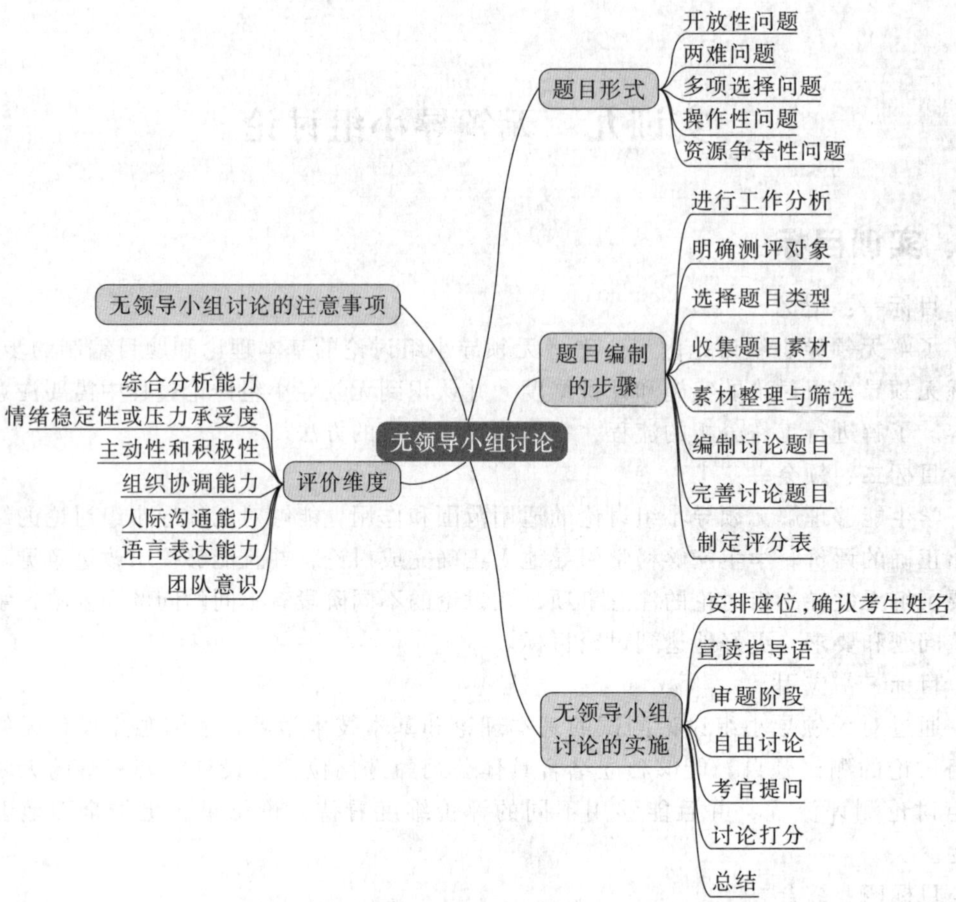

图9-1　知识点记忆图

1.无领导小组讨论内涵[①]

无领导小组讨论是一种集体面试方式，是将一定数目的应聘者组成一个小组（一般以6~10个人为宜），在一段时间内围绕一个主题进行讨论的面试活动。讨论时间通常在一个小时以内。讨论中各个成员处于平等地位，不指定小组的领导者或主持人。这并不是说没有角色，角色是在团队内部的讨论过程中逐渐产生的。这个团队并不包括考官。

无领导小组讨论源自“评价中心技术”（一种素质测评方法）。目前流行的素质测评理论无外乎“冰山模型”和“洋葱模型”。所谓冰山模型，即强调人能够被他人从表面识别的素质只是冰山浮在水面上的部分，而绝大多数素质则是隐性的，需要使用工具加以测量，而测量的最重要的关注点就是被测者的行为。所谓洋葱模型，是把人的素质从里到外大致划分为内在素质（态度、动机、价值观等）、知识和技能以及外在行为3个部分，测试者分别对这3个部分进行测量，其中内在素质只能通过外在行为来测量。无领导小组讨论面试过程中会重点使用这两种理论。

① 赵楠. 无领导小组讨论与结构化面试［M］. 广州：广东经济出版社，2013.

2.无领导小组讨论操作流程

整个面试工作可分为4个阶段：一是准备阶段；二是具体实施阶段；三是评价阶段；四是总结阶段。

3.无领导小组讨论的题目形式和编制步骤

（1）无领导小组讨论的题目形式

无领导小组讨论的题目一般都是智能性的题目，从形式上来分，可以分为以下5种，即开放性问题、两难问题、多项选择问题、操作性问题和资源争夺性问题。

以上5种形式题目的定义、考查要点、特点以及举例可以通过表9-1来说明。

表9-1　五种形式题目的定义、考察要点、特点及举例

题型	具体内容
开放性问题	没有固定答案，答案范围很广、很宽泛；考查被测者思考问题的全面性、针对性，思路的清晰性，观点的鲜明新颖性；容易设计；不太容易引起被测者之间的争辩，评价较难。例如：你认为成功最重要的是什么
两难问题	在两种互为利弊的答案中选择一种，并陈述理由；考查被测者的分析问题的能力、语言表达能力和说服力；编制方便；通俗易懂，能充分引起争论；两个备选答案必须保持均衡。例如：你认为通向成功的路上是机遇重要还是能力重要
多项选择问题	从多种备选答案中选择其中有效的几种或者是对备选答案的重要性进行排序；考查被测者分析问题实质、抓住问题本质的能力；能够更好地体现能力和个性特征；题目编制较难。例如：成功的领导取决于很多因素，从以下14个因素中选出5个，并就其重要性进行排序……
操作性问题	给被测者一些材料、道具和工具，让其完成测试者所指定的物体；考查被测者的主动性、合作精神、动手能力，主要考查其操作能力；不容易引起争辩；对测试者和题目的要求都比较高。例如：利用积木搭建拱桥
资源争夺性问题	被测者根据指定角色和现有材料，设法从有限的资源中获得更多份额；考查被测者的语言表达能力、分析问题能力、发言的积极性和反应的灵敏性；可以引起充分讨论；对于题目要求较高；角色地位平等性和材料准备要充分。例如：1 000万元投资在各个项目中，如何进行合理分配

（2）无领导小组讨论的题目编制步骤

无领导小组讨论题目的编制是在工作分析或胜任特征分析的基础上进行的，大体要经过进行工作分析、明确测评对象、选择题目类型、收集题目素材、素材整理与筛选、编制讨论题目、完善讨论题目和制定评分表等阶段。无领导小组讨论题目的编制要与招聘岗位的需求紧密结合。不同岗位的胜任素质要求是不同的。编制好题目后，在条件允许的情况下，应在小范围内测试和评估，以便及时发现问题并反馈，待题目得到完善后再正式投入使用。无领导小组讨论题目编制步骤如图9-2所示。

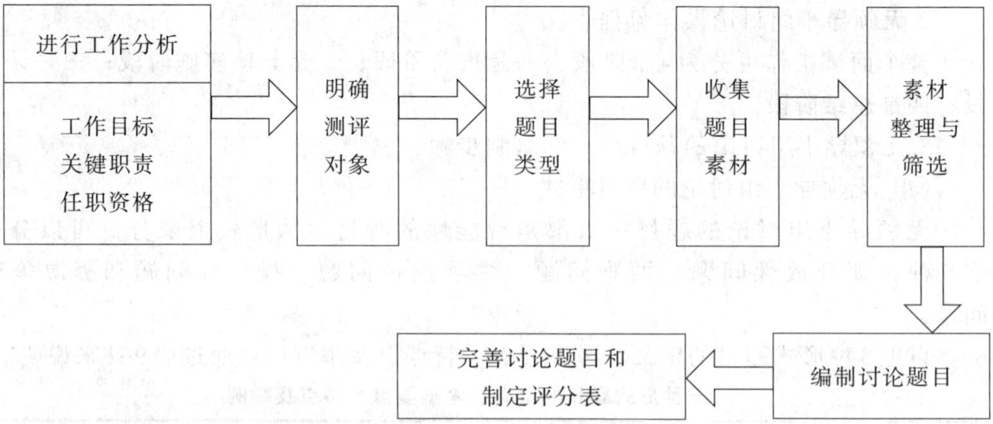

图9-2 无领导小组讨论题目编制步骤

4.无领导小组讨论的实施及评价维度

（1）无领导小组讨论的实施

① 在应聘者到达之后，请他们分别按照分组、编号顺序就座。为每位应聘者准备好姓名牌，以便考官能准确识别发言的应聘者，时间为2分钟左右。

② 考官在讨论正式开始之前向大家宣读题目（也可稍后由应聘者自行阅读），讲明发言规则，并负责解答大家的疑问。

③ 给应聘者3～5分钟准备时间，供审题、构思发言提纲。

④ 考官宣布讨论开始，依考号顺序每人阐述观点1分钟（也可以省略），发言结束后开始自由讨论，考官不参与讨论或给予任何形式的诱导，时间为30～45分钟。

⑤ 考官根据应聘者的表现有针对性地提问（可以省略），然后宣布面试结束，收回应聘者的发言提纲，应聘者退场，时间为10～15分钟。

⑥ 考官依据评分标准为每位应聘者打分，组织者收集考官评分表，时间为5分钟左右。

（2）无领导小组讨论的评价维度

①综合分析能力；②情绪稳定性或压力承受度；③主动性和积极性；④组织协调能力；⑤人际沟通能力；⑥语言表达能力；⑦团队意识。①

5.无领导小组讨论的注意事项

（1）适用对象

无领导小组讨论常用于选拔管理人员，它的适用对象为具有领导潜质的人或某些特殊类型的人群（如营销人员），可以从中择优选拔企业所需的优秀人才。

（2）时间安排

无领导小组讨论的时间一般是30～60分钟。整个讨论可分为3个阶段：

第一阶段：考官宣读题目，应聘者了解题目，独立思考，列出发言提纲，一般时间为3~5分钟。

第二阶段：应聘者轮流发言阐述自己的观点。

① 赵楠．无领导小组讨论与结构化面试［M］．广州：广东经济出版社，2013：15-17，39-46.

第三阶段：应聘者交叉辩论，不但继续阐述自己的观点，而且要对别人的观点提出不同的意见，最后达成某一协议。

(3) 施测过程

第一，准备阶段。

指导语：要有统一的明确的指导语，以免在组与组的应聘者之间造成不匹配，失去可比性。

分组：应把以前曾经接受过无领导小组讨论训练或者参加过无领导小组讨论，有此类经验的应聘者放在一组，把没有此类经验的应聘者放在另一组。

场地安排：为了使所有的应聘者处于同等的地位，无领导小组讨论应该用圆桌，而不要用方桌，使用方桌容易使相对而坐的人有对立感，而且不容易录像。另外，场地一定要宽敞、明亮。

第二，具体实施阶段。

考官在给应聘者提供了必要的资料、交代了问题的背景和讨论的要求后，一定不要参加提问、讨论或者回答应聘者的问题，以免给应聘者暗示。整个讨论过程用摄像机监测、录像。

第三，评价阶段。

• 要有两个或两个以上的考官，以互相检查评价结果；
• 考官应对照评分表所列条目仔细观察应聘者的各项表现；
• 考官要克服对应聘者的第一印象，不能带有民族、性别、年龄、资历等方面的成见；
• 考官对应聘者的评价一定要客观、公正，以事实为依据。

第四，总结阶段。

在无领导小组讨论后，所有考官都要写评定报告，内容包括此次讨论的整体情况、所问的问题内容以及此问题的优缺点，主要说明每个应聘者的具体表现、自己的建议、最终录用结果等。

(4) 需要特别注意的事项

第一，考官在观察应聘者的行为和语言表达时，不要因为应聘者的某些人格特点而对其有偏见，这样会使结果失之偏颇。

第二，评分过程中，要求多名考官对同一应聘者的不同评价维度分别打分，取其平均值作为应聘者的最后得分，这样的结果才科学、公正。

三、实训背景材料

(一) 案例分析材料

背景材料1

选择合适的候选人

某公司随着业务的持续发展，规模不断扩大，人才支持日见乏力，特别是在中层管理人员的供给上更显得捉襟见肘。公司高层研究决定：使用无领导小组讨论、结构化面试等方法从基层人员中选拔有发展潜力的人才重点培养，为企业发展建立人才梯队，实现人才战略。

公司在以往业绩考核、直线上级领导推荐的基础上，初步确定35人参与选拔。经过结构化面试后，21人进入无领导小组讨论（讨论分为3组，每组7人）。

步骤1：确定素质结构，选取测评要素

根据人-职-组织匹配的原则，在工作分析的基础上，公司高层提出了中层管理人员必备的职业素质结构。根据无领导小组讨论本身的特点，选取情绪稳定性、人际相容性两种职业个性，以及组织协作能力、团队领导能力、人际沟通能力3种管理能力共5个测评要素。

步骤2：根据测评的目的，确定讨论题目

无领导小组讨论重在讨论，选取讨论情景尤为重要。一般来说，讨论题目必须具有争论性，每个被评价者都有话可说。该公司以“选人决策”作为讨论情景，要求被评价者根据公司和候选人的背景材料做出人事决策。

[讨论题目] 某通信集团公司拥有6家下属工厂，分别经营计算机软件开发、微机装配、手机制造等业务。为了达到再次创业的目标，董事会决定另外聘请总经理。现有甲、乙、丙3位优秀候选人，请你根据他们各自的特点进行分析比较，提出任用意见。

下面是甲、乙、丙3位候选人的个人资料。

甲：学术带头人是高科技企业的领导者。

男，36岁，计算机专业博士，工龄5年。毕业后一直在本公司从事技术研发工作，主持开发过公司多种主干产品，负责过某外资合作项目的建设，2019—2020年被任命为一分公司总经理，业绩优良。现任公司副总经理，主管研发及企业战略工作。

甲对通信技术发展趋势敏感，熟悉行业特性，能正确把握企业产品定位，做出果断决策，现在主持开发公司主导产品；精通英、日两门外语，与外商谈判水平高；爱惜技术人才，愿为他们提供良好的发展空间。

甲自信、坚韧，工作干劲大，精力充沛，但是个性内向，人际交往能力较欠缺，不喜欢应酬性的公关活动。在战略重点上，他主张把资金投向技术开发而不是市场开拓，强调技术带动市场。

乙：只有把握市场的人才能成为市场经济条件下的领导者。

男，32岁，毕业于某名牌大学电信专业，本科学历，在读MBA。2014—2016年在某大型国有企业从事技术研发工作，2017—2019年在某外资通信企业从事市场营销工作，2020年至今一直在本公司从事市场营销工作，业绩优良。现任公司副总经理，主管市场。

乙有很强的品牌意识，重视广告与经营策略，注意市场研究与营销网络的建设，强调企业必须以市场为导向组织生产经营活动。他的企业策划能力、市场洞察力、公关能力和指挥协调能力都很强，有良好的社会关系。他既与许多客户保持良好的个人关系，又有许多同学和朋友在各省市通信相关部门担任领导职务。公司在其领导下营业额年年上升。

乙个性热情，开朗，应变能力强，有魄力，开拓进取，雄心勃勃。但是乙自负，性情比较急躁，控制情感能力较差。

丙：优秀管理人才是企业成功的关键。

男，38岁，通信技术专业专科毕业，大专毕业后在一家中型国有电子企业工作10年，任技术员、技术科长、车间主任、副厂长、厂长。在工作期间，利用业余时间进修学习，获得了上海交通大学MBA学位。2018—2021年进入一家美国独资企业上海办事处任首席代表，全面主持工作，业绩优良。

丙重视企业内部管理，注重组织机构的合理设置，在理顺企业内部关系、制定规章制度、企业文化建设等方面有丰富的经验；重视企业内部人才培养，上上下下关系都能搞好。他主张通过管理创新推动技术创新和市场创新。

丙办事沉稳，喜欢深思熟虑，三思而后行，待人谦和，彬彬有礼，说话办事通情达理，在群体中威望很高，但丙为人求稳，开拓进取精神不是很强。

步骤3：确定观察要点，编制测评量表

在无领导小组讨论中，评价者是通过观察来获取被评价者的行为信息的，只有确定观察要点，才能有的放矢。评价者一般从以下几个方面进行观察：①参与程度：被评价者的发言顺序、发言时间、发言时机和发言频次。②观点表达：被评价者采用什么策略提出观点？是否坚持自己认为正确的提议？观点冲突时采取什么策略？③扮演角色：旁观者、协调者、激化者还是领导者？④人际影响：谁推动讨论的进程？谁起主导作用？谁亲和力最强？

无领导小组讨论的具体实施包括4个阶段：起始阶段、独立发言阶段、交叉讨论阶段和总结陈词阶段。

资料来源　田辉. 人员素质测评实训教程［M］. 2版. 北京：清华大学出版社，2018：155.

讨论题：

（1）该公司使用了哪种无领导小组讨论的题型？

（2）结合案例分析，该公司的无领导小组讨论的流程是否完善，为什么？

背景材料2

B公司的市场经理的招聘

B公司是一家网络游戏公司，主营业务包括各种游戏的开发与设计、游戏网站的开发以及手机游戏App的开发，还配备微博运营平台、微信小程序平台、抖音平台。B公司对以上业务有独家运营权，在国内一线城市以及国外设立了控股子公司十几家。近几年，B公司在G市的分公司市场业务不断增长，为了满足众多网游客户的需求，B公司在G市的分公司拟招聘一名市场部经理来负责市场推广服务和策划活动。根据收到的应聘简历，经筛选及初试后有14名应聘者进入终选阶段。经人事部研究决定采用无领导小组讨论对这14名应聘者进行甄选。

1.前期准备

（1）确定题目。企业相关人员需要对此次人员甄选的题目进行讨论，所制定的题目要有一定的争议性等。最后经过多方讨论，确定题目为：目前较火的网红游戏为“王者荣耀”和“绝地吃鸡”，如果现在我们公司出资50万元开发一款新的网络游戏，你会怎样推广这款游戏，并迅速让它火起来，请将你对此游戏推广策划方案的内容列出来。

（2）设计评分表。根据题目设计相应的评分标准，见表9-2。

表9-2　　无领导小组讨论评分标准

序号	测评指标	权重	评价参考标准	评分
1	语言表达能力	20%	表达清晰，有较强的语言组织能力，能够倾听他人合理化建议	
2	思维分析能力	30%	能够理解问题本质，解决问题的思路较为清晰，领会问题的速度快	
3	组织协调能力	20%	很快融入小组之中，以小组整体利益为中心，有自己的独立观点	
4	应变能力	15%	能在遇到压力或矛盾时积极寻求解决的方法，情景条件发生变化时能够调整行事方式，在遇到难题时多角度思考问题	
5	说服力	15%	观点得到小组其他成员的认可，小组成员愿意按其建议行动，不靠命令的方式说服小组成员	

注：总分60（不含）分以下为不合格；60～75分为合格；76～89分为良好；90分以上为优秀。

（3）组建无领导小组测评团队。无领导小组测评团队的成员包括B公司G市分公司的总经理、市场部副经理，以及3名有相关经验的人力资源部专员。经专业培训后，无领导小组测评团队的成员掌握了相应的评分标准。

（4）确定讨论小组具体人数。根据简历等信息，将14名应聘者分为两小组，每小组7人，每小组成员之间保持一定的陌生度。

2.具体实施阶段

整场讨论由组内各应聘者自主安排，考官观察各应聘者回答问题的言谈举止、神色等，并做好详细的评分记录。随着讨论的深入，各应聘者思维分析能力、组织协作能力等都会展现出来，这是笔试和结构化面试过程中所不能考查到的。

3.评价与总结

在讨论结束后，考官进行评分，对每个应聘者在整个讨论过程中的表现围绕其参与度、影响力、决策程序、任务完成情况、团队氛围和成员共鸣感等逐一进行评价，最后结合具体的评价标准和权重系数，计算出每个应聘者的综合得分。

资料来源　林丁妮. 试论无领导小组讨论在企业招聘中的运用［J］. 商讯，2020（22）：82，84.

讨论题：

（1）为保障无领导小组讨论顺利进行，需要注意哪些事项？

（2）无领导小组讨论中测评团队包含哪些成员？为什么？

（二）实训项目材料

背景材料1

行政助理无领导小组讨论

【实训背景】

天天网是为互联网用户提供服务的社交网站，给不同身份的人提供了一个互动交流平台，通过提供发布日志、保存相册、音乐视频等站内外资源分享等功能搭建了一个功能丰富高效的用户交流互动平台。天天网的高校合作部承担着与各大高校开展合作的重要任务，现诚聘一名行政助理，复试采用无领导小组讨论方式。

指导语：首先欢迎大家参加今天的无领导小组讨论。无领导小组讨论是一种集体面试的形式，所以要求你们在面试的过程中要尽可能地阐述自己的观点，以便于考官对各位有比较全面的了解。等下请各位仔细阅读和理解题目，并根据题目的要求阐述自己的观点。如果自己的观点与其他人的观点不同，那么可以展开讨论。在整个过程中，考官将对各位在讨论过程中的表现和具体情况给予客观的评价。

我们今天要讨论的题目是选择最优方案，有关的材料已经发在各位的面前，并且有一张白纸和一支笔可供你们使用。本次讨论总共用时将为60分钟，分4个阶段进行，整个过程由你们自己把握。第一个阶段，请各位用10分钟时间来了解题目，独立思考，列出自己的发言提纲。第二个阶段，你们先进行自我介绍然后轮流发言，阐述自己的观点，每个人发言时间不超过3分钟。第三个阶段，展开讨论，继续阐述自己的观点，或者对别人的观点提出不同的意见，该阶段的时间为20～25分钟。第四阶段，达成小组意见后，由你们推选出一名小组成员，对所讨论的结果进行总结陈词，时间为3～5分钟。各位是否明白整个过程？如果清楚了，那么在我离开后你们就正式开始进行无领导小组讨论。

某公司与A大学开展合作，以提升公司在大学生中的企业形象和影响力。目前，已有如下几套合作备选方案，分别是：

（1）冠名赞助A校百年校庆，届时会有很多A校知名校友返校参加活动，需要12万元。

（2）赞助A校篮球队，A校篮球队实力强劲，多次在各类省级、市级比赛中获奖，具有较高知名度，需7万～8万元。

（3）赞助A校“金融俱乐部”，“金融俱乐部”在A校属于新兴社团，目前知名度一般，但发展势头良好，需3万～4万元。

（4）在A校设立助学基金，帮助品学兼优的贫困学生20名，需8万元。

（5）赞助A校承办“创意创新大赛”，获胜的创意可以为公司所用，需10万元。

（6）帮助A校改善体育馆照明设施，A校体育馆照明问题在学生当中一度引起激烈讨论，需3万～4万元。

现在，共有20万元的资金预算。请小组讨论，从以上方案中进行选择，制订合作方案。

资料来源　根据第五届中国大学生人力资源职业技能大赛比赛试题修改。

【实训内容】

结合无领导小组讨论的题目进行评分表的设计。

【实训设施】

人员素质测评实验室，电脑及投影设备(用于播放演示文稿和视频文件)。

【实训指引】

（1）挖掘并补充完善招聘岗位的信息资料，包括该岗位的任职资格、工作描述等；

（2）结合岗位情况撰写无领导小组讨论的评分标准和评分表；

（3）形成“某类岗位或者某岗位无领导小组讨论测评标准设计方案”文本，包括封面、正文、附录等内容。

背景材料2

情景模拟：经典无领导小组讨论

【实训背景】

指导语：应聘者将有5分钟的时间阅读下面的两个情景模拟题目，然后认真考虑怎样去扮演里面的角色并解决问题。你将与同组其他的应聘者合作，因为你们所扮演角色的行为是相互影响的。进入角色前，请不要和其他应聘者讨论角色扮演的事。请运用想象力使表演持续10分钟。

情景介绍：

1.假设你是某食品公司的业务员

现在公司领导派你去偏远地区销毁一卡车的过期面包（不会致命，无损于身体健康）。在行进的途中，刚好遇到一群饥饿的难民堵住了去路，因为他们坚信你所坐的卡车里有能吃的东西。这时报道难民动向的记者也刚好赶来。对于难民来说，他们肯定要解决饥饿问题；对于记者来说，他是要报道事实的；对于你来说，你是要销毁面包的。现在要求你既要解决难民的饥饿问题，让他们吃这些过期的面包（不会致命，无损于身体健康），以便销毁这些面包，又不能让记者报道过期面包的这一事实。请问你将如何处理？

说明：（1）面包不会致命。（2）不能贿赂记者。（3）不能损害公司形象。

案例角色：业务员、记者、一群难民、公司领导。

2.假设你是市政府信息处的工作人员

信息处的重要职责是将关于本市政治、经济、生活等方面的重要信息每日摘要向市领导呈报。下面有两条信息：

信息一：某居民小区原有一个菜市场，在前一阶段的全市拆除违章建筑大行动中，菜市场被拆除了。市政府一直没有重新给菜市场安排场地。这样，该小区的居民就要到距离小区很远的其他菜市场买菜，给居民尤其是家中仅有老人的居民生活带来极大的不便。居民呼吁市政府尽快解决该问题。

信息二：本市有一家国有企业，常年来一直亏损，开不出工资。本年年初新厂长及领导班子上任后，通过完善内部管理，改变经营思路，半年多时间使企业扭亏为盈，成为本市纳税大户。现在这家企业在银行贷款方面遇到了困难，该企业向市政府请求帮助，这笔贷款关系到这家企业的新项目是否能够投产。

由于各种原因，上述两条信息只能报一条给领导。

案例角色：市领导、信息处工作人员。

资料来源　佚名．无领导小组面试题［EB/OL］．［2022-03-28］．https：//www.renrendoc.com/paper/100522952.html.

【实训内容】

模拟上述无领导小组讨论，并设计一份关于无领导小组讨论实施的完整方案。

【实训设施】

人员素质测评实验室，电脑及投影设备(用于播放演示文稿和视频文件)。

【实训指引】

(1) 挖掘并补充完善招聘岗位的信息资料，包括该岗位的任职资格、工作描述等；

(2) 建议策划一场无领导小组讨论活动，并在组内实施该项活动，讨论注意事项；

(3) 形成“某类岗位或者某岗位无领导小组讨论测评方案”文本，包括封面、正文、附录等内容，注意内容尽量全面，包含评分标准、评分表、总结等内容。

四、实训实施环节

(一) 案例分析实施步骤

步骤一：布置实训案例

对案例中的背景、主要事实及面临的难题等内容进行了解。收集案例中的已知事实并对每一事实进行区别，对案例中的主要角色所开展的活动和所面临的问题或困难进行深入挖掘。

步骤二：学生组织讨论、调研和分析、形成报告

在对案例进行认真分析之后，找出问题的症结所在，并对需要解决的问题进行概括。集思广益，从不同角度提出解决方案。把多种方案进行优劣对比，找出解决现有问题的最佳方案。阐述理由并对方案的实施提出建议。

步骤三：课堂汇报与分享

教师辅助，学生自行组织。由学生讨论选出一位主持人，并选出专人记录会议纪要。学生汇报可采取随机抽取的方式，加强对学生综合能力的锻炼。

步骤四：学生互评与教师点评

随机抽取3~5位学生作为评委，与授课教师共同评分（见表9-3)。评价标准：汇报内容的流畅性、逻辑性、专业性等。

表9-3 **案例分析评分表**

被评分人 评分人	学生A	学生B	学生C
学生D			
学生E			
学生F			
授课教师			
平均分			

备注：平均分为学生D、学生E、学生F和授课教师评分的平均值。

（二）实训项目实施步骤

步骤一：布置实训任务

通过对本节内容的梳理，利用自身在实际生活中，参与社团活动所获得的经验，结合参与班级实训的情况，以小组为单位完成相关实训项目。

步骤二：学生组织讨论、调研和分析、形成报告

学生组织讨论：可采取课内小组讨论的形式，也可以课外自行组织讨论。

调研和分析：可采取学生个人或小组的形式进行调研和分析。

形成报告：形式多样，不做限制。例如，可以采取自制视频的形式进行报告。

步骤三：课堂汇报与分享

教师辅助，学生自行组织。由学生讨论选出一位主持人，并选出专人记录会议纪要。学生汇报可采取随机抽取的方式，加强对学生综合能力的锻炼。

步骤四：学生互评与教师点评

随机抽取1~2位学生作为评委，与实训课程组教师（2~3位）共同点评。评价标准参见附录2。评分表见表9-4。

表9-4　**实训项目评分表**

被评分人 评分人	学生A	学生B	学生C
学生D			
学生E			
课程组教师1			
课程组教师2			
综合分数			

备注：综合分数=课程组教师评分的平均值×70%+学生评分的平均值×30%

五、实训教学反思

（一）教师反思

反思内容：

____

____

____

（二）学生反思

学生反思要结合素质、能力、情感认知等方面，具体见表9-5。

表9-5 **学生反思用表**

目标	完成程度	收获与反思	备注
了解无领导小组讨论的题目类型、实施过程的具体内容、施测的注意事项			
在案例分析中阐明基础理论和基本原理			
在实训环节将理论知识与实际需求结合			
增强职业意识与综合素质			

实训十　角色扮演

一、实训目标

目标一：记忆

通过实际模拟角色扮演，对被试在不同角色情景中表现出来的行为进行观察和记录，测评其素质潜能，从而使学生将理论知识应用于实践中并加深对于角色扮演这一测评方式的了解。

目标二：领会

通过角色扮演的实训，让学生掌握角色扮演的方法和技巧等。在掌握理论知识的同时，以角色扮演带给学生的实际问题和角色的感受，让其感受到实际企业中的情景。

目标三：应用

通过角色扮演的实训，使学生全面掌握角色扮演的步骤以及相关的知识点，加深记忆；建立对角色扮演的系统化认识，综合服务于其他需要。

目标四：综合

通过角色扮演的实训，提高学生综合素质，如洞察力、全局观以及应变能力等。

目标五：情感和素质

通过角色扮演的实训，让学生模拟现实的工作生活，培养学生的沟通、自我表达、相互认知等社会交往能力，加强其反应能力和心理素质，增强学生的集体荣誉感和团队意识。

二、实训要求

实训场地：桌椅可活动的教室

实训时间：2学时

实训完成方式：以个人或团队形式完成

实训要求知识点：

知识点记忆图如图10-1所示。

1.角色扮演的内涵

角色扮演在心理学领域有很长的应用历史，但是作为评价中心的一种测评技术的历史并不是很长。许多心理学家从不同角度对角色扮演进行了界定。角色扮演是一种主要用以测评被试处理人际关系能力和实际操作能力的情景模拟技术。在具体的面试中，根据所招聘职务的胜任特征设置一系列的情景问题，要求被试扮演一个特定的角色，处理各种具体的问题和矛盾。评分者则根据被试在角色扮演中所表现出来的行为

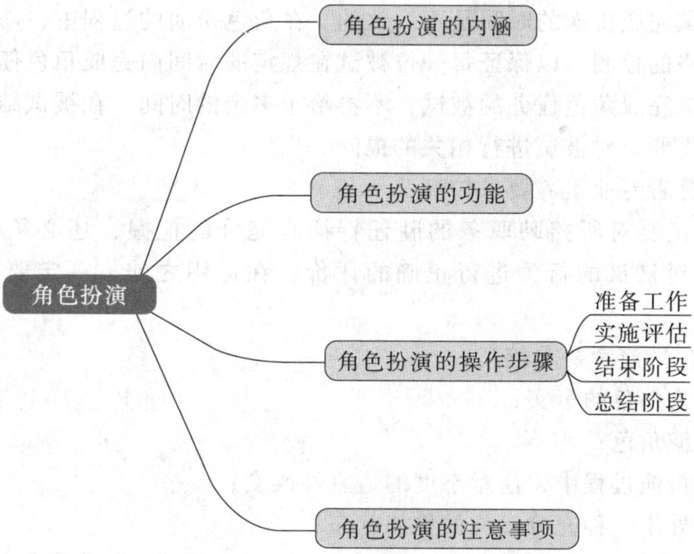

图10-1 知识点记忆图

进行观察和记录，测评其相关素质。①

2.角色扮演的功能

在企业中，角色扮演具有多样化的功能：首先，角色扮演具有测评的功能。通过角色扮演，可以在情景模拟中对被试的行为进行评价，测评其心理素质以及各种潜在能力。可以测出被试的性格、气质等心理素质，也可以测出被试的社会判断能力、决策能力、领导能力等各种潜在能力。其次，角色扮演法具有培训的功能。在日常工作中，每个人都有其特定的工作角色，但是从培养管理者的角度来看，需要人的角色的多样化，而现实不可能满足其角色多样化的实践要求。因此，在培训条件下，进行角色扮演就可以达到较好的效果。同时，通过角色扮演，可以发现被试行为上存在的问题，及时对其行为做出有效的修正。

3.角色扮演的操作步骤

角色扮演的操作步骤包含4个环节，具体如图10-2所示。

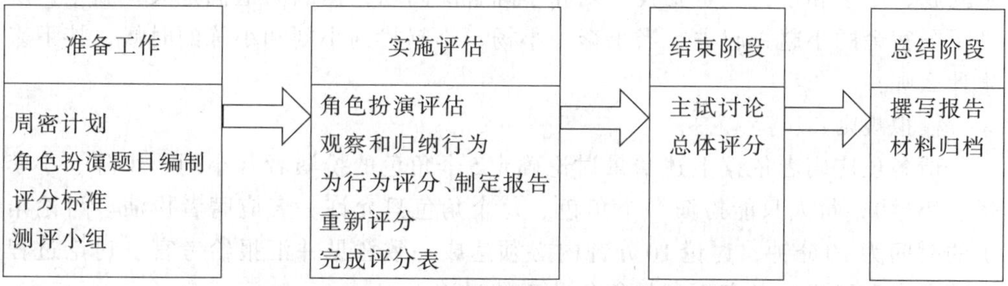

图10-2 角色扮演的操作步骤

4.角色扮演的注意事项

（1）测试时间的控制问题

角色扮演的时间，根据设计的角色情景，一般一分钟不等，由于被试之间的个体

① 张世娟. 角色扮演技术在中层管理人员选拔中的应用研究［D］. 昆明：云南师范大学，2007.

差异，每个被试完成扮演的时间是不一致的。在角色扮演的过程中，需要对被试的扮演时间进行严格的控制，以保证每一位被试在规定的时间内完成角色任务。对于在规定的时间内仍未完成角色任务的被试，不再给予多余的时间。在被试结束扮演后，评分者可以根据需要，对被试进行相关的提问。[①]

（2）对评分者专业素养要求较高

评分者不仅要对所招聘职务的胜任特征有充分的把握，还必须有丰富的心理学知识，能够对被试的行为进行正确的评价。在运用之前，一定要对评分者进行培训。

（3）对角色扮演者要求较高

① 接受作为角色的事实；

② 只是扮演角色；

③ 在角色扮演过程中，注意态度的适宜性改变；

④ 使自己处于一种充分参与的情绪状态；

⑤ 如果需要，注意收集角色扮演中的原始资料，但不要偏离案例的主题；

⑥ 在角色扮演中，不要向其他人进行角色咨询；

⑦ 不要有过度的表现行为，那样可能会偏离扮演的目标。

三、实训背景材料

（一）案例分析材料

背景材料1

出问题的文具

背景信息：

小刘和小陈是学校大二的学生。新学期之初，小刘和小陈打算把这学期不用的旧文具卖给大一新生。小李和小杨就是其中的顾客，其所购文具在使用过程中出现了质量问题，小李和小杨决定要找小刘和小陈解决问题，但因为他们是大一新生，所以找到了同宿舍的小赵一起去。当小李、小杨、小赵找到小刘和小陈的时候，接下来会发生什么呢？

模拟规则：

请各位应聘者依据上述情景讨论确定5个角色的扮演者（小刘、小陈、小李、小杨、小赵），每人只能扮演一个角色、每个角色只允许一名应聘者扮演。讨论角色分工的时间为10分钟，讨论10分钟内必须达成一致意见并汇报给考官。讨论过程则由应聘者自发组织，考官不参与角色分工的讨论。

考官提示应聘者“开始模拟”时，5名分到角色的应聘者开始按照上述故事情景即兴模拟表演、体现出故事的前因后果，表演时间为15分钟。

资料来源　赵楠. 无领导小组讨论与结构化面试［M］. 广州：广东经济出版社，2013：99.

---

① 张世娟. 角色扮演技术在中层管理人员选拔中的应用研究［D］. 昆明：云南师范大学，2007.

讨论题：

（1）该角色扮演考查应聘者哪些方面的能力？

（2）如何保证角色扮演过程的有效性？

背景材料2

怎么调解？

请快速阅读下面的案例，然后认真考虑你所扮演的角色，并按要求进行表演。

某建材厂是该市规模较大的、专业生产耐磨地板砖的国有企业。因该厂原领导班子年龄偏大，市委组织部经研究对该厂的3名正副职领导做了调整。调整后，人事安排如下：厂长黄勇，男，38岁，本科毕业，原是该厂分管生产技术的副厂长；副厂长程长天，男，36岁，原是该厂供销科科长，研究生毕业；副厂长王青，女，43岁，本科毕业，原是该厂人事科科长。

黄勇主持该厂全面工作的第一周就对本厂领导班子成员做了分工，提出自己除负责全面工作外同时分管生产技术和财务工作；程长天分管供销工作；王青分管人事、劳动工资和后勤工作。对厂长黄勇提出的分工方案，程长天和王青均表示同意。

3名厂长按照分工，各尽其责，工作积极，厂里的广大干部职工在新班子的带领下，头3个月的生产、经营状况良好，产量、产值均比领导班子调整前增长15%以上，得到了市工业局的表扬。

半年后，因建材市场竞争激烈，并正值销售淡季，企业的销售额明显下降，仓库里积压着大批产品，企业面临停产的危险。程长天根据当时建材市场及本厂的情况，采取了3项促销措施：一是把产品的单价下调8%；二是在本市范围内免费送货上门；三是按产品销售额的2%提成奖励给供销人员。程长天提出的措施果然有效，经过一个多月的时间，该厂的销售额又大幅回升，积压在仓库里的产品全部销售完毕，企业的产量、产值和利润都有明显增长。

程长天在市里一次产品促销工作会议上汇报了该厂的促销做法，当时主持会议的市工业局陈副局长很感兴趣，在会议总结时充分肯定了建材厂的经验。不久，市工业局的一期简报也把厂里的促销经验刊登了。

黄勇看到市工业局的简报后，很不高兴。同时，陆续有生产技术工人向他投诉，说供销人员上月的收入不合理，比生产技术人员的收入高出近一倍。有个别人还向黄勇报告，听说程副厂长也拿了提成奖。

厂半年总结会上，黄勇在总结报告中最后强调了3个问题：一是不要满足现有成绩，上级对我们的工作虽然做了肯定，但我们要认识到存在的问题还有不少，不要夜郎自大，要进一步努力，千方百计完成甚至超额完成全年的生产经营任务。二是加强请示汇报工作，我是一厂之长，有些事情连市里都知道了，却没有人告诉我，你说我这个厂长怎么当？三是注意廉洁奉公，尤其是领导干部不能以权谋私，多拿多占。黄勇说话完毕，征求其他两个厂长有没有补充。王青说没有，程长天却说，希望厂长讲话拿出证据，然后站起来气呼呼地离开会场。参加会议的干部、职工目瞪口呆。

副厂长程长天自从在总结会上听了厂长的讲话后，心里一直不舒服，同时有供销人员向程长天报告说黄勇大发雷霆。供销科何科长还向程长天说，听说黄厂长要到市委组织部和纪检委汇报。程长天与供销科何科长研究了半天，召开了供销人员会议，宣布从下月起促销取消，一切恢复原状。自此，厂里产品又大量积压。

次年一月，程长天分别给市委组织部和市工业局写了请调报告，要求离开，并说到再艰苦的地方工作都没有意见。市委组织部到市工业局了解情况，上述为调查所获情况。

你作为市委组织部的副部长，将分别与黄厂长与程副厂长进行谈话，调解他们之间的矛盾。

资料来源　任正臣. 人员素质测评理论与方法［M］. 南京：江苏科学技术出版社，2017.

讨论题：

（1）案例中的角色扮演属于哪种类型？结合案例谈一谈，在哪些情况下应该选择角色扮演测评方式？

（2）在评价中心技术中，相比其他方式，角色扮演方式有什么优点？

（二）实训项目材料

背景材料1

S大学人力资源开发协会社团的角色扮演

【实训背景】

具体内容见“附录1　S大学人力资源开发协会背景材料”。

【实训内容】

协会换届，为遵循公平公正竞聘的原则，经协会内部协调，在简历筛选完后，复试准备采用角色扮演方式考查“副会长”竞聘人员的综合能力，选择合适的人选。请为该角色扮演设计测试题，并配以测评表。

【实训设施】

人员素质测评实验室，电脑及投影设备(用于播放演示文稿和视频文件)。

【实训指引】

（1）挖掘并补充完善招聘岗位的信息资料，包括该岗位的任职资格、工作描述等；

（2）结合岗位情况撰写角色扮演试题编制流程，包括准备阶段、编制阶段、试用阶段等全流程；

（3）形成“某类岗位或者某岗位角色扮演试题编制流程方案”文本，包括封面、正文、附录等内容。

> 背景材料2

对小张的考绩

【实训背景】

某生产制造型国有控股企业，是有60余年历史的老工业基地，现有员工1 500余人，员工平均年龄40周岁，少数民族占比35%，设有12个职能部室，分别是财务部、综合管理部、供销部、人资企管部、生产技术部、保卫部、安全环保部、质量部、宣传部、纪检监察部、审计督查部、化验中心，此外下设4个分公司、3个子公司。

秋招季，公司为选拔合适人才，选择采用角色扮演方式面试应聘者，考查应聘者的沟通能力及解决问题能力等。具体面试题如下：

小张是销售部的员工，因业绩突出、为人热情等被提拔为销售部经理。在小张当上经理不久后，公司发现小张利用职权经常上班迟到，还总是挑员工的问题，工作中的问题越来越多。公司派人力资源部陈经理和他约谈，想给他降为员工，但小张不同意。后来小张在工作中也做了相应的改变，但公司害怕小张再次出现之前的情况，还是想把小张降为员工，因此再次派人力资源部陈经理和他约谈。

资料来源　根据对某企业实地访谈所获得的资料和全国大学生人力资源职业技能大赛竞赛环节比赛材料整理所得。

【实训内容】

以小组为单位模拟陈经理和小张的角色扮演活动，并设计一份操作流程。

【实训设施】

人员素质测评实验室，电脑及投影设备(用于播放演示文稿和视频文件)。

【实训指引】

(1) 小组扮演，并讨论为保证角色扮演顺利进行，考官需要做好哪些准备工作。

(2) 假设你是考官，请设计一份保证该项活动有效开展的操作流程。

四、实训实施环节

(一) 案例分析实施步骤

步骤一：布置实训案例

对案例中的背景、主要事实及面临的难题等内容进行了解。收集案例中的已知事实并对每一事实进行区别，对案例中的主要角色所开展的活动和所面临的问题或困难进行深入挖掘。

步骤二：学生组织讨论、调研和分析、形成报告

在对案例进行认真分析之后，找出问题的症结所在，并对需要解决的问题进行概括。集思广益，从不同角度提出解决方案。把多种方案进行优劣对比，找出解决现有问题的最佳方案。阐述理由并对方案的实施提出建议。

步骤三：课堂汇报与分享

教师辅助，学生自行组织。由学生讨论选出一位主持人，并选出专人记录会议纪

要。学生汇报可采取随机抽取的方式，加强对学生综合能力的锻炼。

步骤四：学生互评与教师点评

随机抽取3～5位学生作为评委，与授课教师共同评分（见表10-1）。评价标准：汇报内容的流畅性、逻辑性、专业性等。

表10-1 案例分析评分表

被评分人 评分人	学生A	学生B	学生C
学生D			
学生E			
学生F			
授课教师			
平均分			

备注：平均分为学生D、学生E、学生F和授课教师评分的平均值。

（二）实训项目实施步骤

步骤一：布置实训任务

通过对本节内容的梳理，利用自身在实际生活中，参与社团活动所获得的经验，结合参与班级实训的情况，以小组为单位完成相关实训项目。

步骤二：学生组织讨论、调研和分析、形成报告

学生组织讨论：可采取课内小组讨论的形式，或课外学生自行组织讨论。

调研和分析：可采取学生个人或小组的形式进行调研和分析。

形成报告：形式多样，不做限制。例如，可以采取自制视频的形式进行报告。

步骤三：课堂汇报与分享

教师辅助，学生自行组织。由学生讨论选出一位主持人，并选出专人记录会议纪要。学生汇报可采取随机抽取的方式，加强对学生综合能力的锻炼。

步骤四：学生互评与教师点评

随机抽取1～2位学生作为评委，与实训课程组教师（2～3位）共同点评。评价标准参见附录2。评分表见表10-2。

表10-2 实训项目评分表

被评分人 评分人	学生A	学生B	学生C
学生D			
学生E			
课程组教师1			
课程组教师2			
综合分数			

备注：综合分数=课程组教师评分的平均值×70%+学生评分的平均值×30%

五、实训教学反思

（一）教师反思

反思内容：

____

____

____

（二）学生反思

学生反思要结合素质、能力、情感认知等方面，具体见表10-3。

表10-3 学生反思用表

目标	完成程度	收获与反思	备注
了解角色扮演的内涵、功能及注意事项			
在案例分析中阐明基础理论和基本原理			
在实训环节将理论知识与实际需求结合			
增强职业意识与综合素质			

实训十一　管理游戏

一、实训目标

目标一：记忆

了解管理游戏的内容以及具体的操作步骤，熟悉管理游戏使用中注意事项。

目标二：领会

掌握管理游戏中准备工作、测评过程、方法和技巧以及管理游戏的优缺点、适用范围等。使同学们更深层次地了解和认识评价中心的功能和作用。

目标三：应用

在掌握管理游戏理论知识的同时，对比其他方法，加深学生的知识点记忆与实际结合的能力。建立和完善有关管理游戏的知识结构，提前了解和感受实际企业情景，提升综合能力，服务于企业的人力资源管理与人员素质测评需要。

目标四：综合

通过管理游戏案例分析和实训项目的完成，让学生学会理论与实践结合，且在发现问题的基础上，学会通过搜集多元信息等解决问题，进而提升学生的领导力、沟通力、创造力以及个人应变能力。

目标五：情感和素质

通过管理游戏实训，增强学生对工作伙伴的信任和团队意识，提高其应变能力、人际交往能力等素质，让学生对整个行业有更好的了解，增强其社会责任感和开拓进取的精神。

二、实训要求

实训场地：桌椅可活动的教室

实训时间：4学时

实训完成方式：以个人或团队形式完成

实训要求知识点：

知识点记忆图如图11-1所示。

1.管理游戏的基本含义

管理游戏测试是一种以游戏为形式、以完成某项“实际工作任务”为基础的面试方法。通过管理游戏测试，可以考查应试者的综合管理能力。在这类活动中，小组成员各分配一定的任务，必须合作才能较好地完成。有时引入一些竞争因素，如三两个小组同时进行销售和市场占领。通过应试者在完成任务过程中所表现出来的行为来测评应试者的素质。在测评过程中，主试者常常会以各种角色身份参与游戏，给被试者

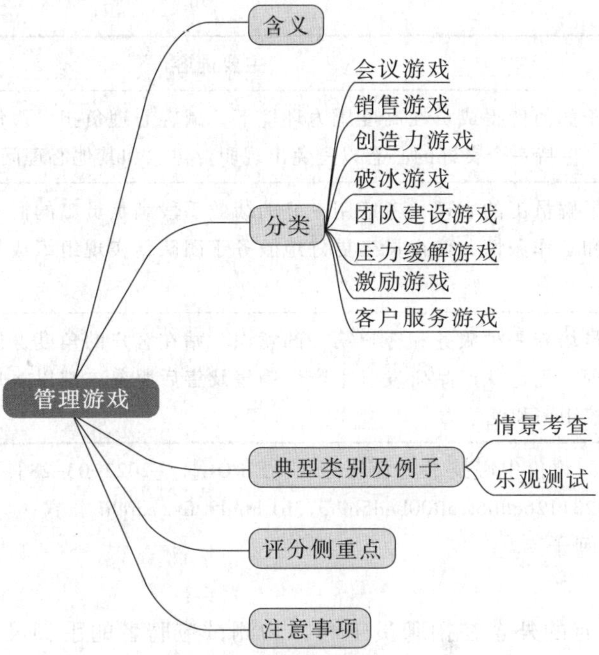

图11-1 知识点记忆图

施加工作压力和难度，使矛盾激化、冲突加剧，目的是全面评价被试者的应变能力、人际交往能力等素质特征。

管理游戏的实施过程与无领导小组讨论类似，但有两点重要区别：除了文本材料外，还需要配备在游戏中规定使用和可能使用的各种道具，如象征性的原材料、车间、商品等；被试者的活动范围更自由，有时主试者也要参与其中以便更好地观察。

2.管理游戏的分类（见表11-1）

表11-1 **管理游戏的分类**

类型	主要内容
会议游戏	主要着眼于如何提高会议的效率、如何进行有效的沟通和交流，讨论会议主题，分析存在的问题，提出有效、合理的方法解决问题，保证会议的质量与效果
销售游戏	如何进行行业情况的有效调查和预测，进行有效的学习和交流，确定市场目标，采取合理、准确的销售手段，保证和提高市场占有率
创造力游戏	以创造一个和谐、宽松、自由的工作环境和学术气氛为基础，使得被测评者的新思维、新点子进行碰撞和交流，形成和发展为新的思维和见解
破冰游戏	如何打破僵局，使一个不熟悉的群体增强了解和信任，以最快的速度彼此熟悉，增强团队意识，实现更好的沟通和合作
团队建设游戏	模拟一个明确的团队目标，使各个成员之间相互信任，彼此愿意奉献，增强团队的团结力和凝聚力，营造一个和谐的团队环境和进步文化

续表

类型	主要内容
压力缓解游戏	着眼于如何使得成员在高度压力环境下，减轻心理负担，缓解压力，进行有序的工作，保持一个良好的心态以避免出现职业倦怠和其他心理问题
激励游戏	模拟了解员工的心理，考虑用良好的绩效手段满足员工的需求，以提高员工的创造力和工作激情，使得员工更好地服务于团队，实现组织成长和员工自我成长的双赢
客户服务游戏	使成员培养一种服务和客户第一的意识，站在客户的角度，研究客户的各种需求和心理，无论从产品研发、生产、销售及售后服务，都以客户为导向，从而增强市场控制率和竞争力

资料来源 佚名．评价中心技术之管理游戏［EB/OL］．［2022-03-28］．https：//wenku.baidu.com/view/1c986182773231126edb6f1aff00bed5b9f373b1.html？fr=search.

3.典型类别及例子

（1）情景考查

分拣跳棋子：有的外企在招聘员工时，为测试应聘者的手脚灵活程度，给每个应聘者放一堆多种颜色混杂在一起的跳棋子，要求其在1分钟内按各种颜色挑出，并分别排列好，如在规定的时间内没有按要求完成，即被淘汰。

看图说话：外企招聘员工，需测试应聘者的反应能力，有的外企在转动的机器上装上彩色图画，画面中有动物、植物、建筑物、交通工具、家用电器，有山、有水等，然后在应聘者面前按一定的速度移过，要求应聘者在规定的时间内说出自己所看到的内容。

分蛋糕：有一家外企在招聘员工的面试时，出了这样一道题：要求应聘者把一盒蛋糕切成8份，分给8个人，但蛋糕盒里还必须留有一份。面对这样的怪题，有些应聘者绞尽脑汁也无法分成；而有的应聘者却觉得此题实际很简单，把切成的8份蛋糕先拿出7份给7人，剩下的1份连蛋糕盒一起分给第8个人……应聘者的创造思维能力就显而易见了。

（2）乐观测试

20世纪80年代中期，美国一家人寿保险公司雇了5 000名推销员，人均培训费支出3美元。可是，一年后有一半人跳槽，四年后只剩下1 000人。推销员跳槽的主要原因是：在上门推销人寿保险过程中，他们一次又一次地被拒之门外，感到十分尴尬。为解决这一问题，公司请来了宾夕法尼亚大学的心理学教授马丁·塞利格曼。塞利格曼教授认为，乐观精神对一个人的成长尤为重要。在塞利格曼教授的帮助下，该公司对员工进行了入围资格甄别测试和乐观程度测试，并对测试结果进行了追踪调查。追踪调查结果表明，取得“超级乐观主义者”成绩的人工作任务完成得普遍出色，与“一般悲观主义者”相比较，他们第一年的推销额高出21%，第二年的推销额高出57%。

4.管理游戏的评分侧重点

由于管理游戏的不同以及测评针对的岗位不同，面试官在评分时，会侧重于不同的能力，见表11-2。

表11-2 **管理游戏中不同岗位评分侧重能力**

测评分类	团队协作力	领导力	沟通力	创造力	观察力	学习力	责任担当力
管理类	20%	40%		15%			25%
技术类	20%			40%	15%	25%	
销售类	25%		40%		20%	15%	

资料来源 佚名. 评价中心技术之管理游戏［EB/OL］.［2022-03-28］. https: //wenku.baidu.com/view/1c98618277323112 6edb6f1aff00bed5b9f373b1.html? fr=search.

5.管理游戏中的技巧

（1）想尽办法争取完成任务

如果小组在规定的时间内游戏失败，那么整个小组的分数都不会高，因为考官会认为简单的游戏都玩不好，说明组员协调能力太差。

（2）游戏中不要把其他考生看成是竞争对手

其实所有考生的竞争对手只有一个，那就是坐在房间角落里的考官。对于在游戏的过程中带有“火药味”的考生，考官一般会给其比较低的分数，因为单位需要的是比较容易沟通的同事，而不是一个“火药桶”。

（3）要始终保持一个良好的态度

在别人做游戏时，面带微笑地帮助正在忙碌的考生，并做好准备工作，尽管可能对方玩得并不合你意。在辩驳对方的游戏操作时，首先要肯定对方操作中好的部分，然后再说不足。多说对方游戏操作的优点有两个好处：一是有利于打动对方从而接受你的观点；二是让对方产生一些不利于得到肯定的情绪，如骄傲。

（4）由小积大

辩论一个问题时，往往会产生几种不同的意见，这个时候要记住：先争取说服持不同意见的少数人群体。换言之，就是要先使坚持不同观点的少数人群体先同意你的观点，然后再联合这少数人群体去跟持不同观点的其他群体争论。

6.管理游戏注意事项

（1）测评场所的安排

管理游戏的测评场所类似于拓展培训游戏的实施，一般在宽敞、明亮的房间内，或根据游戏的要求安排在野外。整个测评过程应该确保被测评者所受的干扰最小化，被测评者与测评者之间应有一定的距离，既要保证所有测评者都能看清被测评者的活动内容，又要保证被测评者不会因为离测评者太近而产生被监视的情绪，从而无法表现正常的能力素质。

（2）测评者的选择与培训

由于管理游戏的复杂程度高，对测评者的要求也较高，因此选择测评者的标准是至少应包括熟悉管理游戏的培训师、心理学专家、人力资源管理咨询师、目标职位直接上级；同时，为了保证测评人员的技术水平，在实施测评前，应对测评者进行有针对性的培训，培训内容包括：熟悉测评能力素质维度、行为观察及评估的技巧、评价的统一标准和尺度等。

（3）游戏过程的问题应对

事先准备备用游戏。当原定游戏因某种原因不能进行时，可以用备用游戏替换，如室外游戏由于天气等原因无法进行时，可以用备用的室内游戏替代，另外，在开始游戏前，务必检查道具是否有遗漏或错误。

（4）控制游戏成员间的互动过程

有些被测评者试图通过游戏来展示自己，但表现过于夸张，影响了游戏的正常进行，或者有的测评者在游戏中让他人遭受失败或羞辱，此时组织者应适当控制，使游戏回到正常的轨道上。

（5）提醒游戏目的

管理游戏的趣味性易造成被测评者忘掉游戏的测评目的，因此，过程中应避免只为游戏而游戏，经常提醒被测评者游戏的目的，同时，游戏中要注重对被测评者的引导。

三、实训背景材料

（一）案例分析材料

背景材料1

相信我

【实训背景】

阳光城集团股份有限公司（简称阳光城）是以房地产开发为主业的全国化品牌企业，业务涵盖地产开发、商业运营、物业服务三大领域。阳光城于1995年始创于福州，2012年管理总部迁至上海，凭借快速提升的企业综合实力及品牌价值持续获得市场多方认可,发展日趋稳健。阳光城物业服务有限公司新疆分公司（简称新疆分公司）创立于2018年8月3日，拥有一支充满阳光、激情、正能量的团队。加入阳光城能够“薪”满“益”足：获得高薪，丰满理想，收获学识，提高技能。

为增强员工凝聚力、向心力、团队协作能力等，从而激励员工、提高工作效率，新疆分公司高管决定组织开展员工室内活动。活动由人力资源部主管负责策划，以管理游戏方式为主。

【项目内容1】

目的：展示团队协作所需的相互支持、领导者的作用和成员间的相互合作；建立团队的相互支持与信任。

所需材料：印花手帕若干。

步骤：将整个团队分成若干个小组，每组4人。成员自愿参加游戏，每个小组要有一人蒙上眼睛；选出一个小组的领导者，让他通过话语指导蒙眼睛的人在房间里或邻近的区域从A处走到B处，领导者不可以接触那个蒙眼睛的人。另外两个人帮助领导者，以保证蒙眼睛的人不会撞到周围物品。

蒙眼睛的人走完（2～3分钟），换另一个人再走并选择一条不同的路线。如果时间允许，重复这个过程。

游戏结束后分享内容：

（1）当你被蒙住双眼的时候，感觉怎么样（如心里不踏实、害怕、说不出话等）？

（2）你信任你的领导者吗？为什么？

（3）你信任你的合作者吗？为什么？

【项目内容2】

请你赞扬我

方法：

（1）给每个人5分钟的时间，让大家如实地、尽可能多地写出对其他成员的赞扬之词。

（2）大家互相赠送赞扬之词作为礼物，双方必须握手，接受者要说谢谢。

（3）直到所有的人将赞扬之词赠送完毕后，大家才能打开自己手中的礼物。

游戏结束后分享：

（1）当你看到别人对你所写的赞扬之词时，你的感受如何？

（2）你是否有过当面赞扬你的同学或身边的人的经历？次数多吗？

（3）为什么我们总是抑制自己如实地赞扬我们的同学呢？

（4）你还想再送一些赞扬之词给别人吗？

资料来源　[1] 纽斯特朗姆，斯坎内尔．团队建设游戏[M]．许济涛，译．上海：上海科学技术出版社，2003：77-78．[2] 徐世勇，李英武．人员素质测评[M]．北京：中国人民大学出版社，2019：213．

讨论题：

（1）采用“项目内容1”和“项目内容2”的两种管理游戏，能考查应聘者的哪些能力？

（2）在游戏实施前需要做哪些准备工作？

背景材料2

巧手椅匠

【实训背景】

乌鲁木齐市师创文化教育培训中心（简称“师创教育”）组建于2008年9月。“多年只做一件事，专注一对一教育”，师创教育率先在新疆开创一对一个性化教育先河，是专门从事中小学生课外辅导的专业培训机构，针对每个学生的个性特质制订科学的学习辅导方案，达到知识、习惯、方法、品质的全面提升。在辅导中激发学生学习兴趣，树立学习信心，规范学习习惯，培养良好的心理素质和健康的心态，全方位提高学生的学习能力，师创教育现已成为乌鲁木齐市中小学辅导的知名品牌。

为招聘到合适的人员，师创教育的人力资源经理决定采取管理游戏的方式对应聘者进行面试，以考查应聘者的分析问题能力、执行能力、协调能力以及个人魅力与威信。

【项目内容】

将应聘者分成两组，每组5~6人，两组共同完成一项任务：用150张A4打印纸制作一把椅子。要求椅子高度达到75cm，能承受住一个塑料托盘，外形尽量美观。提供的工具有订书机、直尺、胶水、铅笔、小刀。

分组要求：首先，每个小组都要完成两条椅腿、一把扶手；其次，其中一组制作椅背，另外一组制作椅面。两组分开做，不见面，分别完成自己的任务后碰面，然后组装椅子。

时间安排：要求45分钟内完成。两个小组在前10分钟、第15~20分钟、第30~35分钟共有三次碰面的机会，但是每组每次只能派一个人在中立场所进行交流（不准带半成品），交流过程中有专人记录交流心得和方案。每组每次派去交流的人都不能相同，组装时间只有5分钟。

全程由几位面试官观察每一个应聘者在小组中的作用、提出的建议及与另外一个小组沟通时的表现，综合为其打分。评分标准见表11-3。

表11-3 **评分标准**

维度	解释	权重
合作共赢	具有全局观念、整体意识，在完成任务过程中能够协调出力，争取互惠互利、相得益彰，从而实现双赢	32%
影响他人	具有较高的个人魅力与威信，在交流过程中能够通过其他人所乐于接受的方式，对他人产生影响，从而改变其心理或行为	28%
人际沟通	运用沟通的方式解决问题，清晰、准确地传递关键信息，善于倾听、态度谦和、及时反馈，有效且妥善处理与他人的关系，获得支持与配合	22%
分析思维	对已知的事实进行分析推理，抓住事物之间的逻辑关系。分析问题起因，并做出合理推断，发掘重要线索，准确预测事情的发展方向，能够把握事情的本质	18%

资料来源 佚名．无领导小组讨论题目汇总［EB/OL］．［2022-03-28］．https：//www.docin.com/p-308357233.html.

讨论题：

（1）在管理游戏过程中，面试官评分时需要注意哪些方面？为什么？

（2）游戏结束后，如何更好地开展此次评价？

（二）实训项目材料

背景材料1

博奥晶典公司的管培生测评项目

近年来，我国信息化产业蓬勃发展，高科技企业日益增多。医疗科技公司属于高科技企业。众所周知，医疗技术和人才是医疗科技公司最为重要的资源。医疗科技公司要实现创新发展离不开高素质人才。医疗科技公司应将人力资源管理作为日常工作重点。在信息化产业快速发展的今天，医疗科技人才的紧缺性日益凸显，很多医疗科技公司人力资源管理经验匮乏，行业内争夺高素质人才的现象十分严重。同其他小型创业医疗科技公司一样，北京博奥晶典生物技术有限公司（以下简称“博奥晶典公司”）的发展也依赖人才。特别是近几年来，公司发展速度较快，更离不开高素质人才的支持。当前，博奥晶典公司面临着老员工大批离职、所招聘的新员工无法马上胜任工作岗位的问题。在此背景下，为了促进可持续发展，公司需要加大人力资源管理力度，全面提高人才综合竞争力。

1.博奥晶典公司简介

博奥晶典公司于2012年8月正式成立，在中国北京、上海、重庆、成都、东莞、香港与美国圣地亚哥等地拥有生物芯片和仪器设备的生产、研发基地和营销、运营中心，总办公面积超过15万平方米，员工2 000余人。作为典型的“生物+科技”密集型企业，公司86%的员工拥有本科及以上学历，其中有11名员工为博士及博士后。

博奥晶典公司拥有完整的事业集群、产业链，集国际营销、产品生产、成果转化、科技研发、资本运作、运营管理等为一体，致力于研发、生产、营销生物芯片和仪器设备及运营。

公司自成立以来，就依托清华大学建设的生物芯片北京国家工程研究中心，致力于首创生物芯片产品研究，获得国内外专利授权400余项，专利转化率近50%。已成功开发出生物芯片及相关试剂耗材、仪器设备、软件数据库、生命科学服务、临床检验服务、健康管理等系列数十项具有自主知识产权的产品和服务。产品获得CFDA、CE、GS、CB等国内外各类认证证书120余项。公司先后获得中国合格评定国家认可委员会实验室认可、德国TÜV莱茵集团质量管理体系认证、美国组织相容性与免疫遗传学协会认证。

2.博奥晶典公司人力资源现状

截至2019年6月底，博奥晶典公司拥有员工2 078名。在各部门中，销售管理部门的规模最大，员工人数占公司员工总数的22%；市场与品牌管理中心员工人数占公司员工总数的14%；信息管理中心员工人数占公司员工总数的19%。除上述三个部门外，公司其他部门的员工人数占比较小，均不足总人数的5%。

博奥晶典公司销售员工的教育学历结构合理，多为高学历人才，且人才的学历呈现出逐年攀升的变化趋势。其中，拥有本科学历的员工占比最大。受企业性质的影响，销售员工不仅具有市场营销专业知识，还具备医药、科技等相关领域知识，主修生物、通信等专业的员工也占有一定比例。

3.招聘情况

2015—2019年，博奥晶典公司处于快速发展阶段。公司的发展离不开人才。数据显示，公司每年至少需要新招聘100名员工，且每年需要招聘员工的数量逐渐增加，其中，各年份销售员工的具体招聘人数见表11-4。

表11-4　　　　2015—2019年博奥晶典公司销售员工招聘数量统计

年份	人数合计
2015	22
2016	33
2017	44
2018	49
2019	58

通过表11-4可知，该公司对销售员工的需求量较大，且每年招聘人数逐渐增多。这表明公司的招聘工作任务较重。在对外招聘人才方面，公司所设置的招聘流程较为简单，招聘速度快，但是所招聘到的员工整体素质一般。随着业务规模的扩大，公司需要更多高素质人才，尤其是诸如项目经理等高级员工。然而，分析发现，当前该公司在人员招聘方面仍集中于普通技术人员。因此，2020年公司准备从应届毕业生中招聘8名营销方向的管培生，以作为工作管理人员后备力量培养。经过前期胜任力测算，营销类人员的素质结构包含团队合作能力、计划协调能力、综合分析能力、决策能力、诚实正直等五个方面。第一阶段的简历筛选工作已经完成，接下来进行第二阶段测试。经该公司测评小组综合考量，决定采用管理游戏的方式进一步筛选。

资料来源　[1] 博奥晶典公司官方网站（https://www.capitalbiotech.com/about.html）.[2] 刘颖. 博奥晶典公司销售员工招聘有效性研究［D］. 兰州：兰州理工大学，2020.

【实训设施】

人员素质测评实验室，电脑及投影设备（用于播放演示文稿和视频文件）。

【实训内容】

为保证该项工作顺利进行，设计一项管理游戏的全流程的方案。

【实训指引】

（1）以小组为单位对营销方向管培生的素质结构进行细化。

（2）摸清楚管理游戏测评的全流程内容。

（3）结合岗位实际情况，选择或者编制相应的测试题，并配备评分表。

（4）形成“某类岗位或者某岗位管理游戏测评方案”文本，包括封面、正文、附录等内容，注意内容尽量全面，包含评分表、评价表、总结等。

背景材料2

S公司招聘采购专员之“高空飞蛋”

【实训背景】

1.S公司简介

S公司是一家拥有20多年发展历史的老牌建筑公司，是世界五百强企业——中国交通建设股份有限公司的三级子公司。S公司拥有港口与航道工程施工、公路工程施工、市政工程施工总承包特级资质，拥有水运行业、公路行业甲级设计资质。截至2020年底，S公司在职人数超过千人，拥有70多家项目施工部，年产值达30多亿元。S公司共有22个部（室），分别为：党委办公室、党委组织部、党委工作部、纪委办公室、市场部、投资业务部、工程部、工艺技术部、船机部、质量管理部、安全管理部、企业管理部、成本控制部、采购部、办公室、人力资源部、预算财务部、法律事务部、审计监察部、信息中心、工会办公室、团委，其中不包括37个驻地项目部。

2.S公司中层管理人员现状

S公司目前在岗职工人数达1 071人，其中980人属于管理及技术人员，具有博士研究生学历的有5人，具有硕士研究生学历的有77人，具有大学本科学历的有642人；享受政府特殊津贴的专家有1人，具有教授级高级职称的有7人，具有高级职称的有125人，具有中级职称的有242人；一级注册建造师有98人。S公司秉持尊重知识、尊重人才、德才兼备、人尽其才的人事管理原则，自2019年实施重点人才培养项目以来，有机组成总量适度、素质优良的人才队伍，特别是对后继人才培养尤为重视。然而，S公司也面临着发展不均衡、人才流失量大、管理水平跟不上发展等诸多问题。其中，采购部人员流失尤为严重，人才梯队极为不合理。

3.应对措施

为保证公司人才梯队建设工作顺利进行，S公司准备开展一项专项人才招聘工作——采购专员招聘。目前其采购部人员胜任素质已经构建完毕，包含知识（公司知识、商品知识、采购知识、供应商管理知识）、技能/能力（成本意识、谈判能力、沟通能力、决策能力、合同执行能力、问题解决能力、组织协调能力等）、职业素养（客户意识、诚实守信、严谨求实、廉洁自律、责任心、主动性、国际视野）。

公司测评小组经过一个月的努力，已经顺利对126份履历进行筛选，有21人进入复试，现准备采用管理游戏的方式开展复试工作。管理游戏具体如何有效开展是关键。

4.“高空飞蛋”管理游戏环节介绍

形式：3个人一个小组。

时间：30分钟。

材料：每组鸡蛋1只，小气球1只，塑料袋1个，竹签4根，塑料匙、叉各2支，橡皮筋6条。

场地：一栋楼房（至少有3层）及楼下空地。

对象：采购专员复试候选人。

操作程序：

（1）每组成员前往3楼指定地点，准备把鸡蛋放下来，为避免鸡蛋摔破，可以用所给的材料来设计保护伞。

（2）25分钟之后，每组留一位应聘者在3楼指定地点放鸡蛋，其他应聘者可以到楼下空地观察及检查落下的鸡蛋是否完好。

（3）每组结束后，需要准备3分钟发言，发言内容为：你们组的创意是怎么得来的？在小组合作过程中大家的协调程度如何？

资料来源　姜婷．S公司中层管理者领导素质测评体系研究［D］．南昌：江西财经大学，2021.

【实训内容】

模拟该项管理游戏活动，并撰写保证该项管理游戏顺利开展的流程。

【实训设施】

人员素质测评实验室，电脑及投影设备（用于播放演示文稿和视频文件）。

【实训指引】

（1）撰写一份“管理游戏”测评流程文本，包括封面、正文、附录等内容；

（2）以团队形式，选择合适的场地，实施操作上述管理游戏；

（3）组织团队讨论：在实施过程中应该注意哪些事项才能保证该测评环节的准确性？

四、实训实施环节

（一）案例分析实施步骤

步骤一：布置实训案例

对案例中的背景、主要事实及面临的难题等内容进行了解。搜集案例中的已知事实并对每一事实进行区别，对案例中的主要角色所开展的活动和所面临的问题或困难进行深入挖掘。

步骤二：学生组织讨论、调研和分析、形成报告

在对案例进行认真分析之后，找出问题的症结所在，并对需要解决的问题进行概括。集思广益，从不同角度提出解决方案。把多种决策方案进行优劣对比，找出解决现有问题的最佳方案。阐述理由并对方案的实施提出建议。

步骤三：课堂汇报与分享

教师辅助，学生自行组织。由学生讨论选出一位主持人，并选出专人记录会议纪要。学生汇报可采取随机抽取的方式，加强对学生综合能力的锻炼。

步骤四：学生互评与教师点评

随机抽取3～5位学生作为评委，与授课教师共同评分（见表11-5）。评价标准：汇报内容的流畅性、逻辑性、专业性等。

表11-5 **案例分析评分表**

被评分人 评分人	学生A	学生B	学生C
学生D			
学生E			
学生F			
授课教师			
平均分			

备注：平均分为学生D、学生E、学生F和授课教师评分的平均值。

（二）实训项目实施步骤

步骤一：布置实训任务

通过对本节内容的梳理，利用自身在实际生活中参与社团所获得的经验，结合参与实训班级的实训情况，以小组为单位完成相关实训项目。

步骤二：学生组织讨论、调研和分析、形成报告

学生组织讨论：可采取课内小组讨论的形式，也可以课外自行组织讨论。

调研和分析：可分为学生个人或小组的形式进行调研分析。

报告形成：形式多样，不做限制。例如，可以采取自制视频的形式进行报告。

步骤三：课堂汇报与分享

教师辅助，学生自行组织。由学生讨论选出一位主持人，并选出专人记录会议纪要。学生汇报可采取随机抽取的方式，加强对学生综合能力的锻炼。

步骤四：学生互评与教师点评

随机抽取1～2位学生作为评委，与实训课程组教师（2～3位）共同点评（见表11-6）。评价标准参见附录2。

表11-6 实训项目评分表

评分人 \ 被评分人	学生A	学生B	学生C
学生D			
学生E			
课程组教师1			
课程组教师2			
综合分数			

备注：综合分数=课程组教师评分的平均值×70%+学生评分的平均值×30%

五、实训教学反思

（一）教师反思

反思内容：

____

____

____

（二）学生反思

学生反思结合素质、能力、情感认知等方面来反馈，具体见表11-7。

表11-7 **学生反思用表**

目标	完成程度	收获与反思	备注
了解管理游戏的内涵、类型、评分侧重点以及施测注意事项			
在案例分析中阐明基础理论和基本原理			
在实训环节将理论知识与实际需求结合			
增强职业意识与综合素质			

实训十二　人员素质测评过程及其实施

一、实训目标

目标一：记忆

通过这次实训使学生明白开展人员素质测评的目的，确定测评的性质，同时熟悉人员素质测评工作在实施过程中所需要遵循的流程和步骤，能够对其有一个清晰的认识和理解。

目标二：领会

通过这次实训使学生熟悉人员素质测评系统，加深对人员素质测评与选拔方法的认知。通过本次实训，使学生了解人员素质测评的量表，并尝试编制相关的量表。

目标三：应用

学生根据所学的人员素质测评和人力资源招聘理论知识，结合以前制作的资料来拟订员工招聘的具体方案。运用量表进行测试和统计所得结果，学会分析问卷统计结果，并分析得出结论和撰写总结报告。

目标四：综合

本次实训以完整完成人员素质测评步骤为导向，旨在提高学生的自我素质和表达能力，塑造一定的逻辑性。培养具有良好的职业道德、社会责任感，掌握人员素质测评步骤的基本方法，具有较强的创新意识、沟通技能、团队精神和实践能力的人才。

目标五：情感和素质

通过本次实训，学生不仅需要掌握整个人员素质测评的步骤，还需要注重自己对整个测评过程中整体节奏的把握，同时在测评的过程中注意对于紧急突发事件的处理能力。通过最后的案例实训环节，着重提升学生将来的职业素养与道德，对以后在工作单位内部实施人员素质测评有更好的把握能力。

二、实训要求

实训场地：桌椅可活动的教室

实训时间：2学时

实训完成方式：以个人或团队形式完成

实训要求知识点：

知识点记忆图如图12-1所示。

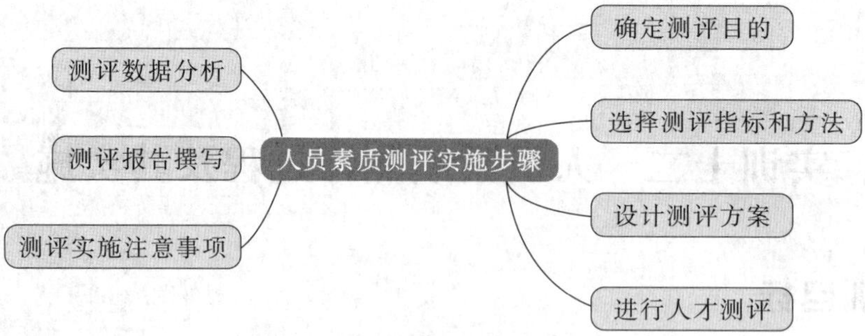

图12-1　知识点记忆图

1.确定测评目的

测评目的是测评要素、方法和工具选择的前提，是人才测评方案设计的方向，是测评目标及测评效果进行评估监控的依据。人才测评的目的可以分为选拔性测评、开发性测评和考核性测评等。确定测评目的是人才测评的基础，具体可以从宏观层面和微观层面来考虑。

从宏观层面考虑测评目的时，需要结合经济、社会和市场的发展现状，同时也要分析企业的愿景、长期发展战略和企业文化等因素。

从微观层面考虑测评目的时，要结合人力资源管理目的和人力资源开发的需要，结合企业的经营策划、变革策划、组织策划和岗位需求，来确定人才测评的方向和目标。例如，IT企业在招聘技术研发人员时非常注重其逻辑分析能力、团队合作精神和创新能力等，这是在企业的性质和岗位需求的基础上确立的。

2.选择测评指标和方法

在人力资源管理中，测评指标的确定需要进行前期相应岗位的详细分析调查，主要分析方法有工作分析法、胜任力特征分析法、访谈法、历史概括法和文献查阅法等。

3.设计测评方案

测评方案的内容包括测评背景、测评目的、测评指标体系、测评方法体系、测评主体与客体、组织实施的程序、费用预算、预期效果和测评结果的运用等。其中，测评目的、测评指标体系、测评方法体系已经在前面章节进行过阐述，此处不再赘述。

（1）测评背景

测评背景即针对当下企业测评的环境、测评工作开展实际等进行简要说明。通过对测评背景的描述，能够清楚企业当下测评工作的推广、改革情况，以及实施后对企业总体的影响。

（2）测评主体与客体

测评主体是指主持整个测评工作的个人或企业，它包括测评方案的设计者、测评方案的评估者、测评活动的组织者、测评工作的指导者、操作方案的评估者、测评结果的处理与解释者。

测评主体的具体形象是测评工作人员，其中起主要作用的是测评者。测评者可以是专家、部门主管、管理者或其他有测评能力的个人，有时被测评者自己也作为测评者存在。

测评客体是指测评实施的承受者，如以思想品德测评而论，具备该品德的人是测评的客体，是具体存在的实体。

（3）组织实施的程序

组织实施的程序包括实施测评前的准备工作、确定测评小组成员、培训测评者、测评时间及场地安排、必要的后勤保障等方面。具体组织实施的程序要根据企业的具体情况而定。

（4）费用预算

费用预算包括场地租赁费、设备租赁费、聘请专家费、人工费、先进技术费和材料制作费等。

（5）预期效果

在采取科学手段、使用科学方法、选取科学的测评指标的基础上，企业的测评工作能达到两个效果：一是测出真实水平；二是为开展其他工作提供真实的测评结果。

（6）测评结果的运用

就人力资源管理活动来说，根据测评结果可以进行优秀人才的选拔、岗位配置、绩效改进、人力资源培训开发、薪酬调整等；就个人来说，测评结果可以使个人明确自我认知，有改进的方向和前进的动力，有助于个人职业生涯规划等。

4.进行人才测评

在确定测评小组成员、培训测评者、安排测评时间及测评环境等准备工作完成后，测评实施人员向被测评者宣传测评的目的和流程、测评操作方法的指导、测评活动的控制协调及信息的收集、整理。

（1）确定测评小组成员

测评者是整个活动的实施者，是测评活动具体的负责人。因为不同测评者的思想、态度和个性等在一定程度上能够影响测评的效果，所以，测评小组的成员必须坚持原则、公平公正，了解被测评对象的情况，有一定的实际工作经验，尤其是测评方面的工作经验，有一定的专业知识，做事仔细、认真负责、一丝不苟。

测评者的数量和层次要依据测评的性质、方法和条件进行具体的分析和确定。

（2）培训测评者

企业内部确定好测评者后，需要对测评者进行培训，培训内容包括测评方法、测评过程、测评的操作方法和步骤、突发事件的处理办法等。在条件允许的情况下，可以组织测评者先做一些实际的演练。

（3）安排测评时间

一套人格测验试卷可能花费的时间是1～2个小时，一个无领导小组讨论花费的时间可能是30分钟。所以，要针对不同类别的测评工具和方法确定测评时间。

测评时间应按照人体生物节律(即情绪、智力和体力活动的节律）来安排，如有些人到了中午容易犯困，不宜安排测试，所以具体的测评时间应该挑选能够完全发挥被测评者智慧和能力的时间段。

另外，要合理地安排测评的先后次序及两项测评的时间间隔，以提高测评的信度和效度。

（4）安排测评环境

测评场地应该能够使被测评者注意力集中，思维不受影响，建议选择宽敞、采光好、无噪声，空间上能合理布置桌椅的场地。另外，要合理地安放测评设备和被测评者所需材料。其中，测评设备包括测评工具、音像放映设备和摄像装置等，被测评者所需材料包括测试编号、题本、答题纸、草稿纸、铅笔、橡皮等。

（5）广告宣传

在开展测评活动之前，测评者应向被测评者宣传测评目的、测评的大致流程、测评时应注意的事项等，以获得他们的支持，使他们以更好的状态参与测评活动。

（6）指导测评方法的操作

在实施测评的过程中，如果被测评者遇到疑难问题，测评者应协助他们解决。

（7）控制协调测评活动

开展测评活动时可能会受场地、设备、测试材料等方面的影响，测评者应随时协调与控制各方面的影响，保证测评活动的顺利开展。

（8）收集并记录测评信息

在实施测评的过程中，为保证测评结果的精确性，测评者应遵循务实的原则，运用评价表、录音机、摄像机等收集并记录测评信息，保证测评信息的真实性、准确性、及时性和代表性。

5.测评数据分析

对测评数据进行分析，最重要的是明确测评数据分析的方法，同时要对测评数据分析的结果进行效度和信度分析。

6.测评报告撰写

通过撰写测评报告，一方面可以对整个人才测评流程进行整理，另一方面可以总结经验教训，为下一轮人才测评提供依据。

7.测评实施注意事项

（1）测评方法要与测试目的对应

“一把钥匙开一把锁”，人才测评方法本身并没有对错之分，但对人才测评方法的把握却有对错之分。要减少和避免人才测评方法选择的失误，首先要明确测评目的。

（2）不能仅靠人才测评结果决策

决策是指企业或个人为了实现某种目标而对未来一定时期内有关活动的方向、内容及方式的选择或调整过程。人才测评在企业管理中能够为决策提供参考信息，但它本身并不能取代企业的决策，企业的决策受环境因素、企业文化、过去的决策、决策者对风险的态度、决策者的知识与能力等方面的影响。

（3）企业应开发适合自己的工具

在现实中，企业所处的宏观环境、发展阶段、企业文化、企业规模是不断地变化的。另外，企业中岗位本身对人才素质的要求也是多元化的，所以企业应该根据自身的情况开发适合的人才测评工具。

（4）测评仅是人力资源管理的辅助

人才测评在人力资源管理中得到了广泛的应用，具体表现为战略人力资源管理和职能人力资源管理两个层面。在战略人力资源管理层面的运用包括制订人力资源规划、制订继任者计划、领导力开发、储备干部培养等方面；在职能人力资源管理层面的运用包括人员的选拔、培训与开发、绩效管理、薪酬设计、岗位调整、员工职业生涯规划等方面。[①]

三、实训背景材料

（一）案例分析材料

背景材料1

SD公司的员工招聘和选拔计划

1.公司简介

SD公司是一家环卫业务投资与运营公司，成立于2014年，注册资金1亿元；主要从事道路清扫保洁，环卫设施设备及星级公厕建设与运营管理、环卫技术研发与咨询、环卫产品销售以及与环卫业务相关的投资业务；2014年获得中国清洁清洗行业等级资质荣誉，2015年获得第七届中国清洁（环卫）行业十大著名品牌荣誉，2017年获得中国清洁行业百强品牌。

公司紧跟时代步伐，采取以“连接、跨境、升级、开放、整合”为特征的“互联网+环卫”战略。公司自主研发环卫云平台，线上线下智慧运营模式极大提高了公司运营效率，在2017年度中国智慧环卫优秀示范评选中荣获“环卫+互联网”奖。随着城市化进程加快，环卫服务业务的需求也激增。2015—2017年，公司环卫项目签约数量增长近3倍，签约项目总金额增长近3.5倍；2018年，全国陆续又有3 000多个历史环卫项目到期。2018年，卫生服务市场空间为1 515.3亿元，随着人口的增加和城镇化的推进，2019至2020年环卫市场每年的增量仍约为100亿元。公司现有总经理1名，总部下设市场营销中心、创新中心、运营中心、智能硬件中心、职能中心五大中心及154个环卫项目运营公司，人员共计9.5万人。公司作为业界佼佼者，成绩令人瞩目，2016年至2018年6月累计总合同金额达410.2亿元；2018年全年，公司环卫项目达成合同金额超过200.34亿元。

2.市场人员招聘规划与流程

围绕“以走向国际化为目标，力争在8年内成为国内领先的环卫先锋企业”的发展愿景，2016年公司制订了为期5年的招聘规划，每年总体招聘目标为80人以上，其中市场人员15人以上，并保持10%～15%的年增长率。在招聘过程中，把握好企业总用人需求及市场用人需求的关系，时刻密切关注外部环境市场变革、国家政策调整及公司内部的组织调整、战略调整、人才变革，对企业人才供求情况具有预见性，随时新增、精简机构和人员。在公司统一用人政策下，要做到人岗匹配，注重挖掘行业领军人才，引领公司总体人才梯队达到环卫行业高端水平。树立“用好现有的，引

①赵曙明，赵宜萱. 人才测评——理论、方法、工具、实务［M］. 2版. 北京：人民邮电出版社，2019：55-58.

进特需的，培养将来的”人才观念，在着重引进人才的同时，还需减少人才流失，保证高质量、高标准地完成公司员工招聘任务。由此可见，公司对市场人员的招聘规划仅依托公司总体的招聘规划，并未结合市场人员实际情况。

2.招聘流程

公司市场人员的招聘流程分为以下几个步骤：①用人部门提出申请；②招聘审批；③发布职位；④面试；⑤薪资协商；⑥入职报到。

3.测评流程

结合上述招聘流程，公司的测评工作具体分为三个环节：

首先，招聘专员初筛简历，用人部门第二次筛选简历。简历筛选是通过对被测评对象的个人背景、工作和生活经历进行分析，测评者按照既定的程序和标准对被测评者的资历进行定量评估，为选人用人提供参考。同时，SD公司还针对各个维度制定了明确的评分规则，可以相对定量化，避免了某些人为因素的影响。

其次，对被测评者进行面试。第一轮面试由人力资源管理部门负责，主要考查求职意向、性格特征、与本公司企业文化符合度、个人职业规划与求职者历史薪资待遇及薪资期望值；第二轮面试由用人部门开展，主要考查应聘者的知识、工作技能、经验和工作成果是否符合本岗位的要求。

最后，根据前面测试反映的分数对拟录用人员进行公示，营造公司尊重人才、公平竞争的氛围。

资料来源　高郡. SD公司市场人员招聘方案优化设计［D］. 北京：北京交通大学，2019.

讨论题：

（1）根据所学的知识结合上述案例，谈谈你对SD公司人员素质测评实施过程的看法。

（2）SD公司的测评实施过程是否需要进行步骤上的调整，是否有什么需要进行补充的？

背景材料2

老北京足贴营销专员素质测评方案研究

广州冰蓝网络科技有限公司于2015年成立，主要生产永足堂老北京足贴。老北京足贴是调理身体经络的保健品，具有祛除体内湿气、排毒养颜等功效。老北京足贴目前主要以微商形式分销和零售，整个团队3万人左右，90%是女性兼职者。老北京足贴作为一种独立的电子商务实体形态存在，缺乏足够的产业联系与需求支撑，悬浮在空中，正试图寻找一个可以软着陆的平台，能够通过有效的方法找到合适的人才。现代人才测评方法和工具正好能解决老北京足贴面临的问题。

1.构建足贴营销专员的测评指标体系

（1）采用多种方法收集岗位的胜任素质要素

可以采取资料分析法、访谈法、简单问卷调查法等方式收集岗位信息。

（2）根据调查结果汇总整理足贴营销专员的胜任素质要素

足贴营销专员的胜任素质要素主要有：个人内在素质；认知能力；人际互动能

力。若胜任素质太多，需要进行筛选。鉴于测评指标较多，而且涉及微商这种新型的电商销售模式和健康养生产品，本文采用专家调查法进行筛选。

（3）请专家确定重点测评的素质

通过评分调查表向7位专家调查24项要素的相对重要性，以便确定重点测评的素质。经过调查、整理、统计运算，24项素质指标的平均分都在7分以上，其中有13项指标平均分在8分以上。取分值最高的9项素质指标，作为无领导小组讨论和半结构化面试的最终测评要素，结合专业知识测试和心理测试测评综合素质。

2.测评实施

第1轮：专业知识测试和心理测试

专业知识测试的内容是营销能力、软文创作能力、认知能力，其中认知能力包括言语理解能力、数理能力、推理判断能力和思维策略。

最经济、最具潜力的微信营销方式是软文营销。有过一定微商营销经验的人应该都知道，软文的营销力量不可小觑。当然营销能力和认知能力对销售也很重要，因此，候选人的专业知识测评除了看综合成绩外，还要参考每部分的得分。心理测试运用霍兰德职业兴趣与价值观测量表、卡特尔16PF测量表和MSCEIT测试。两项测验都通过的候选人进入第2轮测试。

第2轮：无领导小组讨论

无领导小组讨论主要测评候选人的收集和利用信息能力、有效倾听能力、说服沟通能力、个人影响力、团队合作等9项素质。无领导小组讨论给受测者准备的材料有文具、桌签、编号、一袋老北京足贴、老北京足贴发展史和试题。

下面为无领导小组讨论题：

背景：2012年至今，网络、电视中有很多对足贴的负面报道。足贴的成分中含有竹酢，浙江省中医院中医内科主任医师金涛说，竹酢是从竹子中提炼出来的一种物质，并不属于中药材。中医上都是通过内服来排毒调整，而通过外敷穴位来排毒这种方式几乎没有。“常按摩足底，刺激穴位，能改善血液循环等，只有保健作用。”浙江省中医院针灸科副主任医师莫晓枫说，人体的各部位器官在足底都有一相对应的反射区，但刺激相应反射区，绝对没有排毒的功效，更没有通过穴位直接把毒素排出体外的说法。至于足贴颜色变黑，两位医生都说，不可能是人体内排出的毒素所致，最有可能就是皮肤自身的代谢物引起的，比如汗液、油脂等与足贴中的成分接触，改变颜色。“足贴中可能有溶解于水的成分，遇到水后变色，附着在足贴外面。”

任务：向一位对新闻时事很关心、每期养生堂节目从不错过、微信玩得“风生水起”的60岁杭州老人（男性）推销老北京足贴，并为老北京足贴进入新市场制定市场营销策略。你们有40分钟时间进行讨论，在讨论结束后派一位代表进行3分钟总结发言。

无领导小组讨论结束后，评委对每个受测者逐一进行讨论，报告他们观察到的受测者的典型行为以及对其表现的评价，并充分交换意见，澄清分歧，进行最终决策。如果分歧较大，难以达成统一意见，可以翻看记录这场讨论的影像资料。

第3轮：半结构化面试

无领导小组讨论有很多优点，但也可能由于题目设计得不好、同组成员安排不合理、受测者善于伪装等原因，无法保证测评结果的有效性，还需要结合其他工具进行测评，如半结构化面试等。如果有必要，由企业代表与候选人进行录用面谈。双方就候选人的能力倾向、工作内容、薪酬福利、保险等内容达成共识。

资料来源　项玲. 老北京足贴营销专员素质测评方案研究［J］. 现代营销（下旬刊），2015（9）：91.

讨论题：

（1）该测评方案的实施环节是否完善？为什么？

（2）在开展一项测评活动时，要注意哪些事项才能保证实施过程的有效性？

（二）实训项目材料

背景材料1

ZT集团公司中层管理人员素质测评的实施

【实训背景】

1.公司背景

ZT集团公司是一家从事铁路和道路桥梁建设的大型国有企业，资产总额约40亿元，总部设在成都。目前，公司已获得铁路工程总承包特级、公路工程总承包一级、市政公用工程施工总承包一级、水利水电工程施工总承包二级、房屋建筑工程施工总承包一级等资质，年施工能力达100亿元。公司下辖10家子公司，职工总数达1万余人。

面对市场的竞争和路政建设的发展趋势，集团公司在发展规划中提出“以广义的工程经营为主，走相关产业多元化发展的道路，工程经营和资本经营并重，国内经营与海外经营并举，用5年时间把集团公司建成思想超前、管理科学、技术领先、设备现代、资金雄厚、人才济济的集设计、施工、总承包于一体的大型现代企业集团”的总体思路。

2.公司运营情况

公司年承揽任务70亿元左右，产值50亿元，利润约3 000万元。多年来，ZT集团公司及各子公司先后荣获“中国诚信示范企业”“全国用户满意施工企业”“全国设备管理优秀单位”“全国五一劳动奖状”等荣誉，有130余项工程分别荣获国家、省、市优质工程奖。公司领导班子团结和谐，整体素质较高，改革意识较强，思想观念较新，适应市场的决策较快。面对道路建设跨越式发展的大好机遇，ZT集团公司提出了“在生产经营和产值上保持年平均递增15%～25%的速度，5年内承揽工程合同提升至100亿元，产值提升至90亿元，利润总额力争累计达到2.5亿元，集团自有货币资金力争达到10亿元”的奋斗目标。

3.公司组织架构

公司总部机关共15个部室（办公室、经营一部、经营二部、工程部、安质部、科技部、财务部、海外部、审计部、成本部、人力资源部、党委工作部、纪检监察部、综合治理办、工会），各设部长、副部长一名。总公司下属10家子公司。

4.中层管理人员情况

根据ZT集团公司有关文件规定，公司中层管理人员界定为总公司各部室的部长、副部长，分公司的总经理、副总经理。按照此划分，ZT集团公司中层管理人员共有50人。中层管理人员队伍基本情况如下：

中层管理人员年龄结构：35岁及以下的为3人，占6%；36～40岁的为18人，占36%；41～49岁的为20人，占40%；50岁及以上的为9人，占18%。

文化程度：硕士研究生为8人，占16%；大学文化程度的为35人，占70%；大专文化程度的为7人，占14%。

人员来源情况：从公司外部调入的为23人，占46%；从基层业务部门提拔的为27人，占54%。

任职1年及以下的为5人，占10%；任职2～5年（含）的为32人，占64%；任职5年以上的为13人，占26%。

5.ZT集团公司中层管理人员素质测评方案设计

（1）前期准备工作

首先，明确测评目的，统一思想认识。按照职能分工，公司确定人力资源部和党委工作部共同负责给公司党委的专题汇报。人力资源部主要负责情况的调查、资料的收集，由党委工作部主笔撰写汇报。根据安排，人力资源部和党委工作部共同组成了访谈小组，就此次测评与公司员工进行沟通，广泛征求意见，收集相关资料信息，并进行可行性分析。

综合考虑多方意见，集团公司党委讨论研究认为，此次测评应侧重于综合评价中层管理人员的基本素质、个性特点、管理能力和业务能力等要素，摸清中层管理人员队伍状况。希望通过科学的人员素质测评，达到三个方面的目的：一是对中层管理人员的能力素质进行一次全面公正的评价，为公司下一步调整和配置中层管理人员队伍提供客观、翔实的参考依据；二是能够发现一些具有发展潜力的人才，以便公司重点培养和加以重用；三是使中层管理人员通过测评能够更好地认识自己，以便在以后的工作中改进工作绩效。此意见也得到了董事会成员的一致认同。

其次，成立工作领导小组，制订工作计划。根据ZT集团公司的实际情况，公司成立了以公司党委书记为组长，人力资源部、党委工作部、办公室负责人为成员的测评工作领导小组。领导小组共同讨论制订了此次测评的工作计划。内容包括：测评的主要工作、各单位的分工和协作、主要工作的时间进度、注意事项等。

最后，确定测评对象和内容。此次被测评的中层管理人员，涉及集团公司总部及各分公司的管理人员，共计50人。因为是综合性的测评，所以在测评对象上以中层管理岗位的胜任特征为一个整体建立素质模型。根据中层管理人员既强调职务技能和经验，又强调管理职能的特点，测评内容涵盖四大方面：思想素质、能力、知识经验、工作绩效。

（2）构建素质测评标准体系

构建素质测评标准体系是素质测评中极为关键的部分。构建素质测评标准体系是为了解决两个基本问题：一是对被测评人员素质的要素进行分解，这是标准体系的横向结构；二是将每个要素用规范化的行为特征或表征进行描述与规定，这是标准体系的纵向结构。

此次ZT集团公司素质测评的目的是为企业找到人岗匹配的最佳组合，做到人尽其才。针对这种情况，设计构建素质测评标准体系的操作步骤，如图12-2所示。

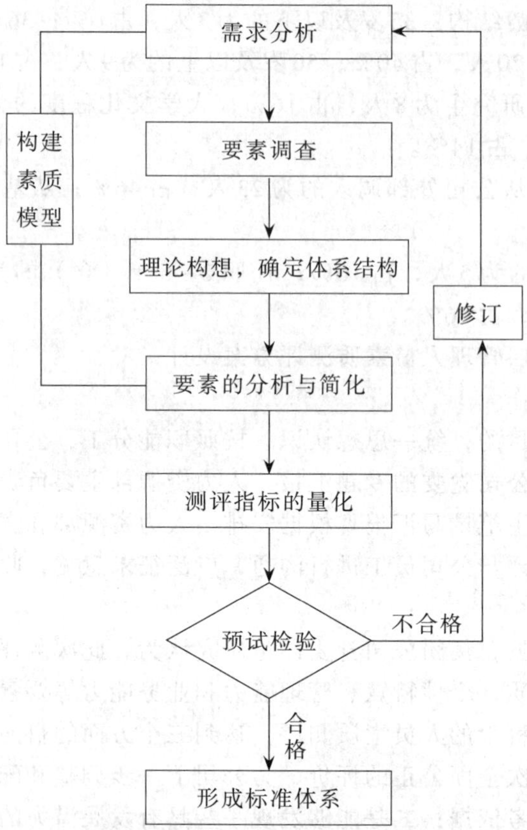

图12-2　测评标准体系构建图

基于该测评标准体系构建图，得出中层管理人员测评体系（此处省略）。

（3）制订素质测评的具体实施计划

首先，确定测评人员。测评人员是测评工作的具体实施者，其质量和数量对整个测评工作有着举足轻重的作用。合理的人员搭配和人数的确定，能使测评的指标体系发挥预定的效用，达到最佳效益。根据ZT集团公司的性质和特点，确定测评人员应符合以下条件：有高度的责任感，工作认真负责；办事公正，敢于坚持原则；善于独立思考，有自己的独到见解；具有研究生以上学历或副教授以上职称；有一定的专业知识；有实际工作经验，对人力资源工作比较了解。

考虑到此次测评中，包括人力资源部、党委工作部、办公室等负责人都是被测评对象，经研究，公司决定以外聘和内部指定的形式确定测评人员。外聘人员以专家为主，内部指定人员从集团公司领导层中产生。据此，确定9名测评人员组成测评小组，其中有4人是从某人才开发中心聘请的专家，其余5人为集团公司的领导。

此外，为保证测评工作顺利进行，公司又从人力资源部、党委工作部、办公室选派了一批工作人员，为测评工作提供服务。

其次，培训测评人员。测评人员作为测评的具体实施者，必须对测评的每个环节、每项内容都非常熟悉，知道该如何应对测评过程中出现的突发事件。虽然确定的测评小组成员中有专家，但其可能对本公司的基本情况和运作程序不太熟悉，而小组中的公司领导对人员素质测评也不太了解。所以，需要对测评人员进行培训。培训内容包括测评纪律及其监控、测评的方法、测评的具体过程、具体的操作方法和程序步骤、本次测评有可能出现的事件及应对办法等。

再次，选择测评方法。如前所述，素质测评的方法很多，既有用于个人的测评方法，又有用于团体的测评方法，还有针对不同层次的人员测评方法。测评方法要依据测评对象与测评目标来确定，科学合理的指标体系必须配合合理的测评方法才能发挥最大的效用，表现出个体能力素质的差异。根据中层管理岗位的普遍能力要求，初步设计素质测评内容和方法对应表（见表12-1），结合公司实际情况进行选择。选择测评方法应有利于对被测评者做出客观公正的评价，尽可能减少由领导者和主持测评人员的主观因素产生的误差，同时也要充分考虑企业的实际情况。根据ZT集团公司实际情况，考虑采取档案履历分析、笔试和机考、面试、情景模拟等方法，形成素质测评方法体系。在征求专家意见和结合实际充分分析的基础上，将所选择的方法细化到各项测评要素中，形成测评方法体系（履历分析8%、笔试16%、机考12%、无领导小组讨论26%、结构化面试38%）。

表12-1 **素质测评内容和方法对应表**

测评内容		测评方法
专业技能	专业知识、技能	笔试
	工作经验	查阅履历、档案
非专业技能	智力	心理测验法
	创新力	量表测验法
关系能力	用人授权能力	面试、案例分析、无领导小组讨论、公务处理、角色扮演等
	组织领导能力	
	说服沟通能力	
	社会适应能力	
任务能力	计划决策能力	用案例分析、情景模拟、角色扮演等
	分析预测能力	
	研究开拓能力	
心理思想素质	行为能力倾向等	心理测验法

最后，必要的后勤保障。此次测评涉及的部门和人员较多，时间较长，需要组织和协调的地方也很多。为此，公司指定办公室负责测评期间的后勤保障工作，落实了办公场地并配套专项资金。

资料来源　魏凌云. ZT集团公司中层管理人员素质测评方案的设计与实施 [D]. 成都：西南财经大学，2007.

【实训内容】

测评的实施是测评小组对被测评对象进行测评以获取个体素质数据的过程。它是整个测评过程的核心。接下来，需要你为该公司招聘中层管理人员撰写一份中层管理人员素质测评的实施方案。

【实训设施】

人员素质测评实验室，电脑及投影设备（用于播放演示文稿和视频文件）。

【实训指引】

（1）认真阅读该公司制订的人员素质测评设计方案内容。

（2）详细了解各测评环节的关键内容。

（3）明确实施环节包括内容。测评的实施包括准备阶段（测评前的动员、评委、试题等测评的基础准备）、操作实施阶段（测评时间和测评环境的选择、具体操作等）和数据分析阶段（分析数据、做出报告等）。

四、实训实施环节

（一）案例分析实施步骤

步骤一：布置实训案例

对案例中的背景、主要事实及面临的难题等内容进行了解。搜集案例中的已知事实并对每一事实进行区别，对案例中的主要角色所开展的活动和所面临的问题或困难进行深入挖掘。

步骤二：学生组织讨论、调研和分析、形成报告

在对案例进行认真分析之后，找出问题的症结所在，并对需要解决的问题进行概括。集思广益，从不同角度提出解决方案。把多种决策方案进行优劣对比，找出解决现有问题的最佳方案。阐述理由并对方案的实施提出建议。

步骤三：课堂汇报与分享

教师辅助，学生自行组织。由学生讨论选出一位主持人，并选出专人记录会议纪要。学生汇报可采取随机抽取的方式，加强对学生综合能力的锻炼。

步骤四：学生互评与教师点评

随机抽取3～5位学生作为评委，与授课教师共同评分（见表12-2）。评价标准参见附录2。

表12-2 **案例分析评分表**

评分人 \ 被评分人	学生A	学生B	学生C
学生D			
学生E			
学生F			
授课教师			
平均分			

备注：平均分为学生D、学生E、学生F和授课教师评分的平均值。

（二）实训项目实施步骤

步骤一：布置实训任务

通过对本节内容的梳理，利用自身在实际生活中参与社团所获得的经验，结合参与实训班级的实训情况，以小组为单位完成相关实训项目。

步骤二：学生组织讨论、调研和分析、形成报告

学生组织讨论：可采取课内小组讨论的形式，也可以课外自行组织讨论。

调研和分析：可分为学生个人或小组的形式进行调研分析。

形成报告：形式多样，不做限制。例如，可以采取自制视频的形式进行报告。

步骤三：课堂汇报与分享

教师辅助，学生自行组织。由学生讨论选出一位主持人，并选出专人记录会议纪要。学生汇报可采取随机抽取的方式，加强对学生综合能力的锻炼。

步骤四：学生互评与教师点评

随机抽取1～2位学生作为评委，与实训课程组教师（2～3位）共同点评（见表12-3）。评价标准：汇报内容的流畅性、逻辑性、专业性等。

表12-3 **实训项目评分表**

被评分人 / 评分人	学生A	学生B	学生C
学生D			
学生E			
课程组教师1			
课程组教师2			
综合分数			

备注：综合分数=课程组教师评分的平均值×70%+学生评分的平均值×30%

五、实训教学反思

（一）教师反思

反思内容：

____

____

____

（二）学生反思

学生反思结合素质、能力、情感认知等方面来反馈，具体见表12-4。

表12-4　　　　　　　　　　　　**学生反思用表**

目标	完成程度	收获与反思	备注
了解人员素质测评实施各个环节的具体内容、实施过程的注意事项、测评结果分析步骤等内容			
在案例分析中阐明基础理论和基本原理			
在实训环节将理论知识与实际需求结合			
增强职业意识与综合素质			

实训十三　人员素质测评报告及其应用

一、实训目标

目标一：记忆

人力素质测评报告是人员素质测评中极为重要的一个环节，是人员素质测评题目设计、过程实施、数据处理等各个环节的最终表达。那么，这次实训的目的则是带领学生了解人员素质测评报告包括什么内容？应该如何撰写？

目标二：领会

之前所做的人员素质测评的标准设计、工具选择、测评选拔的实施以及检验都是为了撰写出一份高质量的人员素质测评报告。通过这次实训让学生了解人员素质测评报告的内涵，理解一份高质量的人员素质测评报告的重要性。

目标三：应用

通过这次实训，学生可以在老师的带领下酌情撰写一份关于自己或他人的人员素质测评报告，报告中应当体现专业性、科学性、严谨性。

目标四：综合

本次实训以正确测评人员素质为导向，培养学生良好的职业道德、社会责任感，使其掌握人员素质测评的基本方法和技术；培养具有创新意识、沟通技能、团队精神和实践能力的人才。

目标五：情感和素质

学生通过本次的实训，不仅需要掌握撰写人员素质测评报告的能力，同时还需要掌握对于人员素质测评报告的实际应用能力，着重培养其人员素质测评报告的反馈能力。通过最后的案例实训环节，着重提升其将来的职业素养与道德，为以后在工作企业中的人员素质测评报告的撰写和应用打下坚实的基础。

二、实训要求

实训场地：桌椅可活动的教室

实训时间：4学时

实训完成方式：以个人或团队形式完成

实训要求知识点：

知识点记忆图如图13-1所示。

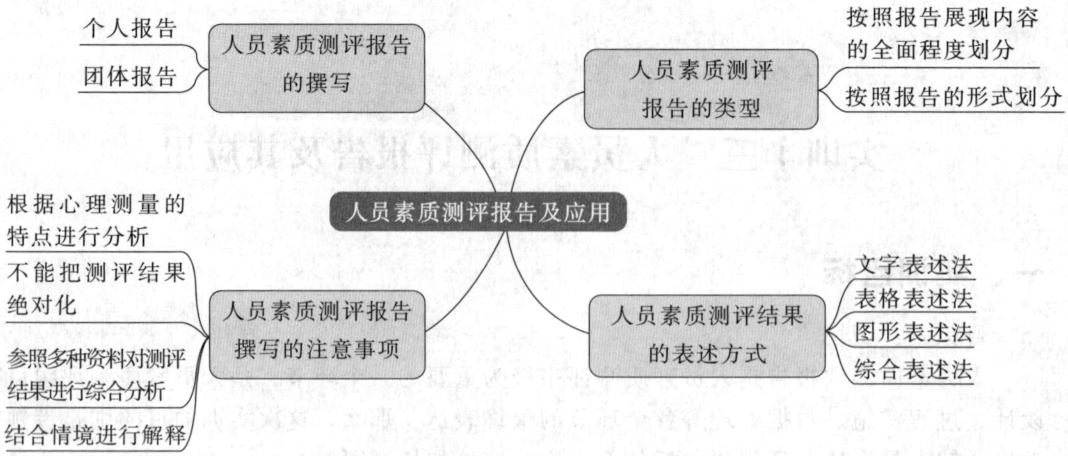

图13-1　知识点记忆图

人员素质测评报告就是把人员素质测评过程中所包含的每一个项目得分做定量分析和定性分析，并给出综合评价和建议的书面文件。对于测评活动的组织者而言，测评报告可以作为评价被测者的有力参照，是录用还是辞退，是晋升还是降职；对于被测评者而言，测评报告可以帮助他更全面、更客观地了解自己的能力倾向、人格特征、职业兴趣所在等。

1.人员素质测评报告的类型

在对测评结果的整体进行分析之后，如果结果误差在可以接受的范围内，那么人员素质测评就只剩下最后一项工作了，即撰写人员素质测评报告。人员素质测评报告按照不同的分类方法，可以分为不同的种类：按照报告展现内容的全面程度划分，可以将人员素质测评报告分为分项报告和综合报告；按照报告的形式划分，素质测评报告可以分为口头报告、分数报告、等级报告和评语报告等。

这里我们主要介绍一下分数报告、等级报告和评语报告三种形式。

① 分数报告：以分数表达测评结果的方式即为分数报告。分数的形式主要有四种：目标参照性分数、常模参照性分数、原始分数和导出分数。

② 等级报告：等级报告与分数报告本质上是一致的，都是通过某种明确的形式反映被测评者在团体中的位置。很多时候，等级的划分是直接根据测评的分数结果。

③ 评语报告：以书面语言的方式来展示被测评人素质情况的报告即评语报告。因为人员选拔的决策是十分复杂的，并不仅仅是择优录取的问题，所以在评语报告中还要考虑到职位的特点、发展的需要、人员的相互配合等问题。

2.人员素质测评结果的表述方式

人员素质测评是一个收集信息、处理信息、输出信息和反馈信息的过程，也就是说，对测评结果进行信度和效度分析后，需要撰写测评报告，作为素质测评信息的输出和反馈[①]。因此，如何科学直观地表述人员素质测评的结果，将直接关系到人力资

① 陈全明，张广科. 人才素质测评［M］. 北京：高等教育出版社，2016：85.

源的合理利用和科学决策。人员素质测评结果的表述方法主要有以下四种：

（1）文字表述法

文字表述法是一种通过语言文字来描述素质测评结果的方法。文字表述是一种定性表述的方法，可以采用事实记录、面试、资料分析等手段，对照参照标准等级的内容，通过文字描述的形式去评价被测评者的素质。

（2）表格表述法

表格表述法是一种通过数据统计表格来表述人员素质测评结果的方法。表格表述是一种定量表述的方法，突出了数据客观精确、简明扼要、便于归类、利于计算的特点，是目前人员素质测评结果中广泛应用的有效表述手段。但是，数据表格的专业性，需要有一定的统计学知识作为背景，对阅读者提出了较高的要求。

（3）图形表述法

图形表述法是指对测评所得的数据进行相应的处理后，标注在图形上，用图形来表达人力资源测评结果的一种方法。

（4）综合表述法

综合表述法就是在运用文字表述的同时，综合表格或图形的使用，发挥不同表述方法的长处，形成一份既直观明了，又丰富翔实的人员素质测评报告。

3.人员素质测评报告的撰写

测评结果的报告方式不同，报告的内容也略微不同。

（1）个人报告

一份完整的人员素质测评个人报告包括以下7项内容：

① 人员素质测评机构（小组）的信息和说明。此项主要包括测评机构（小组成员）的电话、联系人等联系方式，还包括报告的使用者对报告内容的保密责任。

② 人员素质测评的总体说明。此项主要介绍素质测评的目的和要求、测评过程中所用到的理论等内容。

③ 人员素质测评的基本信息。测评的基本信息主要包括测评日期、测评编号、参与测评的人员等，以便人力资源部能建立人员素质测评档案。

④ 被测评者信息。被测评者信息主要包括姓名、性别、学历、职业、业余爱好、身份证明文件等。

⑤ 测评实施过程介绍。此项主要是对素质测评的过程做一概要介绍，包括工作分析概况、测评指标体系建立步骤、测评方法选择情况以及测评现场实施情况。

⑥ 测评结果及其分析。将测评得到的数据用文字、数据、图表等各种方法表述在报告中，并进行分析。

⑦ 总评和建议。总评是测评机构（小组）对此次测评过程中各个环节的评价，评价内容主要有项目设计的合理性、实施过程的严谨性和规则性、测评结果的准确性和有效性。

建议是测评机构（小组）根据测评结果，结合企业和被测评者的实际情况，分别针对企业提出客观中肯的人事决策建议和被测评者个人职业发展建议。

（2）团体报告

如果企业里有大量员工参加了某一项素质测评，那么测评机构（小组）就需要提交一份团体报告。团体报告的内容主要包括以下6项：测评项目目的分析、测评项目设计、测评方法介绍、团体测评结果及其分析、团体人员素质特点、讨论和专家建议。①

4.人员素质测评报告撰写的注意事项

（1）根据心理测量的特点进行分析

一般而言，人员素质测评主要是针对个体心理现象的测量，包括能力、兴趣、性格、气质以及价值观等。在个体职业生涯发展的过程中，心理素质起了关键性的作用，因此人员素质测评应根据心理测量的特点进行分析。

（2）不能把测评结果绝对化

人的能力、心理特质等都是在一定范围内波动、发展的。绝不能只根据一次人员素质测评的结果就下定论。特别是在职业指导的过程中，如果被测评者的分值处于临界水平，应该使用其他相关的测评方法再行施测，然后综合几次测评的结果谨慎地做出判断。

（3）参照多种资料对测评结果进行综合分析

在撰写人员素质测评报告时不能仅仅根据每个测评项目的得分来分析被测评者的情况。在对人员素质测评的结果进行综合分析的时候，除了测评结果本身以外，还应该参照被测评者所填写的基本资料来做出判断，比如年龄、性别、文化程度、专业背景等。因为这些基本资料可以帮助测评者了解测评结果中蕴含的原因和背景等方面的信息。同时，对于预测被测评者今后的发展也很有好处。就目前来看，很多职业都已经淡化了对应聘者的专业要求，他们看中的主要是应聘者的学习能力，而文化程度与学习能力是密切相关的，通过对文化程度的了解，再结合人员素质测评的结果，就可以提高对被测评者综合分析的准确度了。

（4）综合情境进行解释

标准化结果的解释往往是建立在一般规律之上得出的结论，但在实际测评中，可能受到被测评者本身存在的一些特殊因素（如生病）或者测评过程中有一些特别的干扰因素（如噪声）的影响。此时测评报告的撰写者就应该根据施测者对测量中异常情况的记录或者搜集到的得分异常者的其他背景资料，共同解释测评结果。②

三、实训背景材料

（一）案例分析材料

黑米公司的素质测评报告

1.公司背景

黑米公司正式成立于2010年4月，是一家专注于智能产品自主研发的移动互联网公司。自由、理想、速达是黑米的产品理念。黑米公司首创了用互联网模式开发手机操作系统。

2014年11月12日，西橙集团在上海宣布与黑米公司达成资本和业务方面的战略合作，主要是双方将在互联网视频领域开展内容和技术的深度合作，共同研发视频移动端播放等技术。2015年3月14日晚，宋千集团发出公告称，已与黑米公司签署战

① 赵曙明，赵宜萱. 人才测评——理论、方法、工具、实务［M］. 2版. 北京：人民邮电出版社，2019：62-63.
② 任正臣. 人员素质测评理论与方法［M］. 南京：江苏科学技术出版社，2017.

略合作协议，黑米公司以13.7亿元入股宋千集团。

黑米公司拟招聘1名人力资源经理，并对6名候选人进行了测评。

2.人力资源经理工作说明书（见表13-1）

表13-1　　人力资源经理工作说明书

基本信息	岗位名称	人力资源经理	所属部门	人力资源部
	直接上级	总经理	直接下属	1人
	成本中心		编制日期	
工作关系	内部关系：公司各部门			
	外部关系：人力资源和社会保障局、培训公司、公安局			
职位概要	负责制定、组织实施公司人力资源战略，最大限度地开发人力资源，确保人尽其能，人尽其用，做好各类后勤服务工作			
岗位职责	1.根据公司发展，拟定人力资源需求、开发、配置计划及各部门人员编制计划，审核各部门人员配置情况；对公司各项规章制度进行监督与执行 2.参与公司绩效管理、考勤管理等工作 3.对公司奖惩规定的监督与执行 4.负责员工考勤、调休、请假、加班管理与统计 5.办理员工的入职、离职等工作 6.负责员工档案管理及维护，负责员工劳动合同的管理 7.负责人事表格、资料的制作、收集整理 8.负责建立健全公司招聘、培训、工资、保险、福利、绩效考核等人力资源制度建设			
任职资格	教育背景：人力资源相关专业，全日制大学本科以上学历，年龄25～40岁			
	培训方向：受过现代人力资源管理等方面的培训			
	工作经验：五年以上人力资源管理相关工作经验，三年以上同岗位工作经验			
	知识技能： 掌握先进的人力资源管理理念和工具，文字功底好，具有人力资源规划、薪酬体系设计、绩效考核管理、培训体系建立、员工职业生涯规划的理论知识和操作经验，熟悉国家及地方相关法律法规及政策			
	个人素质： 具备较强的管理能力，出色的组织能力及分析判断能力，具备良好的人际交往与沟通能力和优秀的职业素质及良好的服务意识，工作积极进取，富有团队协作精神			
工作环境	工作场所：办公室			
	工作时间：正常，偶尔加班			
	环境状况：舒适			
	危险性：基本无，无职业病			
	使用设备：计算机、一般办公设备（电话、打印机、网络）			

3.测试评分表及结果

各候选人的测试评分表及结果见表13-2至表13-8。

表13-2　　　　　　　　　　　　　　1号候选人

<table>
<tr><th colspan="4">维度</th><th>维度评价得分</th><th>维度权重</th></tr>
<tr><td rowspan="5">组织协调</td><td colspan="3">维度解释：根据工作任务，对资源进行分配，同时控制、激励和协调群体活动过程，及时处理和解决目标实现过程中的各种问题，促成相互理解，获得支持与配合，使之相互融合，从而实现组织目标</td><td rowspan="5">刘：4
张：5
单：4
岳：4</td><td rowspan="5">30%</td></tr>
<tr><td>等级</td><td>分数</td><td>标准</td></tr>
<tr><td>A</td><td>8～10</td><td>有效组织与控制活动的进程，起到组织者的作用
有效处理讨论过程中的矛盾与冲突，协调不同见解与分歧
善于对不同观点进行总结性提炼，进行阶段性总结
适时地把握时间节奏，有效地引导成员达成讨论结果</td></tr>
<tr><td>B</td><td>4～7</td><td>能够主动引导大家讨论，在活动中起到了一定的组织作用
出现矛盾或冲突时，能够出面进行协调，并有一定效果
知道控制时间，偶尔会提醒讨论的进程</td></tr>
<tr><td>C</td><td>1～3</td><td>缺乏组织意图，基本没有进行有效的组织活动
遇到矛盾与冲突时，采取回避的态度，或虽出面协调组织但收不到应有的效果
没有时间观念和大局意识</td></tr>
<tr><td rowspan="5">沟通表达</td><td colspan="3">维度解释：为了更好地进行团队协作，共同完成企业目标，沟通表达能力必不可少。沟通是为了一个设定的目标，把信息、思想和情感在个人和群体间传递，并且达成共同协议的过程。表达是将思维成果用语言或文字等方式反映出来的一种行为能力</td><td rowspan="5">刘：4
张：5
单：5
岳：4</td><td rowspan="5">27%</td></tr>
<tr><td>等级</td><td>分数</td><td>标准</td></tr>
<tr><td>A</td><td>8～10</td><td>有主动积极通过沟通解决问题的意识，且语言表达准确简洁、流畅清楚，能很好地表达自己的意思，善于运用语音、语调、目光和手势
积极记录他人发言，善于倾听，准确领会他人的意图
讲求策略，既能巧妙有效地说服对方，又能与之保持良好的沟通氛围</td></tr>
<tr><td>B</td><td>4～7</td><td>语言表达一般，条理基本分明，基本能够表达自己的意思，运用适当的语音、语调、目光和手势
偶尔有记录，别人说话的时候能够耐心倾听
与对方有基本交流，气氛融洽，但不能说服对方</td></tr>
<tr><td>C</td><td>1～3</td><td>说话吞吐，言语表达不清，不能表达自己的意思，不会运用适当的语音、语调、目光和手势
没有记录，会因为急于表达自己而打断别人
人云亦云，没有个人主见</td></tr>
</table>

续表

<table>
<tr><td colspan="4">维度</td><td>维度评价得分</td><td>维度权重</td></tr>
<tr><td rowspan="5">人际交往</td><td colspan="3">维度解释：人际交往能力是指妥善处理组织内外关系的能力。首先要建立自己的人际吸引力，其次是与周围环境建立广泛联系和对外界信息的吸收、转化能力，以及正确处理上下左右关系的能力</td><td rowspan="5">刘：5
张：5
单：5
岳：5</td><td rowspan="5">23%</td></tr>
<tr><td>等级</td><td>分数</td><td>标准</td></tr>
<tr><td>A</td><td>8～10</td><td>很快进入角色，清楚自己的职责以及他人的思想与行为
建立良好的第一印象，以提名、鼓励及其他真诚的方式让别人感到自己的重要性，迅速增加自己的人际吸引力
主动吸收或转化不同的观点，温和地控制讨论者之间的关系</td></tr>
<tr><td>B</td><td>4～7</td><td>开始讨论后，试图从他人的发言中，弄清各自的主要思想，依据形势不断优化自己的排列顺序
分清领导者与其他隐性的角色，能够帮助领导者，试图迅速地达成目标
对那些与“主流”思想不符的观点，会为了顾全大局而坚决地打压，也就给自己的人际网络设置了障碍</td></tr>
<tr><td>C</td><td>1～3</td><td>不清楚个人角色定位，个人思维跟不上团队节奏
只限于完成自己的任务，缺少与他人取长补短的交流过程，观点受到质疑时，很难去影响和说服他人
遇到强势的对手便会退缩，给人留下固执和被动的印象</td></tr>
<tr><td rowspan="5">解决问题</td><td colspan="3">维度解释：在问题空间中进行搜索，以便使问题的初始状态达到目标状态的思维过程。心理学的解释是：由一定的情景引起的，按照一定的目标，应用各种认知活动、技能等，经过一系列的思维操作，使问题得以解决的能力</td><td rowspan="5">刘：4
张：4
单：5
岳：5</td><td rowspan="5">20%</td></tr>
<tr><td>等级</td><td>分数</td><td>标准</td></tr>
<tr><td>A</td><td>8～10</td><td>逻辑性强、条理清晰，思维具有系统性
善于抓住问题的本质（核心），分析问题有深度，考虑全面，能认识到事物各个方面之间的相互关系
活跃，分析问题时不拘泥于传统经验与方法</td></tr>
<tr><td>B</td><td>4～7</td><td>分析问题或材料时基本能抓住本质，但有时有偏离
分析问题有一定深度，但不够透彻，考虑问题基本全面
能注意到事物之间的简单联系</td></tr>
<tr><td>C</td><td>1～3</td><td>思维缺乏系统性，分析问题抓不住本质或核心
分析时停留在问题的表面，缺乏深度
从单一侧面分析问题，缺乏全局性</td></tr>
</table>

表13-3 **2号候选人**

<table>
<tr><th colspan="4">维度</th><th>维度评价得分</th><th>维度权重</th></tr>
<tr><td rowspan="5">组织协调</td><td colspan="3">维度解释：根据工作任务，对资源进行分配，同时控制、激励和协调群体活动过程，及时处理和解决目标实现过程中的各种问题，促成相互理解，获得支持与配合，使之相互融合，从而实现组织目标</td><td rowspan="5">刘：9
张：8
单：8
岳：8</td><td rowspan="5">30%</td></tr>
<tr><td>等级</td><td>分数</td><td>标准</td></tr>
<tr><td>A</td><td>8～10</td><td>有效组织与控制活动的进程，起到组织者的作用
有效处理讨论过程中的矛盾与冲突，协调不同见解与分歧
善于对不同观点进行总结性提炼，进行阶段性总结
适时地把握时间节奏，有效地引导成员达成讨论结果</td></tr>
<tr><td>B</td><td>4～7</td><td>能够主动引导大家讨论，在活动中起到了一定的组织作用
出现矛盾或冲突时，能够出面进行协调，并有一定效果
知道控制时间，偶尔会提醒讨论的进程</td></tr>
<tr><td>C</td><td>1～3</td><td>缺乏组织意图，基本没有进行有效的组织活动
遇到矛盾与冲突时，采取回避的态度，或虽出面协调组织但收不到应有的效果
没有时间观念和大局意识</td></tr>
<tr><td rowspan="5">沟通表达</td><td colspan="3">维度解释：为了更好地进行团队协作，共同完成企业目标，沟通表达能力必不可少。沟通是为了一个设定的目标，把信息、思想和情感在个人和群体间传递，并且达成共同协议的过程。表达是将思维成果用语言或文字等方式反映出来的一种行为能力</td><td rowspan="5">刘：8
张：8
单：8
岳：8</td><td rowspan="5">27%</td></tr>
<tr><td>等级</td><td>分数</td><td>标准</td></tr>
<tr><td>A</td><td>8～10</td><td>有主动积极通过沟通解决问题的意识，且语言表达准确简洁、流畅清楚，能很好地表达自己的意思，善于运用语音、语调、目光和手势
积极记录他人发言，善于倾听，准确领会他人的意图
讲求策略，既能巧妙有效地说服对方，又能与之保持良好的沟通氛围</td></tr>
<tr><td>B</td><td>4～7</td><td>语言表达一般，条理基本分明，基本能够表达自己的意思，运用适当的语音、语调、目光和手势
偶尔有记录，别人说话的时候能够耐心倾听
与对方有基本交流，气氛融洽，但不能说服对方</td></tr>
<tr><td>C</td><td>1～3</td><td>说话吞吐，言语表达不清，不能表达自己的意思，不会运用适当的语音、语调、目光和手势
没有记录，会因为急于表达自己而打断别人
人云亦云，没有个人主见</td></tr>
</table>

续表

<table>
<tr><th colspan="4">维度</th><th>维度评价得分</th><th>维度权重</th></tr>
<tr><td rowspan="5">人际交往</td><td colspan="3">维度解释：人际交往能力是指妥善处理组织内外关系的能力。首先要建立自己的人际吸引力，其次是与周围环境建立广泛联系和对外界信息的吸收、转化能力，以及正确处理上下左右关系的能力</td><td rowspan="5">刘：9
张：8
单：8
岳：9</td><td rowspan="5">23%</td></tr>
<tr><td>等级</td><td>分数</td><td>标准</td></tr>
<tr><td>A</td><td>8～10</td><td>很快进入角色，清楚自己的职责以及他人的思想与行为
建立良好的第一印象，以提名、鼓励及其他真诚的方式让别人感到自己的重要性，迅速增加自己的人际吸引力
主动吸收或转化不同的观点，温和地控制讨论者之间的关系</td></tr>
<tr><td>B</td><td>4～7</td><td>开始讨论后，试图从他人的发言中，弄清各自的主要思想，依据形势不断优化自己的排列顺序
分清领导者与其他隐性的角色，能够帮助领导者，试图迅速地达成目标
对那些与“主流”思想不符的观点，会为了顾全大局而坚决地打压，也就给自己的人际网络设置了障碍</td></tr>
<tr><td>C</td><td>1～3</td><td>不清楚个人角色定位，个人思维跟不上团队节奏
只限于完成自己的任务，缺少与他人取长补短的交流过程，观点受到质疑时，很难去影响和说服他人
遇到强势的对手便会退缩，给人留下固执和被动的印象</td></tr>
<tr><td rowspan="5">解决问题</td><td colspan="3">维度解释：在问题空间中进行搜索，以便使问题的初始状态达到目标状态的思维过程。心理学的解释是：由一定的情景引起的，按照一定的目标，应用各种认知活动、技能等，经过一系列的思维操作，使问题得以解决的能力</td><td rowspan="5">刘：6
张：6
单：7
岳：7</td><td rowspan="5">20%</td></tr>
<tr><td>等级</td><td>分数</td><td>标准</td></tr>
<tr><td>A</td><td>8～10</td><td>逻辑性强、条理清晰，思维具有系统性
善于抓住问题的本质（核心），分析问题有深度，考虑全面，能认识到事物各个方面之间的相互关系
活跃，分析问题时不拘泥于传统经验与方法</td></tr>
<tr><td>B</td><td>4～7</td><td>分析问题或材料时基本能抓住本质，但有时有偏离
分析问题有一定深度，但不够透彻，考虑问题基本全面
能注意到事物之间的简单联系</td></tr>
<tr><td>C</td><td>1～3</td><td>思维缺乏系统性，分析问题抓不住本质或核心
分析时停留在问题的表面，缺乏深度
从单一侧面分析问题，缺乏全局性</td></tr>
</table>

表13-4　　　　　　　　　　　　　　**3号候选人**

<table>
<tr><th colspan="4">维度</th><th>维度评价得分</th><th>维度权重</th></tr>
<tr><td rowspan="5">组织协调</td><td colspan="3">维度解释：根据工作任务，对资源进行分配，同时控制、激励和协调群体活动过程，及时处理和解决目标实现过程中的各种问题，促成相互理解，获得支持与配合，使之相互融合，从而实现组织目标</td><td rowspan="5">刘：3
张：3
单：2
岳：2</td><td rowspan="5">30%</td></tr>
<tr><td>等级</td><td>分数</td><td>标准</td></tr>
<tr><td>A</td><td>8～10</td><td>有效组织与控制活动的进程，起到组织者的作用
有效处理讨论过程中的矛盾与冲突，协调不同见解与分歧
善于对不同观点进行总结性提炼，进行阶段性总结
适时地把握时间节奏，有效地引导成员达成讨论结果</td></tr>
<tr><td>B</td><td>4～7</td><td>能够主动引导大家讨论，在活动中起到了一定的组织作用
出现矛盾或冲突时，能够出面进行协调，并有一定效果
知道控制时间，偶尔会提醒讨论的进程</td></tr>
<tr><td>C</td><td>1～3</td><td>缺乏组织意图，基本没有进行有效的组织活动
遇到矛盾与冲突时，采取回避的态度，或虽出面协调组织但收不到应有的效果
没有时间观念和大局意识</td></tr>
<tr><td rowspan="5">沟通表达</td><td colspan="3">维度解释：为了更好地进行团队协作，共同完成企业目标，沟通表达能力必不可少。沟通是为了一个设定的目标，把信息、思想和情感在个人和群体间传递，并且达成共同协议的过程。表达是将思维成果用语言或文字等方式反映出来的一种行为能力</td><td rowspan="5">刘：5
张：6
单：5
岳：6</td><td rowspan="5">27%</td></tr>
<tr><td>等级</td><td>分数</td><td>标准</td></tr>
<tr><td>A</td><td>8～10</td><td>有主动积极通过沟通解决问题的意识，且语言表达准确简洁、流畅清楚，能很好地表达自己的意思，善于运用语音、语调、目光和手势
积极记录他人发言，善于倾听，准确领会他人的意图
讲求策略，既能巧妙有效地说服对方，又能与之保持良好的沟通氛围</td></tr>
<tr><td>B</td><td>4～7</td><td>语言表达一般，条理基本分明，基本能够表达自己的意思，运用适当的语音、语调、目光和手势
偶尔有记录，别人说话的时候能够耐心倾听
与对方有基本交流，气氛融洽，但不能说服对方</td></tr>
<tr><td>C</td><td>1～3</td><td>说话吞吐，言语表达不清，不能表达自己的意思，不会运用适当的语音、语调、目光和手势
没有记录，会因为急于表达自己而打断别人
人云亦云，没有个人主见</td></tr>
</table>

续表

<table>
<tr><th colspan="4">维度</th><th>维度评价得分</th><th>维度权重</th></tr>
<tr><td rowspan="5">人际交往</td><td colspan="3">维度解释：人际交往能力是指妥善处理组织内外关系的能力。首先要建立自己的人际吸引力，其次是与周围环境建立广泛联系和对外界信息的吸收、转化能力，以及正确处理上下左右关系的能力</td><td rowspan="5">刘：3
张：4
单：4
岳：3</td><td rowspan="5">23%</td></tr>
<tr><td>等级</td><td>分数</td><td>标准</td></tr>
<tr><td>A</td><td>8～10</td><td>很快进入角色，清楚自己的职责以及他人的思想与行为
建立良好的第一印象，以提名、鼓励及其他真诚的方式让别人感到自己的重要性，迅速增加自己的人际吸引力
主动吸收或转化不同的观点，温和地控制讨论者之间的关系</td></tr>
<tr><td>B</td><td>4～7</td><td>开始讨论后，试图从他人的发言中，弄清各自的主要思想，依据形势不断优化自己的排列顺序
分清领导者与其他隐性的角色，能够帮助领导者，试图迅速地达成目标
对那些与“主流”思想不符的观点，会为了顾全大局而坚决地打压，也就给自己的人际网络设置了障碍</td></tr>
<tr><td>C</td><td>1～3</td><td>不清楚个人角色定位，个人思维跟不上团队节奏
只限于完成自己的任务，缺少与他人取长补短的交流过程，观点受到质疑时，很难去影响和说服他人
遇到强势的对手便会退缩，给人留下固执和被动的印象</td></tr>
<tr><td rowspan="5">解决问题</td><td colspan="3">维度解释：在问题空间中进行搜索，以便使问题的初始状态达到目标状态的思维过程。心理学的解释是：由一定的情景引起的，按照一定的目标，应用各种认知活动、技能等，经过一系列的思维操作，使问题得以解决的能力</td><td rowspan="5">刘：3
张：3
单：3
岳：3</td><td rowspan="5">20%</td></tr>
<tr><td>等级</td><td>分数</td><td>标准</td></tr>
<tr><td>A</td><td>8～10</td><td>逻辑性强、条理清晰，思维具有系统性
善于抓住问题的本质（核心），分析问题有深度，考虑全面，能认识到事物各个方面之间的相互关系
活跃，分析问题时不拘泥于传统经验与方法</td></tr>
<tr><td>B</td><td>4～7</td><td>分析问题或材料时基本能抓住本质，但有时有偏离
分析问题有一定深度，但不够透彻，考虑问题基本全面
能注意到事物之间的简单联系</td></tr>
<tr><td>C</td><td>1～3</td><td>思维缺乏系统性，分析问题抓不住本质或核心
分析时停留在问题的表面，缺乏深度
从单一侧面分析问题，缺乏全局性</td></tr>
</table>

表13-5 **4号候选人**

<table>
<tr><th colspan="4">维度</th><th>维度评价得分</th><th>维度权重</th></tr>
<tr><td rowspan="5">组织协调</td><td colspan="3">维度解释：根据工作任务，对资源进行分配，同时控制、激励和协调群体活动过程，及时处理和解决目标实现过程中的各种问题，促成相互理解，获得支持与配合，使之相互融合，从而实现组织目标</td><td rowspan="5">刘：7
张：6
单：6
岳：7</td><td rowspan="5">30%</td></tr>
<tr><td>等级</td><td>分数</td><td>标准</td></tr>
<tr><td>A</td><td>8～10</td><td>有效组织与控制活动的进程，起到组织者的作用
有效处理讨论过程中的矛盾与冲突，协调不同见解与分歧
善于对不同观点进行总结性提炼，进行阶段性总结
适时地把握时间节奏，有效地引导成员达成讨论结果</td></tr>
<tr><td>B</td><td>4～7</td><td>能够主动引导大家讨论，在活动中起到了一定的组织作用
出现矛盾或冲突时，能够出面进行协调，并有一定效果
知道控制时间，偶尔会提醒讨论的进程</td></tr>
<tr><td>C</td><td>1～3</td><td>缺乏组织意图，基本没有进行有效的组织活动
遇到矛盾与冲突时，采取回避的态度，或虽出面协调组织但收不到应有的效果
没有时间观念和大局意识</td></tr>
<tr><td rowspan="5">沟通表达</td><td colspan="3">维度解释：为了更好地进行团队协作，共同完成企业目标，沟通表达能力必不可少。沟通是为了一个设定的目标，把信息、思想和情感在个人和群体间传递，并且达成共同协议的过程。表达是将思维成果用语言或文字等方式反映出来的一种行为能力</td><td rowspan="5">刘：7
张：7
单：7
岳：7</td><td rowspan="5">27%</td></tr>
<tr><td>等级</td><td>分数</td><td>标准</td></tr>
<tr><td>A</td><td>8～10</td><td>有主动积极通过沟通解决问题的意识，且语言表达准确简洁、流畅清楚，能很好地表达自己的意思，善于运用语音、语调、目光和手势
积极记录他人发言，善于倾听，准确领会他人的意图
讲求策略，既能巧妙有效地说服对方，又能与之保持良好的沟通氛围</td></tr>
<tr><td>B</td><td>4～7</td><td>语言表达一般，条理基本分明，基本能够表达自己的意思，运用适当的语音、语调、目光和手势
偶尔有记录，别人说话的时候能够耐心倾听
与对方有基本交流，气氛融洽，但不能说服对方</td></tr>
<tr><td>C</td><td>1～3</td><td>说话吞吐，言语表达不清，不能表达自己的意思，不会运用适当的语音、语调、目光和手势
没有记录，会因为急于表达自己而打断别人
人云亦云，没有个人主见</td></tr>
</table>

续表

<table>
<tr><th colspan="4">维度</th><th>维度评价得分</th><th>维度权重</th></tr>
<tr><td rowspan="5">人际交往</td><td colspan="3">维度解释：人际交往能力是指妥善处理组织内外关系的能力。首先要建立自己的人际吸引力，其次是与周围环境建立广泛联系和对外界信息的吸收、转化能力，以及正确处理上下左右关系的能力</td><td rowspan="5">刘：8
张：7
单：7
岳：8</td><td rowspan="5">23%</td></tr>
<tr><td>等级</td><td>分数</td><td>标准</td></tr>
<tr><td>A</td><td>8～10</td><td>很快进入角色，清楚自己的职责以及他人的思想与行为
建立良好的第一印象，以提名、鼓励及其他真诚的方式让别人感到自己的重要性，迅速增加自己的人际吸引力
主动吸收或转化不同的观点，温和地控制讨论者之间的关系</td></tr>
<tr><td>B</td><td>4～7</td><td>开始讨论后，试图从他人的发言中，弄清各自的主要思想，依据形势不断优化自己的排列顺序
分清领导者与其他隐性的角色，能够帮助领导者，试图迅速地达成目标
对那些与“主流”思想不符的观点，会为了顾全大局而坚决地打压，也就给自己的人际网络设置了障碍</td></tr>
<tr><td>C</td><td>1～3</td><td>不清楚个人角色定位，个人思维跟不上团队节奏
只限于完成自己的任务，缺少与他人取长补短的交流过程，观点受到质疑时，很难去影响和说服他人
遇到强势的对手便会退缩，给人留下固执和被动的印象</td></tr>
<tr><td rowspan="5">解决问题</td><td colspan="3">维度解释：在问题空间中进行搜索，以便使问题的初始状态达到目标状态的思维过程。心理学的解释是：由一定的情景引起的，按照一定的目标，应用各种认知活动、技能等，经过一系列的思维操作，使问题得以解决的能力</td><td rowspan="5">刘：8
张：8
单：7
岳：7</td><td rowspan="5">20%</td></tr>
<tr><td>等级</td><td>分数</td><td>标准</td></tr>
<tr><td>A</td><td>8～10</td><td>逻辑性强、条理清晰，思维具有系统性
善于抓住问题的本质（核心），分析问题有深度，考虑全面，能认识到事物各个方面之间的相互关系
活跃，分析问题时不拘泥于传统经验与方法</td></tr>
<tr><td>B</td><td>4～7</td><td>分析问题或材料时基本能抓住本质，但有时有偏离
分析问题有一定深度，但不够透彻，考虑问题基本全面
能注意到事物之间的简单联系</td></tr>
<tr><td>C</td><td>1～3</td><td>思维缺乏系统性，分析问题抓不住本质或核心
分析时停留在问题的表面，缺乏深度
从单一侧面分析问题，缺乏全局性</td></tr>
</table>

表13-6　　5号候选人

<table>
<tr><th colspan="4">维度</th><th>维度评价得分</th><th>维度权重</th></tr>
<tr><td rowspan="5">组织协调</td><td colspan="3">维度解释：根据工作任务，对资源进行分配，同时控制、激励和协调群体活动过程，及时处理和解决目标实现过程中的各种问题，促成相互理解，获得支持与配合，使之相互融合，从而实现组织目标</td><td rowspan="5">刘：2
张：3
单：2
岳：3</td><td rowspan="5">30%</td></tr>
<tr><td>等级</td><td>分数</td><td>标准</td></tr>
<tr><td>A</td><td>8～10</td><td>有效组织与控制活动的进程，起到组织者的作用
有效处理讨论过程中的矛盾与冲突，协调不同见解与分歧
善于对不同观点进行总结性提炼，进行阶段性总结
适时地把握时间节奏，有效地引导成员达成讨论结果</td></tr>
<tr><td>B</td><td>4～7</td><td>能够主动引导大家讨论，在活动中起到了一定的组织作用
出现矛盾或冲突时，能够出面进行协调，并有一定效果
知道控制时间，偶尔会提醒讨论的进程</td></tr>
<tr><td>C</td><td>1～3</td><td>缺乏组织意图，基本没有进行有效的组织活动
遇到矛盾与冲突时，采取回避的态度，或虽出面协调组织但收不到应有的效果
没有时间观念和大局意识</td></tr>
<tr><td rowspan="5">沟通表达</td><td colspan="3">维度解释：为了更好地进行团队协作，共同完成企业目标，沟通表达能力必不可少。沟通是为了一个设定的目标，把信息、思想和情感在个人和群体间传递，并且达成共同协议的过程。表达是将思维成果用语言或文字等方式反映出来的一种行为能力</td><td rowspan="5">刘：5
张：5
单：5
岳：5</td><td rowspan="5">27%</td></tr>
<tr><td>等级</td><td>分数</td><td>标准</td></tr>
<tr><td>A</td><td>8～10</td><td>有主动积极通过沟通解决问题的意识，且语言表达准确简洁、流畅清楚，能很好地表达自己的意思，善于运用语音、语调、目光和手势
积极记录他人发言，善于倾听，准确领会他人的意图
讲求策略，既能巧妙有效地说服对方，又能与之保持良好的沟通氛围</td></tr>
<tr><td>B</td><td>4～7</td><td>语言表达一般，条理基本分明，基本能够表达自己的意思，运用适当的语音、语调、目光和手势
偶尔有记录，别人说话的时候能够耐心倾听
与对方有基本交流，气氛融洽，但不能说服对方</td></tr>
<tr><td>C</td><td>1～3</td><td>说话吞吐，言语表达不清，不能表达自己的意思，不会运用适当的语音、语调、目光和手势
没有记录，会因为急于表达自己而打断别人
人云亦云，没有个人主见</td></tr>
</table>

续表

<table>
<tr><th colspan="4">维度</th><th>维度评价得分</th><th>维度权重</th></tr>
<tr><td rowspan="5">人际交往</td><td colspan="3">维度解释：人际交往能力是指妥善处理组织内外关系的能力。首先要建立自己的人际吸引力，其次是与周围环境建立广泛联系和对外界信息的吸收、转化能力，以及正确处理上下左右关系的能力</td><td rowspan="5">刘：3
张：4
单：4
岳：3</td><td rowspan="5">23%</td></tr>
<tr><td>等级</td><td>分数</td><td>标准</td></tr>
<tr><td>A</td><td>8～10</td><td>很快进入角色，清楚自己的职责以及他人的思想与行为
建立良好的第一印象，以提名、鼓励及其他真诚的方式让别人感到自己的重要性，迅速增加自己的人际吸引力
主动吸收或转化不同的观点，温和地控制讨论者之间的关系</td></tr>
<tr><td>B</td><td>4～7</td><td>开始讨论后，试图从他人的发言中，弄清各自的主要思想，依据形势不断优化自己的排列顺序
分清领导者与其他隐性的角色，能够帮助领导者，试图迅速地达成目标
对那些与“主流”思想不符的观点，会为了顾全大局而坚决地打压，也就给自己的人际网络设置了障碍</td></tr>
<tr><td>C</td><td>1～3</td><td>不清楚个人角色定位，个人思维跟不上团队节奏
只限于完成自己的任务，缺少与他人取长补短的交流过程，观点受到质疑时，很难去影响和说服他人
遇到强势的对手便会退缩，给人留下固执和被动的印象</td></tr>
<tr><td rowspan="5">解决问题</td><td colspan="3">维度解释：在问题空间中进行搜索，以便使问题的初始状态达到目标状态的思维过程。心理学的解释是：由一定的情景引起的，按照一定的目标，应用各种认知活动、技能等，经过一系列的思维操作，使问题得以解决的能力</td><td rowspan="5">刘：3
张：3
单：3
岳：4</td><td rowspan="5">20%</td></tr>
<tr><td>等级</td><td>分数</td><td>标准</td></tr>
<tr><td>A</td><td>8～10</td><td>逻辑性强、条理清晰，思维具有系统性
善于抓住问题的本质（核心），分析问题有深度，考虑全面，能认识到事物各个方面之间的相互关系
活跃，分析问题时不拘泥于传统经验与方法</td></tr>
<tr><td>B</td><td>4～7</td><td>分析问题或材料时基本能抓住本质，但有时有偏离
分析问题有一定深度，但不够透彻，考虑问题基本全面
能注意到事物之间的简单联系</td></tr>
<tr><td>C</td><td>1～3</td><td>思维缺乏系统性，分析问题抓不住本质或核心
分析时停留在问题的表面，缺乏深度
从单一侧面分析问题，缺乏全局性</td></tr>
</table>

表13-7 **6号候选人**

<table>
<tr><th colspan="4">维度</th><th>维度评价得分</th><th>维度权重</th></tr>
<tr><td rowspan="5">组织协调</td><td colspan="3">维度解释：根据工作任务，对资源进行分配，同时控制、激励和协调群体活动过程，及时处理和解决目标实现过程中的各种问题，促成相互理解，获得支持与配合。使之相互融合，从而实现组织目标</td><td rowspan="5">刘：8
张：8
单：8
岳：7</td><td rowspan="5">30%</td></tr>
<tr><td>等级</td><td>分数</td><td>标准</td></tr>
<tr><td>A</td><td>8～10</td><td>有效组织与控制活动的进程，起到组织者的作用
有效处理讨论过程中的矛盾与冲突，协调不同见解与分歧
善于对不同观点进行总结性提炼，进行阶段性总结
适时地把握时间节奏，有效地引导成员达成讨论结果</td></tr>
<tr><td>B</td><td>4～7</td><td>能够主动引导大家讨论，在活动中起到了一定的组织作用
出现矛盾或冲突时，能够出面进行协调，并有一定效果
知道控制时间，偶尔会提醒讨论的进程</td></tr>
<tr><td>C</td><td>1～3</td><td>缺乏组织意图，基本没有进行有效的组织活动
遇到矛盾与冲突时，采取回避的态度，或虽出面协调组织但收不到应有的效果
没有时间观念和大局意识</td></tr>
<tr><td rowspan="5">沟通表达</td><td colspan="3">维度解释：为了更好地进行团队协作，共同完成企业目标，沟通表达能力必不可少。沟通是为了一个设定的目标，把信息、思想和情感在个人和群体间传递，并且达成共同协议的过程。表达是将思维成果用语言或文字等方式反映出来的一种行为能力</td><td rowspan="5">刘：8
张：7
单：7
岳：8</td><td rowspan="5">27%</td></tr>
<tr><td>等级</td><td>分数</td><td>标准</td></tr>
<tr><td>A</td><td>8～10</td><td>有主动积极通过沟通解决问题的意识，且语言表达准确简洁、流畅清楚，能很好地表达自己的意思，善于运用语音、语调、目光和手势
积极记录他人发言，善于倾听，准确领会他人的意图
讲求策略，既能巧妙有效地说服对方，又能与之保持良好的沟通氛围</td></tr>
<tr><td>B</td><td>4～7</td><td>语言表达一般，条理基本分明，基本能够表达自己的意思，运用适当的语音、语调、目光和手势
偶尔有记录，别人说话的时候能够耐心倾听
与对方有基本交流，气氛融洽，但不能说服对方</td></tr>
<tr><td>C</td><td>1～3</td><td>说话吞吐，言语表达不清，不能表达自己的意思，不会运用适当的语音、语调、目光和手势
没有记录，会因为急于表达自己而打断别人
人云亦云，没有个人主见</td></tr>
</table>

续表

<table>
<tr><th colspan="4">维度</th><th>维度评价得分</th><th>维度权重</th></tr>
<tr><td rowspan="5">人际交往</td><td colspan="3">维度解释：人际交往能力是指妥善处理组织内外关系的能力。首先要建立自己的人际吸引力，其次是与周围环境建立广泛联系和对外界信息的吸收、转化能力，以及正确处理上下左右关系的能力</td><td rowspan="5">刘：8
张：8
单：7
岳：7</td><td rowspan="5">23%</td></tr>
<tr><td>等级</td><td>分数</td><td>标准</td></tr>
<tr><td>A</td><td>8 ~ 10</td><td>很快进入角色，清楚自己的职责以及他人的思想与行为
建立良好的第一印象，以提名、鼓励及其他真诚的方式让别人感到自己的重要性，迅速增加自己的人际吸引力
主动吸收或转化不同的观点，温和地控制讨论者之间的关系</td></tr>
<tr><td>B</td><td>4 ~ 7</td><td>开始讨论后，试图从他人的发言中，弄清各自的主要思想，依据形势不断优化自己的排列顺序
分清领导者与其他隐性的角色，能够帮助领导者，试图迅速地达成目标
对那些与“主流”思想不符的观点，会为了顾全大局而坚决地打压，也就给自己的人际网络设置了障碍</td></tr>
<tr><td>C</td><td>1 ~ 3</td><td>不清楚个人角色定位，个人思维跟不上团队节奏
只限于完成自己的任务，缺少与他人取长补短的交流过程，观点受到质疑时，很难去影响和说服他人
遇到强势的对手便会退缩，给人留下固执和被动的印象</td></tr>
<tr><td rowspan="5">解决问题</td><td colspan="3">维度解释：在问题空间中进行搜索，以便使问题的初始状态达到目标状态的思维过程。心理学的解释是：由一定的情景引起的，按照一定的目标，应用各种认知活动、技能等，经过一系列的思维操作，使问题得以解决的能力</td><td rowspan="5">刘：7
张：8
单：8
岳：7</td><td rowspan="5">20%</td></tr>
<tr><td>等级</td><td>分数</td><td>标准</td></tr>
<tr><td>A</td><td>8 ~ 10</td><td>逻辑性强、条理清晰，思维具有系统性
善于抓住问题的本质（核心），分析问题有深度，考虑全面，能认识到事物各个方面之间的相互关系
活跃，分析问题时不拘泥于传统经验与方法</td></tr>
<tr><td>B</td><td>4 ~ 7</td><td>分析问题或材料时基本能抓住本质，但有时有偏离
分析问题有一定深度，但不够透彻，考虑问题基本全面
能注意到事物之间的简单联系</td></tr>
<tr><td>C</td><td>1 ~ 3</td><td>思维缺乏系统性，分析问题抓不住本质或核心
分析时停留在问题的表面，缺乏深度
从单一侧面分析问题，缺乏全局性</td></tr>
</table>

表13-8　　　　　　　　　**无领导小组讨论应聘者分值汇总表**

序号	维度	刘	张	单	岳	均值	权重	合计
1号	组织协调	4	5	4	4	4.25	0.30	4.54
	沟通表达	4	5	5	4	4.50	0.27	
	人际交往	5	5	5	5	5.00	0.23	
	解决问题	4	4	5	5	4.50	0.20	
2号	组织协调	9	8	8	8	8.25	0.30	7.89
	沟通表达	8	8	8	8	8.00	0.27	
	人际交往	9	8	8	9	8.50	0.23	
	解决问题	6	6	7	7	6.50	0.20	
3号	组织协调	3	3	2	2	2.50	0.30	3.64
	沟通表达	5	6	5	6	5.50	0.27	
	人际交往	3	4	4	3	3.50	0.23	
	解决问题	3	3	3	3	3.00	0.20	
4号	组织协调	7	6	6	7	6.50	0.30	7.07
	沟通表达	7	7	7	7	7.00	0.27	
	人际交往	8	7	7	8	7.50	0.23	
	解决问题	8	8	7	7	7.50	0.20	
5号	组织协调	2	3	2	3	2.50	0.30	3.56
	沟通表达	5	5	5	5	5.00	0.27	
	人际交往	3	4	4	3	3.50	0.23	
	解决问题	3	3	3	4	3.25	0.20	
6号	组织协调	8	8	8	7	7.75	0.30	7.58
	沟通表达	8	7	7	8	7.50	0.27	
	人际交往	8	8	7	7	7.50	0.23	
	解决问题	7	8	8	7	7.50	0.20	

4.对各候选人的评价

（1）1号候选人

首先，1号候选人没有选择在讨论开始之际就表明立场，或引导讨论方向，而是选择倾听和分析，这也就错过了成为领导者的时机，组织协调能力基本没有展现。在具体讨论中，她并不积极，只是在关键时刻出击，将问题解释清楚，或者化解矛盾，偶尔会意识到时间，推动讨论进度。

其次，1号候选人语言犀利、句句在理，同时口齿清晰，神情泰然，让人很难找到理由反驳。认真记录他人观点，善于倾听，说服他人时在逻辑上讲对策，表达方式上有些强势，谈判能力应该加强。沟通能力一般，发言不够积极，肢体语言较为僵硬，显得过于严肃，几次使被反驳者有些尴尬。

再次，1号候选人出场是以反驳者的身份，不太在意他人是否支持自己，立场分明。依据形势，更改了自己的排序，并在最后阶段，极力支持2号候选人扮演好领导者的角色。清楚自己的定位，但基本上只限于完成自己的任务，对那些与“主流”思想不相符的观点，会直接进行打压。人际交往以及团队合作能力以及交往技巧有待提高。

最后，1号候选人逻辑性强，尤其是最后制止6号候选人讨论具体分配金额的言辞，可以看出其思维具有系统性，抓住了问题的核心。在几个关键点上，都能够及时地提出有力论据。比如“研发部门与市场部门谁是老大的问题”。分析问题或材料有时会偏离，就某个问题会进行深入的思考，但不够透彻，只能注意到事物之间的简单联系，缺乏全局观念。

综上所述，我们认为1号候选人无法成为人力资源经理。

（2）2号候选人

2号候选人能够很快进入角色，以反对6号候选人为主，同时极力争取其他人的支持，利用眼神、手势和语言来带动其他人参与进来。建立良好的第一印象。吸收和分析能力较强，能够积极同观点相近或实力较强的人形成联盟，稳固并壮大自己的势力。比如通过1号候选人的陈述，同意其意见并更改了自己的排序，之后引导大家迅速达成统一的意见。组织协调的能力比较强，同时也可以看出其执行力较强，让其他人认可自己的意见，共同达成目标，即对奖金分配形成合理的排序。

其次，2号候选人给人感觉是比较谦和的，善于通过沟通来解决问题，而且语言表达简洁有力，加之柔和的语言与肢体动作，自然地赢得大家的认可。另外，2号候选人能够以总结、提问等方法，准确领会他人的意图，多次化解争执与尴尬的场面，可以用自己的肢体语言和眼神来施加积极的影响，巧妙地说服对方，继而推动讨论的进行。这里可以看出2号候选人的沟通能力以及谈判能力都较强，能够巧妙地说服其他人，从而有效推动讨论的进行。

起初2号候选人并没有与6号候选人去争谁先发言，而是在意见相差较大时，及时强调自己的观点，并积极引导其他人发言，期间态度温和，谦虚有礼，也因此获得了信任与支持，结果显著。后期2号候选人基本掌握了组织权，可引导组员发言并控制时间，善于营造团队共生、相互合作的气氛，很大程度上能调动成员参与的积极性。很明显2号候选人人际交往与团队协作的能力都非常强。

最后，分析具体问题时，2号候选人基本能够抓住某个具体问题的实质并引导大家讨论，但是在对整体的把握上面，思维受限，比如没有把握分发奖金的动机和可能带来的效果，这样就不能明确发奖金的意义，当然讨论的方向会有所偏差，应多注意事物之间的联系。虽然2号候选人对问题的把握有所偏差，但并不影响整体进程以及最后的结果，这种能力完全可以在后期进行培训从而让其提高。

综上所述，我们小组认为2号应该当选人力资源经理。

（3）3号候选人

3号候选人在讨论过程中可以做到耐心倾听，发言时条理分明，起到了一定的调节作用，在排序跟大家相差很大时更改个人观点，有大局意识。但是在分析问题方面没有太大贡献，讨论前半段没有过多发言，一直处于被动状态，也一直没有推动讨论的进程，整体表现一般。

在整个讨论过程中，在组织协调方面，3号候选人会在听取大家的意见后更改个人的观点，有大局意识。但是她的组织作用并不是很明显，也并没有进行有效的组织协调工作，时间观念不够强。在沟通表达方面，3号候选人很善于倾听他人讲话，并不时点头示意，不打断他人说话，也基本能够表达自己的观点，运用了适当的语调并配以微笑，懂得与他人进行眼神交流，但是却不能够说服对方。在人际交往方面，3号候选人能够从他人的发言中，弄清各自的主要思想，依据形势不断地优化自己的排列顺序，但有时个人的思维跟不上团队的节奏，在观点受到质疑时，很难影响和说服他人，整个过程比较被动。在解决问题方面，3号候选人分析问题时观点有一定的深度，但是不够透彻，没有抓住根本。在执行能力方面，3号候选人意识到达成目标需要有严谨的思考和执行力，但对组织目标、环境和内部条件的认知没有明显贡献，没有促进目标达成。在谈判能力方面，3号候选人在整个讨论过程中处于比较被动的状态。

（4）4号候选人

4号候选人发言时逻辑清晰，经验丰富，对于讨论中其他人一些不切实际的想法，基本都能找到案例来论证。但发言时话语比较烦琐、重点相对较少。同时总是跟着大家的方向来讨论，就问题解决的维度来说，没有发挥出他的优势。整体表现还是不错的。

在整个讨论过程中，在组织协调方面，4号候选人起到了较好的组织作用，在最后讨论争执不下时也懂得转换思路，更改自己的排列顺序，有大局意识，但是对时间的把握不够强，不能有效地推动组织的讨论进程。在沟通表达方面，4号候选人的沟通表达较好，语言流畅，条理分明，能够表达出自己的观点，善于运用手势，在与他人的交流过程中也始终保持微笑，尊重他人观点的陈述，不打断他人的发言。

但是发言时话语较烦琐，相对而言重点较少，并且语调沉闷。在人际交往方面，4号候选人的人际交往能力比较好，懂得个人的角色定位，开始讨论后能够从他人的发言中，弄清各自的主要思想，并根据形势优化自己的排序，并帮助领导者迅速达成目标，擅于建立自己的人际吸引力。在解决问题方面，4号候选人的问题解决能力是比较好的，在对问题进行分析时能够抓到本质，思维具有系统性、条理性，考虑得比较透彻，多次将问题聚焦到本案例，但是并没有注意到奖金能够起到激励的作用，可见对于问题的考虑不够全面。在执行能力方面，4号候选人意识到达成目标需要有严谨的思考和执行力，对组织目标进行了强调，对组织的环境和内部条件也进行多次说明。在谈判能力方面，4号候选人在整个讨论过程中的重要方向有不同意见，但是到最后也一直没有说服别人，谈判能力一般。

（5）5号候选人

5号候选人表现平平。因为她的排列顺序跟大家相差较大，所以前半段基本处于沉默和旁观者的状态，没有表现的机会。当6号候选人询问其观点时，她才开始陈述。就其发言来看，语言表达能力还是可以的，只是分析与组织能力有待提高。

在组织协调方面，该候选人在整个讨论环节中都没有表现出明显的组织协调的意愿，她一般只完成自己的任务，如表述自己的观点等，而不会积极主动地去组织会议的进程，不能够对讨论内容进行阶段性总结。虽然偶尔也能够提出一些比较有建设性的意见，如提出倒序排列等。但总体而言，不能扮演一个讨论组织者的角色，协调能力也不明显，整体感觉比较被动，对讨论进程影响不大。在沟通表达方面，该候选人能够用流畅的语言来表达自己的观点，逻辑基本清晰。在与其他成员的沟通交往中也能够认真倾听和理解他人的观点，并认同他人的部分想法。但整个讨论过程中，她都没有沟通交流的主动性。除非被点名发言，否则基本保持沉默。而即使是在发表自己的观点时，也缺乏说服力，且不能做到据理力争。在简单的讨论之后，便采取不争辩、不认同的方针，而不能通过良好的沟通与交流，将自己的观点上升到主流观点之上。在人际交往方面，该候选人能够认真倾听并理解他人的观点，建立起一定的人际吸引力。而她几次附和与支持他人的行为也能够给其他成员留下较好的印象。但在人际交往中，其影响力还远远不够。当自己的观点游离于主流之外时，她不能够让自己的观点获得更多人的认同。此外，她没有与人交往的主动性，在整个讨论过程中，沉默居多，而与人交流较少，一直都处于一种比较被动的位置，这直接导致其在讨论环节中存在感较弱。在问题解决方面，该候选人能够提出一些具有建设性的意见，解决众人讨论焦灼的问题，但次数较少。在分析问题时，她仅仅从自己公司出发，而不能考虑目前行业的总体状况，有些过于片面。而且她对于问题的认识也不够深刻，只是将年终奖的分配依据定义在各部门的重要性之上，而不能考虑到各部门在过去一年所做的贡献，以及其激励作用等。此外，她也缺乏化解矛盾、解决问题的行为和意识。当讨论中出现矛盾冲突时，她只会选择沉默，而不会想方设法去化解。

（6）6号候选人

6号候选人的目标很明确，一直试图以领导者的方式引导讨论流程，给自己带来很多的表现机会，同时也暴露了自己的缺点，比如分析跑偏、容易与人发生对峙等。整体来说，6号候选人的表现非常不错。

在组织协调方面，该候选人具有较为明显的组织协调意识，能够在讨论初始便主动站出来引发大家的讨论行为，并在讨论过程中，将一些经常保持沉默的人拉入讨论的队伍之中。她的时间观念也较好，在讨论过程中能够注意对时间的把握，提醒小组成员时间的紧迫性。而且，她还具有较强的总结分析能力，能够对众人的观点进行阶段性总结，聚焦矛盾点。但就总体而言，其掌控力还不够，不能成功地掌控众人的讨论进程。在沟通表达方面，该候选人能够认真倾听并记录他人的观点，从而理解他人的观点，以此作为与人沟通交流的基础。她能够适当地赞同他人的观点，肯定他人的意见，在此基础上再提出自己的观点，便于让人接受自己的观点。在与人沟通交流的过程中，积极主动。在阐述自己的观点时，能据理力争、引经据典，具有一定的说服力。但言语表达方面，有时会出现表述不清、结结巴巴等现象。在人际交往方面，该候选人具有一定的倾听能力，能够认真倾听并理解他人的观点，从而建立自己的人际吸引力。在与人交流的过程中，会积极主动地阐述自己的观点，即便自己的观点与众人差异较大，也会竭尽所能表达出来。当自己的观点不被众人所认同时，虽然会据理力争，但若对方观点更具说服力，她也能够尊重大家的意见，主动优化自己的排列顺序，展现出较好的人际合作能力。但有时为了辩证自己的观点，会出现打断别人说话等不礼貌行为，引起他人的不快。在问题解决方面，该候选人分析问题时论点鲜明，逻辑较为清晰，具有较高的可信度和说服力。她对问题的理解与认识具有一定的深度，但深度还不够，仅能从重要性、贡献等角度出发看待问题，而不能认识到激励作用等更深层次。此外，她的部分论断仅从市场导向角度出发，过于武断，过于片面，而没能全方位、多角度地看待问题。而且，在讨论环节中，有时会出现偏离主题等现象。

综上所述，表现较好的候选人有2号、4号、6号，但是相对来说2号表现更优异，且结合评分情况，最后选择2号候选人担任人力资源经理。

资料来源　根据踏瑞招聘与选拔实验软件背景资料整理。

讨论题：

（1）该报告使用的是哪种报告方式？有何优缺点？

（2）该报告有哪些方面需要完善？为什么？

（二）实训项目材料

SD公司的市场人员素质测评

【实训背景】

1. 公司简介

SD公司简介参见本书第139页“背景材料1”中的内容，此处不再赘述。

2.市场人员现状分析

SD公司市场营销中心设市场总监1名。下设三个部门、四大区域，均设部门总1名，市场经理3至4名，普通市场人员9至12名，市场营销中心组织架构如图13-2所示。

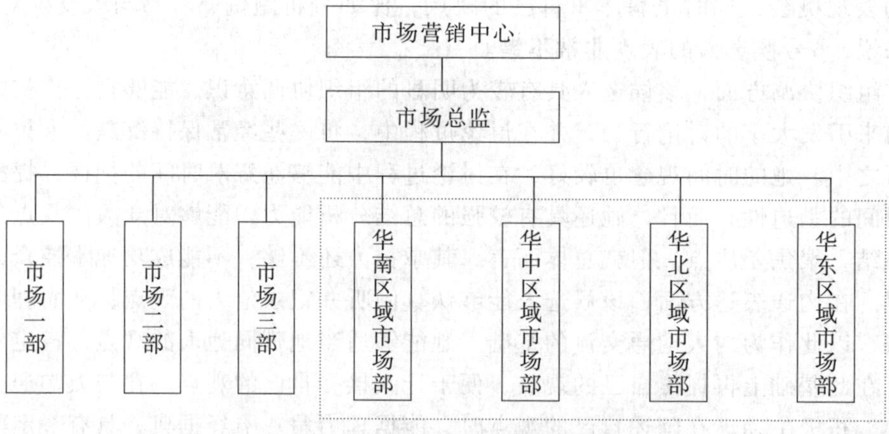

图13-2　市场营销中心组织架构图

由图13-2可知市场营销中心组织架构，对各部门、区域的职能做以下简述：

① 市场一部到三部根据经营指标要求，完成区域分公司的空白区域、全国三线及以上城市及经报备可行性区域环卫市场开拓、市场调研、招投标、合同谈判及合同签署。

② 华南区域市场部、华中区域市场部、华北区域市场部、华东区域市场部根据公司的运营指标，完成本区域内环卫业务、环卫市场的开发、市场调研、招投标、合同谈判和合同签署。

3. 甄选流程

通过对现有的招聘方案、问卷调查数据及访谈记录的研究，目前SD公司在甄选市场人员程序上还不完善，针对不足之处予以改进，具体的步骤流程包括以下几个部分：浏览大量简历进行初步筛选与审核；筛选出符合初试条件的候选人，通过电话邀约进入初试阶段，初试包括候选人对个人的定位、专业知识及职业性格测试；初试合格者进入面试阶段，面试官通过有效的人才甄选工具进行面试；对面试通过者开展背景调查；通知面试合格者进行身体检查；最后，对候选人进行综合评估，做出最终录用决策。具体如图13-3所示。

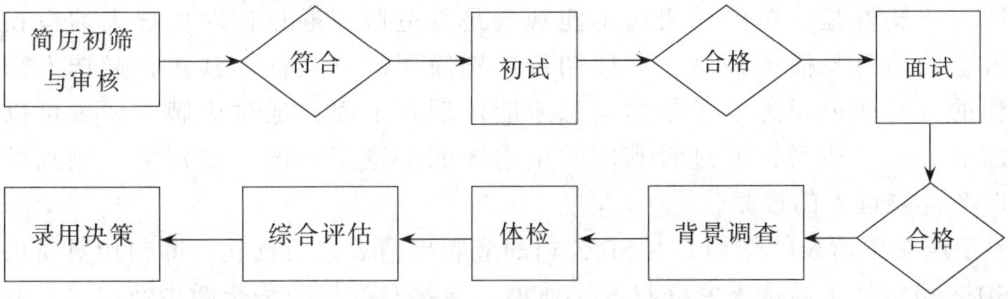

图13-3　市场人员人才甄选流程图

(1) 简历初筛与审核

第一步：准备阶段。筛选简历之初，招聘人员还需与需求部门进行深度沟通，以深入了解其实际需求。再进行"岗位澄清"，暂时抛开岗位说明书和任职资格要求，通过与用人部门沟通，了解此阶段岗位开放的目的、对候选人的预期、用人部门偏好及特殊要求并记录整理。因此，简历筛选是有针对性的，有效地针对目标候选人来提高招聘效率。

第二步：实施阶段。此阶段正式进入简历的筛选阶段，是简历筛选的关键环节。通过内部人员推荐或者招聘网站平台等方式，进行简历抓取，大量浏览简历，将合适的简历进行下载并保存在专用文件夹中。在筛选简历的过程中讲究技巧：基本信息（如候选人的性别、年龄、血型、照片形象、原籍、户口所在地、现居住地、上岗时间等）是否满足现有岗位要求；教育背景（如候选人的学历、所学专业、毕业院校、已参加的培训及获取的职业资格证书等）是否满足现有岗位要求；工作经历（如候选人过往从事行业、公司规模等）是否与我司相似；候选人过往工作稳定性（候选人频繁换工作直接判定简历不合格）；候选人过去工作经历的连续性；过去的工作内容是否符合我司职位的要求；候选人的以往薪资情况；候选人期望的薪资是否在我司薪酬范围内。在简历筛选阶段需要注意结合用人部门岗位要求及偏好，在实际操作中，也要灵活变通，避免漏掉优秀人才。

第三步：结束阶段。筛选简历占用大量时间，保存在专用文件夹的候选人是初步资源，人力资源部招聘人员对筛选合格的候选人进行电话面试，电话面试通过者建立招聘台账，并纳入公司人才库中，形成公司人才资源。人才库中的人员主要来自于两个方面：一方面是公司内部培育的优秀管理培训生，另一方面是招聘人员的招聘网站平台简历储备。招聘人员始终关注人才库人员信息并使其保持最新状态。

（2）初试

SD公司初试分为以下三个步骤：

①候选人填写应聘申请表。应聘申请表包括候选人的基本信息、教育背景、工作经历、自我评估等，最重要的是在应聘登记表的最后要有候选人的签字确认及日期。大多数招聘人员要求候选人填写的应聘申请表是公司要求的，候选人也很疑惑："我的简历上都有这些信息了，为什么还要重复填写？"其实，在实际工作中，应聘申请表非常有用。首先，公司使用开放的网络渠道和平台接收简历，造假简历比比皆是，单纯看简历不能观察是否造假，通过比对候选人填写在应聘申请表上的信息与简历信息，可以初步判别简历的真实性。其次，候选人简历是模式化的，有些公司想要了解的信息未能体现在上面，通过应聘申请表可以弥补这方面的不足。最后，通过看其应聘申请表的字迹工整度、错别字、删减及涂改等可以考查候选人的性格。

鉴于应聘申请表的作用，对SD公司的应聘申请表进行优化。除简历具备的信息外，SD公司增加了候选人家庭状况、血型、星座及社保公积金缴纳情况等，并加入开放性问题，如"请阐述您应聘该岗位所拥有的基本能力""您对应聘岗位的认识和感受""同学/同事认为我最擅长之处""同事/同学认为我的不足之处""入职后您希望公司提供什么支持以利于您更好地开展工作""请概述未来5年的人生目标和职业目标"。通过候选人职业目标规划与公司战略目标的比对，从而更好地筛选出与SD公司契合度高、稳定性强的候选人。

②笔试。初步测试的第二个阶段为笔试，主要考查候选人的专业知识、概念、专业素养、判断分析能力、文笔能力等多个方面。为保证SD公司的笔试发挥最大作用，针对SD公司市场人员笔试进行优化设计。试题分为三部分：第一部分测试智力水平、答题速度、偏好等，向专业人力资源机构有针对性地购买试题及答案。第二部分为专业化测试，根据市场人员所需具备的行业知识、专业知识、市场营销知识、商务礼仪等进行灵活设置，此部分试题包括选择题、判断题和填空题。第三部分为开放性试题，请面试者回忆一项在市场任务中所取得的成绩，通过STAR方法设计问题。

③MBTI职业性格测试。MBTI职业性格测试是由美国的心理学家凯瑟琳·库克·布里格斯（Katharine Cook Briggs）和她的女儿伊莎贝尔·布里格斯·迈尔斯（Isabel Briggs Myers）在荣格的人格分类理论的基础上提出的。通过建立性格评估的理论模型，我们可以有效地测量和描述人们在决策、信息获取和生活态度中的心理活动的规

律和性格类型。MBTI测试共有16种不同的类型，每一种性格类型都有其适宜的职位，性格并没有好坏之分，SD公司通过向人力资源专业机构购买试题与答案，并与这家机构长期合作，咨询使用方法与注意问题。MBTI职业性格测试需要候选人配合，认真填写问题，在测试前组织者向候选人表明，本测试是有利的，它可以帮助我们认识自己，有效地评估我们的性格类型，并为我们的职业发展提供想法和方向。SD公司增加MBTI职业性格测试，通过对候选人进行测试，判断候选人具有的性格是否匹配市场岗位，为人才的录用提供依据。

（3）面试

经过初试的层层筛选，甄选出大体上符合岗位的候选人，还需要进行面试进一步对候选人进行综合测评。SD公司原有的面试仅仅是面对面地与候选人沟通，没有标准，提问的问题也比较随意，原有的招聘状况并不乐观。对于SD公司的招聘问题，设计针对SD公司市场人员的面试甄选方法，包括结构化面试、无领导小组讨论（适用于市场部管理人员）、角色扮演（适用于市场部管理人员）。设计后的系统的面试流程，如图13-4所示。

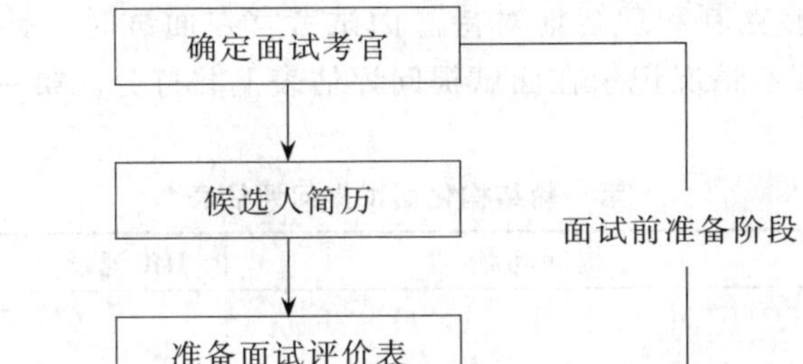

图13-4　市场人员面试流程图

①结构化面试。结构化面试被广泛应用于面试甄选，具有可靠性和有效性。SD公司原有面试仅仅是与候选人面对面交谈，没有提纲，针对此特为市场人员设计系统

的结构化面试流程，提高面试的有效性，甄选出适合SD公司的优秀人才。具体的结构化面试流程见表13-9。

表13-9　　结构化面试基本流程表

结构化面试基本流程	第一轮	第二轮
面试考官	人力资源部招聘人员	候选人直属领导
考查维度与占比	形象气质（5%）	专业知识水平（20%）
	求职动机与期望（20%）	业务能力（20%）
	工作修养（15%）	工作经验与潜能（20%）

第一，由人力资源部招聘人员进行第一轮面试。主要考查候选人与岗位的匹配度，确定其是否具有基本素质，包括候选人的形象气质、求职动机与期望、工作修养三个方面。形象气质主要的评估要点包括候选人的体格外貌、穿着打扮、行为举止、谈吐风度、精神面貌。求职动机与期望主要的评估要点包括候选人的企图与自信心、对成功的渴望、抗压能力。工作修养主要的评估要点包括候选人乐观积极向上的工作态度、为人诚信，能自醒，能够客观评价自己的优缺点，在遇到批评、挫折以及工作有压力时，是否能够克制和理智地对待。面试考官在面试时，针对每个问题逐一提问，并将候选人的回答情况记录在面试提问评估表上并打分。第一轮结构化面试提问评估表见表13-10。

表13-10　　第一轮结构化面试提问评估表

评估要素	提问问题	HR记录	得分标准	得分
形象气质（5%）	（观察）		□5　优 □4　良 □3　中 □2　差 □1　不及格	
求职动机与期望（20%）	1. 你选择环卫市场岗位的原因是什么？你近3年的职业发展目标是什么？你将如何去实现它 2. 谈谈你对环卫市场岗位职责的理解 3. 你目前期望的薪资是多少？你近3年内的收入期望值是多少？如何实现 4. 当遭遇失败的压力时，你是怎样应对的 5. 谈谈你个人的职业愿景和期望公司提供的发展平台		□17~20　优 □13~16　良 □9~12　中 □5~8　差 □1~4　不及格	
工作修养（15%）	1. 谈谈你对成功和失败的理解 2. 当工作需要时，你能否服从公司对岗位的工作调配 3. 请客观地说一下你性格的优缺点 4. 当被施加了不恰当的工作压力时，你如何处理它		□13~15　优 □10~12　良 □7~9　中 □4~6　差 □1~3　不及格	

第二，由候选人直属领导进行第二轮面试。它主要考查候选人的专业知识水平、业务能力和工作经验与潜能。专业知识水平主要的评估要点包括对环卫市场现状的了解及认识、市场营销专业知识等，从其所述来判断候选人是否具有所需的专业知识和技能。业务能力主要的评估要点包括候选人回答问题的响应速度、决策能力、创新能力、组织协调和计划能力以及人际交往能力。工作经验与潜能主要的评估要点包括从事环卫市场工作经验的丰富程度，对环卫工作市场的独到见解。面试考官在面试时，针对每个问题逐一提问，并将候选人的回答情况记录在面试提问评估表上并打分。具体见表13-11。

表13-11 **第二轮结构化面试提问评估表**

评估要素	提问问题	HR 记录	得分标准	得分
专业知识水平（20%）	1. 环卫市场专业术语和环卫专业领域的问题 2. 是否参加过所学专业的专业培训？有无证书		□17~20 优 □13~16 良 □9~12 中 □5~8 差 □1~4 不及格	
业务能力（20%）	1. 是否有环卫市场工作的经验？若有，之前年度的签约额是多少 2. 是否有过独立签约的经验 3. 是否有团队管理经验 4. 你从事环卫市场工作有哪些优势和劣势		□17~20 优 □13~16 良 □9~12 中 □5~8 差 □1~4 不及格	
工作经验与潜能（20%）	1. 你在原单位做过哪些你认为比较出色的工作 2. 你在原单位的工作中，曾遇到哪些困难，又是如何处理的 3. 你认为原来的工作经验对你有哪些帮助 4. 是否有 SD 公司的客户资源		□17~20 优 □13~16 良 □9~12 中 □5~8 差 □1~4 不及格	

第三，面试结束阶段。招聘人员感谢候选人参与面试，并告知他们三日内会公布面试结果。收集并汇总候选人面试提问评估表，进行分数汇总并给出面试意见。面试分数汇总表见表13-12。

②无领导小组讨论。SD公司无领导小组讨论主要甄选具有管理能力的中高层人员，包括市场部门总经理、市场总监。采取集体面试的方式，每6个人为一小组，其中有1名人力资源部招聘人员和1名用人部门人员，2名人员不能提前泄露身份，在讨论中要积极参与。小组的每个人在讨论前获取的信息相同，并不提前分配角色及发言时长，讨论总时长为1小时，组织者抛出讨论问题，候选人自发组织做出选择与判断，最终形成一个最终方案。在无领导小组讨论前，组织人员应做好准备工作，布置会场、安装摄像头、摆放茶歇、为候选人准备足够的纸和笔，为候选人营造良好环

表13-12　　　　　　　　　　　**面试分数汇总表**

考查维度	人力资源部面试考官	用人部门直属领导	总分
形象气质			
求职动机与期望			
工作修养			
专业知识水平			
业务能力			
工作经验与潜能			
总分			
面试得分：			
整体评价	优势：	不足：	
	总体面试评价：		
	□建议录用（85分及以上）　□可以考虑（71~84分）　□不予考虑（70分及以下）		

境。在面试实施阶段，组织人员宣布规则和要点及问题后退场，至少2名人力资源工作人员通过摄像头观察候选者行为并记录，包括候选人的面部表情、身体姿势、手势、发表言论次数、获得本组人员认可度、被反驳后的情绪变化等。结束阶段，要求组员填写记录表，标注其所承担的角色及发言次数等，然后收回每个组员的记录表，感谢候选人的积极参与，并告知将在5个工作日内告知候选人结果。评估阶段将参与小组讨论的人员、摄像头观察人员的记录结合候选人的个人记录形成最终报告，评价候选人的领导能力、组织和协调能力、沟通和表达能力等，最后选出合适的人选。

③角色扮演。SD公司角色扮演配合无领导小组讨论，是有效地甄选市场部门总经理、市场总监的一种工具。SD公司角色扮演主要是组织者根据实际需要设计场景，抛出一个在实际工作中出现的典型问题，并且这个问题很难去解决，组织者授予候选人一个市场管理岗位，面对问题，候选人有12分钟的时间进行提问，在提问结束时，候选人要做出最终决策，并说明原因，从而考查候选人的决策能力。在实际设计问题时要具有高仿真性，例如，授予王欢市场一部部门总岗位，王欢上任的第一天，市场一部市场经理李雷找到王欢，"王总您好，我是李雷，是河南区域新野项目的负责人，武总（原市场一部部门总）在的时候说这个项目没有必要跟进下去，中标的机会不大，但是我认为需要继续跟进，有很大的中标机会"。基于李雷的问题，请说出你的决策及原因。组织者可以多出几个刁钻的问题，充分分析候选人的决策水平，进而作为甄选录用的一个标准。

（4）背景调查

背景调查作为候选人录用的决策条件之一，在企业人才甄选中发挥着重要作用。背景调查可以弥补企业在初试、面试中甄选的不足，进一步对候选人的资料真伪性进行核实，从而有效地降低企业的用工风险。根据背景调查的结果预测候选人可能为企业带来的效益，保障招聘质量。为了保障SD公司人才的有效录用，针对关键岗位人员进行资信调查，包括市场总经理、市场总监。主要通过候选人之前就职的两家公司的人力资源员工及其直属上级获得候选人的背景信息。设计后的SD公司背景调查流程，如图13-5所示。

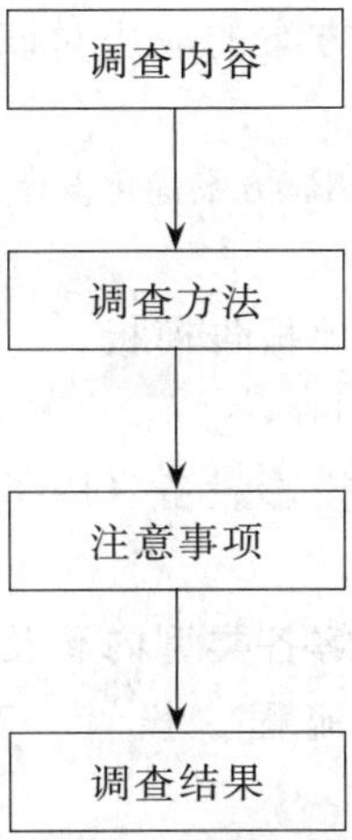

图13-5　市场人员背景调查流程图

①调查内容。主要考查候选人：基本信息真伪（学历网学历验证、原单位任职时间、任职岗位、工作主要职责、离职原因、离职前薪资）、个人素养（责任心、敬业度、财务不良记录等）、职业素养（跨部门合作及与下属关系、市场领域优势、工作中有待改进的方面等）、重点业绩（请您列举一件最能体现您业绩好的一项工作）。

②调查方法。

第一，官方网站查询。候选人的学历验证通过学信网（https：//www.chsi.com.cn/）查询，从而验证学历信息的真伪；通过候选人原公司的官方网站查看候选人的背景信息；输入候选人的姓名，通过百度和搜狐等搜索引擎查询候选人口碑；关注候选人微博。

第二，电话访查。对候选人之前就职的两家公司的人力资源员工及其直属上级进行电话访查。与人力资源员工核查其个人素养部分；与其直属上级核查其职业素养及重点业绩，背景调查人员将调查信息进行详细记录，比对人力资源员工与其直属上级关于候选人基本信息的一致性及之前就职的两家公司对候选人个人素养和职业素养的评价。

③注意事项。

第一，背景调查前需要得到候选人的同意。

第二，背景调查的公司为候选人近两年离职的公司。

第三，被访查对象为原公司的人力资源员工与其直属上级。

第四，应注意对候选人信息进行保密。

第五，背景调查人员需要提前熟知候选人资料及背调技巧。

④调查结果。

背景调查完后，填写《背景调查报告》，由人力资源部统一存档，作为候选人录用决策条件之一。

（5）体检

委托第三方医院进行体检工作。

（6）录用决策

结合企业发展和职位的需求，选取科学决策方法做出录用决策。

以上为优化后的测评方案。该方案的应用对该公司测评工作的提升产生了较大的效果。

资料来源　高郡．SD公司市场人员招聘方案优化设计［D］．北京：北京交通大学，2019.

【实训内容】

为该公司测评工作设计一个测评报告模板。

【实训设施】

人员素质测评实验室，电脑及投影设备（用于播放演示文稿和视频文件）。

【实训指引】

（1）查阅测评报告类型，并了解各类型内涵及内容；

（2）结合该公司的测评方案流程，设计一项具有系统性、可操作、简洁的模板；

（3）某公司人员素质测评报告包括评价对象、评价结果、评价建议等。

四、实训实施环节

（一）案例分析实施步骤

步骤一：布置实训案例

对案例中的背景、主要事实及面临的难题等内容进行了解。搜集案例中的已知事实并对每一事实进行区别，对案例中的主要角色所面临的问题、活动或困难进行深入挖掘。

步骤二：学生组织讨论、调研和分析、形成报告

在对案例进行认真分析之后，找出问题的症结所在，并对需要解决的问题进行概括。集思广益，从不同角度提出解决方案。把多种决策方案进行优劣对比，找出解决现有问题的最佳方案。阐述理由并对方案的实施提出建议。

步骤三：课堂汇报与分享

教师辅助，学生自行组织。由学生讨论选出一位主持人，并选出专人记录会议纪要。学生汇报可采取随机抽取的方式，加强对学生综合能力的锻炼。

步骤四：学生互评与教师点评

随机抽取3～5位学生作为评委，与授课教师共同评分（见表13-13）。评价标准：汇报内容的流畅性、逻辑性、专业性等。

表13-13　　　　　　　　　　　　**案例分析评分表**

评分人＼被评分人	学生A	学生B	学生C
学生D			
学生E			
学生F			
授课教师			
平均分			

备注：平均分为学生D、学生E、学生F和授课教师评分的平均值。

（二）实训项目实施步骤

步骤一：布置实训任务

通过对本节内容的梳理，利用自身在实际生活中，参与社团所获得的经验，结合参与实训班级的实训情况，以小组为单位完成相关实训项目。

步骤二：学生组织讨论、调研和分析、形成报告

学生组织讨论：可采取课内小组讨论的形式，或课外学生自行组织讨论。

调研和分析：可分为学生个人或小组的形式进行调研分析。

形成报告：形式多样，不做限制。例如，可以采取自制视频的形式进行报告。

步骤三：课堂汇报与分享

教师辅助，学生自行组织。由学生讨论选出一位主持人，并选出专人记录会议纪要。学生汇报可采取随机抽取的方式，加强对学生综合能力的锻炼。

步骤四：学生互评与教师点评

随机抽取1～2位学生作为评委，与实训课程组教师（2～3位）共同评分（见表13-14）。评价标准参见附录2。

表13-14　　　　　　　　　　　　**实训项目评分表**

评分人＼被评分人	学生A	学生B	学生C
学生D			
学生E			
课程组教师1			
课程组教师2			
综合分数			

备注：综合分数=课程组教师评分的平均值×70%+学生评分的平均值×30%

五、实训教学反思

（一）教师反思

反思内容：

____

____

____

（二）学生反思

学生反思结合素质、能力、情感认知等方面来反馈，具体见表13-15。

表13-15 学生反思用表

目标	完成程度	收获与反思	备注
了解报告编写的作用、基本信息，报告的类型，撰写报告的注意事项			
在案例分析中阐明基础理论和基本原理			
在实训环节将理论知识与实际需求结合			
增强职业意识与综合素质			

主要参考文献

［1］田辉．人员素质测评实训教程［M］．2版．北京：清华大学出版社，2018．

［2］张润芝．人员素质测评［M］．呼和浩特：内蒙古大学出版社，2014．

［3］王淑红，赵琛徽，周新军．人员素质测评［M］．2版．北京：北京大学出版社，2017．

［4］赵建伟，何玲．人员素质测评理论与方法［M］．成都：四川大学出版社，2007．

［5］侯典牧，傅家荣．人员素质测评［M］．北京：科学出版社，2012．

［6］任正臣．人员素质测评理论与方法［M］．南京：江苏凤凰科学技术出版社，2017．

［7］萧鸣政．人员素质测评理论与方法［M］．北京：北京大学出版社，2011．

［8］赵楠．无领导小组讨论与结构化面试．［M］．广州：广东经济出版社，2013．

［9］肖鸣政，COOK M．人员素质测评［M］．3版．北京：高等教育出版社，2013．

［10］杨洲．小学全科教师的素质结构及其培养路径［J］．中国教育学刊，2016（4）．

［11］胡虹．高校学报编辑的素质结构分析［J］．四川理工学院学报（社会科学版），2011（5）．

［12］丁建文．胜任力理论视角下社会组织从业人员素质结构研究［J］．内蒙古农业大学学报（社会科学版），2017（3）．

［13］朱晓妹，翟育明，郝龙飞．研究生素质结构的探索与分析［J］．上海对外经贸大学学报，2014（6）．

［14］徐小洲，叶映华．创新型人才的素质结构与生成转化机制［J］．高等工程教育研究，2012（1）．

［15］杨鹏，胡月星．履历分析技术在领导人才选拔中的应用［J］．新东方，2006（4）．

［16］余诚．履历数据测评在A商业银行人才评价中的应用［J］．杭州金融研修学院学报，2017（12）．

[17] 沈春秋. 智慧课堂环境下多元化教学模式的探究——以人员素质测评课为例 [J]. 吉林工程技术师范学院学报, 2020 (4).

[18] 孔令芳. “互联网+” 背景下 PBL 教学模式在人员素质测评中的应用 [J]. 济宁学院学报, 2020 (2).

[19] 黄丽娜. 人员素质测评方法在企业招聘中的应用研究 [J]. 智库时代, 2019 (10).

[20] 刘跃雄, 刘伟. 公选笔试试题设计的科学性探析 [J]. 领导科学, 2009 (23).

[21] 宁本荣. 提高公开选拔领导干部笔试测试有效性路径分析 [J]. 理论月刊, 2011 (7).

[22] 陈慧君. 案例在人才选拔中的应用 [J]. 中国人力资源开发, 2003 (9).

[23] 周文叶. 超越纸笔测试: 表现性评价的应用 [J]. 当代教育科学, 2011 (20).

[24] 梅孔明. 科学应用心理测验 提升企业人才测评水平 [J]. 人才资源开发, 2015 (16).

[25] 徐亮, 章麟, 张进辅. 浅论企业人才招聘中的心理测验 [J]. 人才资源开发, 2011 (5).

[26] 梁丽娟. 心理测验在人才测评中的应用 [J]. 社会心理科学, 2009 (4).

[27] 张昕. 心理测验在组织人事管理中的应用 [J]. 管理世界, 1987 (2).

[28] 李方. 心理测验常模在企业人才选拔中的应用 [J]. 人才资源开发, 2004 (9).

[29] 潘持春, 盛宇华. 面试测评的有效性研究述评 [J]. 现代管理科学, 2009 (5).

[30] 盛宇华, 方志军. 管理能力的面试测评模式研究 [J]. 经济管理, 2003 (13).

[31] 朱樱. 企业高管素质测评技术的选择与运用 [D]. 南京: 河海大学, 2007.

[32] 乔凤珠. 人员素质测评问题及对策研究 [J]. 理论界, 2011 (7).

[33] 吴恒禹. 无领导小组讨论在人力资源面试中的应用研究 [J]. 才智, 2020 (8).

[34] 刘光晨. 浅谈无领导小组讨论的应对技巧 [J]. 现代营销 (创富信息版), 2019 (5).

[35] 夏小汝. 无领导小组讨论在企事业人员招聘中的应用探究 [J]. 就业与保障, 2020 (3).

[36] 王坤. 企业常用的招聘方法概述 [J]. 现代营销 (创富信息版), 2018 (8).

[37] 李丹. 评价中心技术在 Y 电力企业的应用研究 [D]. 昆明: 云南大学, 2019.

[38] 董可静. 评价中心技术有效性影响因素研究 [D]. 北京：首都经济贸易大学，2015.

[39] 邹树彬. 文件筐测验法的优势与应用 [J]. 企业导报，2013 (20).

[40] 赵慧琴，邹海瑞. 公文筐测验探析 [J]. 辽宁工业大学学报（社会科学版），2011 (5).

[41] 黄文艳. 解读公文筐测验 [J]. 人力资源，2007 (21).

[42] 陈民科. 人力资源公文筐测验与效度验证：基于内隐评价策略的思路 [D]. 杭州：浙江大学，2003.

[43] 张世娟. 角色扮演技术在中层管理人员选拔中的应用研究 [D]. 昆明：云南师范大学，2010.

[44] 李倩. 评价中心技术在招聘中的应用浅析 [J]. 长江大学学报（社会科学版），2007 (S1).

[45] 杨小芳. 角色扮演法在中职导游服务专业《导游业务》教学中的应用研究 [D]. 昆明：云南大学，2019.

[46] 刘亮，姚莹莹. 管理游戏在应用型本科院校就业指导课中的运用研究 [J]. 新课程研究，2019 (3).

[47] 戴锦枝. 评价中心在党政领导人才选拔中的应用研究 [D]. 长沙：湖南大学，2010.

[48] 童天. 评价中心技术的运用 [J]. 中国劳动，2005 (8).

[49] 梁文艳. 评价中心技术及其发展趋势 [J]. 经济论坛，2006 (23).

[50] 孟卫东，于泽玮，司林波. 评价中心技术及其应用研究综述 [J]. 燕山大学学报（哲学社会科学版），2011 (4).

[51] 王君. 人员甄选中评价中心技术的方法 [J]. 辽宁经济职业技术学院学报，2010 (4).

[52] 支富华. 情境模拟案例分析应用模式探究 [D]. 苏州：苏州大学，2003.

[53] 孙玉叶. 案例分析法在培训中应用的探讨 [J]. 现代职业安全，2018 (12).

[54] 赵洪. 案例分析法在课程教学中的应用研究——以幼儿园组织与管理课程为例 [J]. 辽宁高职学报，2014 (2).

[55] 胡春霞. 人才测评在校园招聘中的应用研究 [D]. 西安：陕西科技大学，2012.

[56] 王丽娜. 国电克拉玛依发电有限公司人才测评研究 [D]. 石河子：石河子大学，2020.

附录1 S大学人力资源开发协会背景材料

一、社团名称

S大学人力资源开发协会

二、社团组织架构

社团组织架构如图A-1所示。

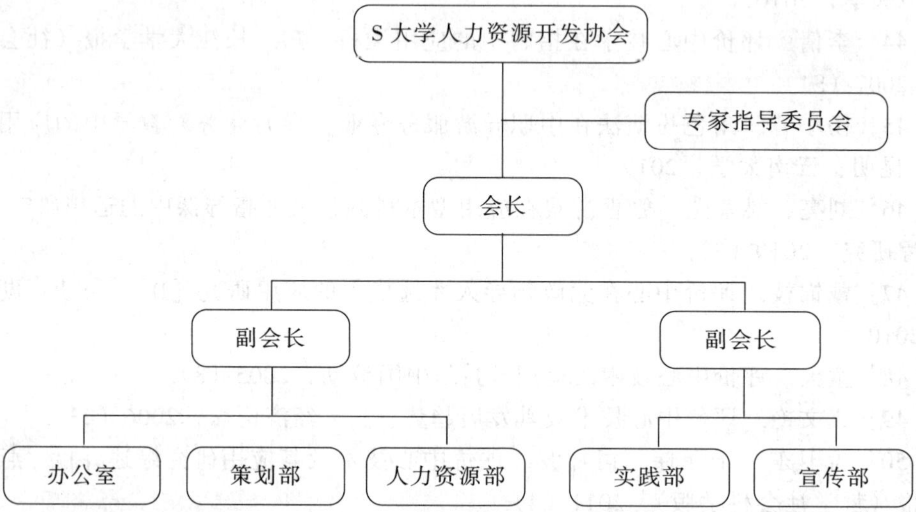

图A-1 S大学人力资源开发协会组织架构图

三、社团职务设置

1.会长

协会负责人、代表人、发言人，主持协会各项工作，领导副会长管理、参与整个协会大小事务，与副会长共同统筹协会学年活动规划，调解协会领导班子之间的各类摩擦，与会员交流，了解各部门的工作情况，根据不同情况给会员做思想工作，表彰会员等。

2.副会长

协助会长处理协会各类重大事宜，带好各自负责的部门，督促、协助部长，为协会发展出谋划策，带动会员积极投身协会工作，帮助会员学习各类技能，纠正会员及干部的错误，监督协会所有成员包括会长的各类与协会有关的行为，不对的要求其及时指出并改正。

3.部长

负责管理好所在部门，为协会发展出谋划策，督促部员完成部门事务，组织部门活动，照顾好部员生活，积极鼓励部员参与协会事宜，带动部员积极投身协会工作，帮助部员学习各类技能，纠正部员的错误，对部员为本部门负责的活动做培训。

4.副部长

协助部长管理好部门，时刻督促提醒部长，为部长献计献策，为部门发展出谋划策，督促部员完成部门事务，帮忙组织部门活动，照顾好部员生活，积极鼓励部员参与协会事宜，带动部员积极投身协会工作。听从部长的分配，积极配合完成任务，主动申请、承担任务，通过协会邮箱提出建设性意见以及检举协会内部不良事宜，尽可能参加协会大小活动，把协会当成自己的家，把部员和部长、会长当作兄弟姐妹，互帮互助，友爱团结。

四、纳新活动流程

1.前期准备

（1）撰写纳新策划书。

（2）活动报备、审批。

（3）制作纳新宣传稿、宣传彩页、报名表、宣传海报。

（4）相关资料准备，海报、横幅打印等。

2.活动宣传

（1）媒体宣传：使用本社团的公众号、官方QQ、社团成员及非社团成员线上宣传等。

（2）海报宣传：张贴纳新海报，发布教学楼电子屏的电子海报。

3.活动流程

（1）开展具体的纳新宣传。

（2）收集报名表，汇总报名信息并完成预备社员的初步履历筛选工作。

（3）确定履历分析权重。

（4）履历表分析，运用经验法、简单计分法和加权计分法得出预备社员成绩。

（5）汇总履历分析结果，确定新社员名单。

4.后期工作

（1）通知履历通过的新社员。

（2）整理纳新相关资料，做好信息的及时存档。

（3）进行社员大会的准备工作。

附录2 实训成绩评定用表

评委具体评分时按照一定的结构化评分标准完成，见表B-1。

表B-1 结构化评分标准

项目		评分标准	满分	得分
PPT或其他展示媒介作品的制作（40）	内容（20）	内容完整清晰、有代表性、真实有效、新颖；准确地表述内容，重点突出	10	
		结构合理、逻辑顺畅；幻灯片之间具有层次性和连贯性；过渡恰当，整体风格统一流畅、协调	5	
		紧扣主题，模板、版式的表现方式能够恰当地表现汇报内容	5	
	效果（20）	整体布局风格（模板设计、版式安排、色彩搭配等）美观合理、立意新颖，构思独特、设计巧妙，具有想象力和表现力	10	
		合理使用了文本、图片、表格、图形、动画等表现工具（可使用超链接播放视频、音频，不使用不扣分）	5	
		PPT播放流畅、运行稳定、无故障	5	
汇报表现（50）	汇报展示技巧（25）	汇报者精神饱满，能较好地运用姿势、动作、手势、表情表达设计思路	15	
		条理清晰，表达流畅，主次分明	5	
		声音洪亮圆润、吐字清晰、表达准确、无口头语	5	
	综合印象（25）	自信、自然，面带微笑，汇报具有较强的感染力、吸引力和号召力	10	
		正视听众，保持目光交流，能较好地与听众互动，营造良好的汇报效果	10	
		语言表达得体、流利、基本脱稿	5	
汇报时间（10）		规定时间（10分钟）内汇报完成则为满分；每超过1分钟扣3分，直至扣完为止	10	

附录3　人员素质测评相关表格

人员素质测评相关表格具体见表C-1至表C-5。

表C-1　　个人履历表

<table>
<tr><td>姓名</td><td></td><td>性别</td><td></td><td>出生年月</td><td></td><td rowspan="3"></td></tr>
<tr><td>身份证号码</td><td colspan="3"></td><td>学历</td><td></td></tr>
<tr><td>籍贯</td><td></td><td>民族</td><td></td><td>政治面貌</td><td></td></tr>
<tr><td>现住址</td><td colspan="3"></td><td>联系电话</td><td colspan="2"></td></tr>
<tr><td>家庭住址</td><td colspan="3"></td><td>家庭电话</td><td colspan="2"></td></tr>
<tr><td>紧急联系人</td><td colspan="2"></td><td>紧急联系电话</td><td colspan="3"></td></tr>
<tr><td colspan="7">学历情况</td></tr>
<tr><td>时间</td><td colspan="3">毕业学校</td><td colspan="2">学校地址</td><td>学历/专业</td></tr>
<tr><td></td><td colspan="3"></td><td colspan="2"></td><td></td></tr>
<tr><td></td><td colspan="3"></td><td colspan="2"></td><td></td></tr>
<tr><td colspan="7">实习经历/培训经历</td></tr>
<tr><td>时间</td><td colspan="2">单位</td><td>职务</td><td>离职原因</td><td>薪资</td><td>证明人/电话</td></tr>
<tr><td></td><td colspan="2"></td><td></td><td></td><td></td><td></td></tr>
<tr><td></td><td colspan="2"></td><td></td><td></td><td></td><td></td></tr>
<tr><td>语言能力</td><td colspan="3"></td><td>专业技能</td><td colspan="2"></td></tr>
<tr><td>自我评价</td><td colspan="6"></td></tr>
<tr><td>求职意向</td><td colspan="6"></td></tr>
</table>

资料来源　佚名.个人履历表［EB/OL］.［2022-04-15］. https://wenku.baidu.com/view/1d3fc703590216fc700abb68a98271fe910eafa9.html#.

表C-2　　　　　　　　　　**测评指标与测评方法匹配表**

指标	测评方法	方法使用权重（%）
事业心、进取心	面试	20
综合分析能力		
自信与开拓性		
专业知识		
继续教育情况	笔试+情景模拟测验	30
专业培训情况		
工作经验		
领导与管理能力		
科学决策能力		
学习能力	学历、工作经历评定	15
学历		
继续教育情况		
专业知识		
专业培训情况		
工作经验		
积极性	群体评议评定法	15
工作经验		
人际交往能力		
综合评定	绩效考评评定：1.目标考核 2.过程考核	20

资料来源　萧鸣政．人员素质测评理论与方法［M］．北京：北京大学出版社，2011：89．

表C-3　　**某集团校招/应届生评估表样例**

<table>
<tr><td colspan="8">基本情况</td></tr>
<tr><td>姓名</td><td></td><td>性别</td><td></td><td colspan="2">最高学历（除自考、夜校、函授、电大）</td><td colspan="2"></td></tr>
<tr><td>毕业院校</td><td></td><td>所学专业</td><td></td><td colspan="2">家庭情况（家庭经济情况）</td><td colspan="2"></td></tr>
<tr><td colspan="6">线上测评情况得分</td><td colspan="2">分</td></tr>
<tr><td colspan="8">HR面试</td></tr>
<tr><td>考查内容</td><td>填写要求</td><td colspan="6">考查结果</td></tr>
<tr><td>求职意愿</td><td>直接记录</td><td colspan="6"></td></tr>
<tr><td>个人情况（形象气质、表达沟通能力）</td><td>直接记录</td><td colspan="6"></td></tr>
<tr><td>结构化试题</td><td>问题描述</td><td>没有相关意识</td><td>有向上意识，但做不好</td><td>有意识，有行动，结果一般</td><td>有意识有行动，结果较好</td><td>追求更高的要求</td><td>备注（有特殊点，可以文字描述）</td></tr>
<tr><td>学习能力</td><td rowspan="5">根据判断在□打“√”</td><td>□0分</td><td>□1分</td><td>□2分</td><td>□3分</td><td>□4分</td><td></td></tr>
<tr><td>诚信</td><td>□0分</td><td>□1分</td><td>□2分</td><td>□3分</td><td>□4分</td><td></td></tr>
<tr><td>逻辑思维</td><td>□0分</td><td>□1分</td><td>□2分</td><td>□3分</td><td>□4分</td><td></td></tr>
<tr><td>抗压性及适应力</td><td>□0分</td><td>□1分</td><td>□2分</td><td>□3分</td><td>□4分</td><td></td></tr>
<tr><td>追求卓越</td><td>□0分</td><td>□1分</td><td>□2分</td><td>□3分</td><td>□4分</td><td></td></tr>
<tr><td>评分及综合评价</td><td colspan="7"></td></tr>
<tr><td>初试官签字</td><td></td><td>面试日期</td><td></td><td colspan="2">□推荐复试</td><td>□储备档案</td><td>□不录用</td></tr>
<tr><td colspan="8">业务面试</td></tr>
<tr><td>结构化试题</td><td>问题描述</td><td>没有相关意识</td><td>有向上意识，但做不好</td><td>有意识，有行动，结果一般</td><td>有意识有行动，结果较好</td><td>追求更高的要求</td><td>备注（有特殊点，可以文字描述）</td></tr>
<tr><td>专业知识评定</td><td rowspan="3">根据判断在□打“√”</td><td>□0分</td><td>□1分</td><td>□2分</td><td>□3分</td><td>□4分</td><td></td></tr>
<tr><td>看待工作问题的深度</td><td>□0分</td><td>□1分</td><td>□2分</td><td>□3分</td><td>□4分</td><td></td></tr>
<tr><td>工作情景模拟测试</td><td>□0分</td><td>□1分</td><td>□2分</td><td>□3分</td><td>□4分</td><td></td></tr>
<tr><td>评分及综合评价</td><td colspan="7"></td></tr>
<tr><td>复试官签字</td><td></td><td>面试日期</td><td></td><td colspan="2">□录用</td><td>□储备档案</td><td>□不录用</td></tr>
<tr><td colspan="8">录用意见</td></tr>
<tr><td>入职部门</td><td></td><td>职务</td><td></td><td>直接主管</td><td></td><td>试用期限</td><td></td><td>入职时间</td><td></td></tr>
<tr><td colspan="4">入职审批（可视职级进行多人会签）</td><td colspan="4"></td></tr>
<tr><td>入职经办人</td><td colspan="3"></td><td>本人确认</td><td colspan="3"></td></tr>
</table>

表C-4　　　　　　　　**某企业面试评估表样例**

面试评估表					
维度	考查项	定义	标准行为	面试题库	打分栏（1~5分）
专业过硬	专业知识	行业知识	1.了解所在行业及相关行业的基本运作模式 2.能基本定义上下游和竞争对象	1.过往业务成绩，获得过哪些荣誉 2.对业务的认知总结与提炼（比其他人成绩更好的原因分析） 3.是否有对他人的业务分享与培训 4.对当前所在团队业务潜力的判断 5.在过去的工作中，你都给同事分享过哪些知识？你参加过新员工的辅导工作吗？主要是哪些方面的辅导？当时你是怎么做的 6.你平时的工作安排是怎样的？你月初是如何制订自己的工作计划的	
		业务知识	了解所从事业务的基本运作模式		
	专业技能	销售能力	了解日常所需的销售技巧		
		客情管理	初步认知客情关系在营销中的重要性		
	通用技能	执行力	反复强调后，能理解目标的重要性，即如何推动实施		
		协调沟通	了解沟通的作用，与工作中的各环节都有较好的关系		
	专业影响力	分享、规划	能有意识、不定期地开展内部分享；简单地形成一定工作计划条目		
潜力出众	学习能力	好奇求知，快速学习并找到方法，抓住问题本质，解决问题	1.愿意学：主动学习新事物 2.学得会：独立思考，快速持续学习成长、化繁为简 3.有结果：应用所学，交付成果，举一反三	1.请分享最近1年内处理过最复杂的工作任务 2.请说说近6个月你负责的工作中最棘手的情景（可在这个问题的背景下追问“抗压能力”的行为） 3.请分享最近一次领导交办的，你从没接触过的复杂任务 4.我们在工作中难免遇到复杂的人际关系，请分享近半年你的职责中遇到类似情景的任务 5.有时候，我们的工作会走一些弯路，需要我们及时调整，请说说这几个月你遇到的类似情景（可在这个问题的背景下追问“抗压能力”的行为）	

续表

维度	考查项	定义	标准行为	面试题库	打分栏（1~5分）
潜力出众	抗压能力	即使经历挫折，也无畏挑战，对未来有信心，长期有耐心	1.有信心：对未来有信心 2.坚强：在逆境中迅速自我恢复，勇于接受批评和自我批评 3.不放弃：被质疑，被否定，依然坚持，不言放弃	1.每项工作都有不同程度的压力。请分享你这两年工作中最低落的一个时间段 2.请讲一讲你曾经承担的，要求极其不明确的一项工作 3.我们常遇到工作一边推进一边不断调整更改的情况，请分享你近年类似的经历（追问调整的发起人和候选人的感受，可以在此基础上追问追求卓越的野心） 4.工作中有些人比较难打交道，请说说你必须和类似同事合作的一个事例 5.你受到同事或者领导最严厉的一次批评是怎样的情形，请分享一下	
	正确的野心	从公司视角思考问题，自我驱动，坚持最高标准，不断追求进步和挑战	1.成就公司：有主人翁意识，公司、组织利益放在个人利益之前 2.成就团队：不挑活，勇于担当，踏实肯干，甘当绿叶 3.成就个人：自我驱动，愿意承担更大责任，做事高标准、严要求	1.请说说你给自己今年一整年设定的工作目标（区分是自己设，还是他人设，追问衡量标准是否足够高） 2.有时候领导对我们的绩效评价与我们自我评价会有差别。请说说你近年遇到过的类似事例 3.请分享一次你的工作成果超预期的具体经历 4.请讲一次你在工作中面临的要求和普世价值观冲突的经历 5.请分享你职业规划已经实现的部分（追问所做的努力，切忌评论候选人规划是否合理） 6.不是每一段职业规划都能实现，请谈谈你工作中没有实现的部分（追问原因和自我反思）	

续表

维度	考查项	定义	标准行为	面试题库	打分栏（1~5分）
文化匹配	使命认同	认同企业及自己的岗位工作内容有价值	1.认同公司“好生活不贵”使命 2.认同自己的岗位工作内容有价值	1.谈谈你对岗位的认知 2.谈谈你对本公司的认知 3.为什么选择我们	
	职业素养	职业精神符合企业文化	1.一家人 2.师徒传承 3.特种兵 4.合伙人 5.创新创业	1.你如何评价你之前的公司、老板、同事 2.你之前的同事、老板如何评价你 3.你平时和同事的相处方式是怎样的？在工作中遇到困难需要同事帮助，但你又不喜欢他的时候，你会怎么处理	
面试综合评估		是否通过	从（1.专业过硬；2.潜力出众；3.文化匹配）方面输出优势、劣势及培养计划		总分

表C-5 **某企业面试问题样例**

针对以下问题综合评估该候选人的学习能力/逻辑思维能力/抗压性/结果导向等	
HR面试问题	一、你对本企业有了解吗
	二、学习能力
	1.为了提升你的工作结果或工作效率，最近你都做了些什么
	2.请你谈谈从你经历的一个项目或者学科里学到了什么
	3.我想知道你是怎样提升你的学习能力的？能简单地描述一下吗
	4.在过去的大学4年（或者研究生3年）里，你为自我发展订立了怎样的目标？为什么要订立那样的目标
	5.在过去的一年里你投资了多少资金和时间用于自我发展？为什么要这样做呢
	6.为了这次面试，你做了哪些准备
	三、诚信
	1.孔子曰：“民以诚而立。”请结合你的经历谈谈对这句话的理解
	2.请你讲述一下你因为诚信守诺而赢得客户或同事信赖的例子

续表

	3.有些诺言实现起来比较困难，请你回忆一下你遇到的最难实现的承诺
	4.请你结合你的亲身经历，谈谈当你所领导的团队在一项重要工作中出现差错时，你是如何处理的
	5.请你回忆一下你在工作中与同事或其他部门同事发生冲突时，你是如何处理的
	6.有人曾说："在好的规则面前，懂得自觉捍卫和遵守，生活中才会享受更多的明媚和阳光。"请你结合你的经历谈谈对这句话的理解
	7."按规则办事"说起来简单，做起来却有很大的难度，请你谈谈在这方面遇到的最大的挑战和困难是什么？你是如何处理的
	8.在你以往的工作中，你的下属为了更好地完成工作，提出一个违背公司规则的方案，你当时是怎么处理的
	9.在你的工作中，有没有发现现行的制度的不合理，并及时提出且加以完善的经历
	10.请谈谈你在遵守规则方面印象最深的一件事情
	四、逻辑思维能力
	1.有人说："追求经济效益必须以牺牲道德为代价。"又有人说："只要经济上去了，道德水平就上去了。"对此，你的看法是什么
	2.俗话说："一山难容二虎"，得出一个结论就是领导班子中不能都是能力很强的人，你怎么看
	3.未来10年你是如何看待生鲜肉制品这个行业的？为什么
	五、抗压性
	1.工作中难免会遇到一些危机，请你讲一个你印象最深的突发事件，当时是怎么处理的
	2.有些事情我们无法控制，领导临时交办一项紧急而重要的任务，而你可能刚好也有重要的紧急的事情要处理，你是怎么做的
	3.你有没有工作压力大到让你觉得自己应付不了的经历？请简单聊聊当时是怎么处理的
	4.请你讲一个在最大的压力下完成的任务
	六、追求卓越
	1.请你介绍你主动为自己设立的具有挑战性的目标，你是如何实现这个目标的

续表

	2.请你谈谈你认为自己最成功的一段工作经历，当时的情况是怎样的？负责哪些工作
	3.请你讲述一个你没有实现的目标，为什么没有实现
	4.请你讲述一个你在工作中不满足于现状，力求把工作做得更好的例子
	5.在你的工作中有没有遇到这样的情况，当使用传统方法无法完成工作任务时，你引进了新技术来完成任务。当时的详细情况是怎样的
业务面试官面试问题	一、专业性知识
	1.请你结合自身所学专业谈谈你对该专业的理解
	2.如果你现有的知识技能无法胜任目前的工作需求，你会怎么办
	3.工作中难免会有挫折，但遇到困难时，你是怎么做的？请举一个具体的事例
	二、思考问题的深度和广度
	1.假如你的主管在给你的邮件里分配了你的任务之后，一周都不在公司。你无法联络到他，而且也不能完全理解该项工作。你将怎么做
	2.有人说："计划跟不上变化，所以计划无用，也无法制订计划。"请从你的理解和经验出发谈一谈对此观点的看法
	3.面试之前，你有想过自己将从事哪个行业吗？对这个行业有没有进行前期的了解

附录4 《心理测验管理条例》具体内容

心理测验管理条例

（中国心理学会，2015年5月）

第一章 总则

第1条 为促进中国心理测验的研发与应用，加强心理测验的规范管理，根据国家有关法律法规制定本条例。

第2条 心理测验是指测量和评估心理特征（特质）及其发展水平，用于研究、教育、培训、咨询、诊断、矫治、干预、选拔、安置、任免、就业指导等方面的测量工具。

第3条 凡从事心理测验的研制、修订、使用、发行、销售及使用人员培训的个人或机构都应遵守本条例以及中国心理学会《心理测验工作者职业道德规范》的规定，有责任维护心理测验工作的健康发展。

第4条 中国心理学会授权其下属的心理测量专业委员会负责心理测验的登记和鉴定，负责心理测验使用资格证书的颁发和管理，负责心理测验发行、出售和培训机构的资质认证。

第二章 心理测验的登记

第5条 凡个人或机构编制或修订完成，用以研究、测评服务、出版、发行与销售的心理测验，都应到中国心理学会心理测量专业委员会申请登记。

第6条 登记是心理测验的编制者、修订者、版权持有者或其代理人到中国心理学会心理测量专业委员会就其测验的名称、编制者（修订者）、版权持有者、测量目标、适用对象、测验结构、示范性项目、信度、效度等内容予以申报，中国心理学会心理测量专业委员会按照申报内容备案存档并予以公示。心理测验登记的申请者应当向中国心理学会心理测量专业委员会提供测验的完整材料。

第7条 测验登记的申请者必须确保所登记的测验不存在版权争议。凡修订的心理测验必须提交测验原版权所有者的书面授权证明。

第8条 中国心理学会心理测量专业委员会在收到登记申请后，将申请登记的测验在中国心理学会心理测量分会的有关刊物和网站上公示3个月（条件具备时同时在相关学术刊物公示）。3个月内无人对版权提出异议的，视为不存在版权争议；有人提出版权异议的，责成申请者提交补充证明材料，并重新公示（公示期重新计算）。

第9条 公示的测验内容包括但不限于测验的名称、编制者（修订者）、版权所有者、测量目标、适用对象、结构、示范性项目、信度和效度。

第10条 对申请登记的测验提出版权异议需要提供有效证明材料。1个月内不能提供有效证明材料的版权异议不予采纳。

第11条　中国心理学会心理测量专业委员会只对登记内容齐备、能够有效使用、没有版权争议的心理测验提供登记。凡经过登记的心理测验，均给予统一的分类编号。

第三章　心理测验的鉴定

第12条　心理测验的鉴定是指由中国心理学会心理测量专业委员会指定的专家小组遵循严格的认证审核程序对测验的科学性、有效性及其信息的真实性进行审核验证的过程。

第13条　心理测验只有获得登记才能申请鉴定。中国心理学会心理测量专业委员会只对没有版权争议、经过登记的心理测验进行鉴定，只认可经科学程序开发且具有充分科学证据的心理测验。

第14条　中国心理学会心理测量专业委员会每年受理两次测验鉴定的申请。

第15条　鉴定申请材料包括但不限于以下内容：测验（工具）、测验手册（用户手册和技术手册）、记分方法、计分方法、测验科学性证明材料、信效度等研究的原始数据、测试结果报告案例、信息函数、题目参数、测验设计、等值设计、题库特征等内容资料。

第16条　对不存在版权争议的测验，中国心理学会心理测量专业委员会组织专家在3个月内完成鉴定。

第17条　鉴定工作程序包括初审、匿名评审、公开质证和结论审议4个环节。

（1）初审主要审核鉴定申请材料的完备程度和是否存在版权争议。

（2）初审符合要求后进入匿名评审。匿名评审按通讯方式进行。参加匿名评审的专家有5名（或以上），每个专家都要独立出具是否同意鉴定的书面评审意见。无论鉴定是否通过，参与匿名评审专家的名单均不予以公开，专家本人也不得向外泄露。

（3）匿名评审通过后进入公开质证，由鉴定申请者方面向鉴定专家小组说明测验的理论依据、编修或开发过程、相关研究和实际应用等情况，回答鉴定专家小组成员以及旁听人员对测验科学性的质询。鉴定专家小组由5名以上专家组成，成员由中国心理学会心理测量专业委员会聘任或指定。

（4）公开质证结束后进入结论审议。鉴定专家小组闭门讨论，以无记名方式投票表决，对测验做出科学性评级。科学性评级分A级（科学性证据丰富，推荐使用）、B级（科学性证据基本符合要求，可以使用）、C级（科学性证据不足，有待完善）。

第18条　为保证测验鉴定的公正性，规定如下：

（1）测验的编制者、修订者和鉴定申请者不得担任鉴定专家，也不得指定鉴定专家；

（2）为所鉴定测验的科学性和信息真实性提供主要证据的研究者或者证明人不得担任鉴定专家；

（3）参加鉴定的专家应主动回避直系亲属及其他可能影响公正性的测验鉴定；

（4）参与鉴定的专家应自觉维护测验评审工作的科学性和公正性，评审时只代表自己，不代表所在部门和单位。

第19条　为切实保护鉴定申请者和鉴定参与者的权益，参加鉴定和评审工作的所有人员均须遵守以下规定：

（1）不得擅自复制、泄露或以任何形式剽窃鉴定申请者提交的测验材料；

（2）不得泄露评审或鉴定专家的姓名和单位；

（3）不得泄露评审或鉴定的进展情况和未经批准和公布的鉴定或评审结果。

第20条　对于已经通过鉴定的心理测验，中国心理学会心理测量专业委员会颁发相应级别的证书。

第四章　测验使用人员的资格认定

第21条　使用心理测验从事职业性的或商业性的服务，测验结果用于教育、培训、咨询、诊断、矫治、干预、选拔、安置、任免、指导等用途的人员，应当取得测验的使用资格。

第22条　测验使用人员的资格证书分为甲、乙、丙三种。甲种证书仅授予主要从事心理测量研究与教学工作的高级专业人员，持此种证书者具有心理测验的培训资格。乙种证书授予经过心理测量系统理论培训并通过考试，具有一定使用经验的人。丙种证书为特定心理测验的使用资格证书，此种证书需注明所培训使用的测验名称，只证明持有者具有使用该测验的资格。

第23条　申请获得甲种证书应具有副高以上职称和5年以上心理测验实践经验，需由本人提出申请，经2名心理学教授推荐，由中国心理学会心理测量专业委员会统一审查核发。

第24条　申请获得乙种和丙种证书需满足以下条件之一：

（1）心理专业本科以上毕业；

（2）具有大专以上（含）学历，接受过中国心理学会心理测量专业委员会备案并认可的心理测量培训班培训，且考核合格。

第25条　心理测验使用资格证书有效期为4年。4年期满无滥用或误用测验记录，有持续从事心理测验研究或应用的证明（如论文、被测者承认的测试结果报告、或测量专家的证明），或经不少于8个小时的再培训，予以重新核发。

第26条　中国心理学会心理测量专业委员会对获得心理测验使用资格的人颁发相应的证书。

第五章　测验使用人员的培训

第27条　为取得心理测验使用资格证书举办的培训，必须包括有关测验的理论基础、操作方法、记分、结果解释和防止其滥用或误用的注意事项等内容，安排必要的操作练习，并进行严格的考核，确保培训质量。学员通过考核方能颁发心理测验使用资格证书。

第28条　在心理测验培训中，应将中国心理学会心理测量专业委员会颁布的心理测验管理条例与心理测验工作者职业道德规范纳入培训内容。

第29条　培训班所讲授的测验应当经过登记和鉴定。为尊重和保护测验编制者、修订者或版权拥有者的权益，培训班所讲授的测验应得到测验版权所有者的授权。

第30条　培训班授课者应持有心理测验甲种证书（讲授自己编制的、已通过登记和鉴定的测验除外）。

第31条　中国心理学会心理测量专业委员会对心理测验使用资格的培训机构进行资质认证，并对培训质量进行监控管理。

第32条　通过资质认证的培训机构举办心理测量培训班需到中国心理学会心理测量专业委员会申报登记，并将培训对象、培训内容、课时安排、考核方法、收费标准与详细培训计划及授课人的基本情况上报备案。中国心理学会坚决反对不具有培训资质的培训机构或者个人举办心理测验使用培训。

第33条　培训的举办者有责任对培训人员的资质情况进行审核。

第34条　培训中应严格考勤。学员因故缺席培训超过1/3学时的，或者未能参加考核的，不得颁发资格证书。

第35条　培训结束后，主办单位应将考勤表、试题及学员考核成绩等培训情况报中国心理学会备案。凡通过考核的学员需填写心理测量人员登记表。

第36条　中国心理学会心理测量专业委员会建立心理测验专业人员档案库，对获得心理测验使用资格者和专家证书者进行统一管理。凡参加中国心理学会心理测量专业委员会审批认可的心理测量培训班学习并通过考核者，均予颁发心理测验使用资格证书，列入中国心理学会心理测量专业委员会专业心理测验人员库。

第六章　测验的控制、使用与保管

第37条　经登记和鉴定的心理测验只限具有测验使用资格者购买和使用。未经登记和鉴定的心理测验中国心理学会心理测量专业委员会不予以推荐使用。

第38条　为保护测验开发者的权益，防止心理测验的误用与滥用，任何机构或个人不得出售没有得到版权或代理权的心理测验。

第39条　凡个人和机构在修订与出售他人拥有版权的心理测验时，必须首先征得该测验版权所有者的同意；印制、出版、发行与出售心理测验器材的机构应该到中国心理学会心理测量专业委员会登记备案，并只能将测验器材售予具有测验使用资格者；未经版权所有者授权任何网站都不能使用标准化的心理量表，不得制作出售任何心理测验的有关软件。

第40条　任何心理测验必须明确规定其测验的使用范围、实施程序以及测验使用者的资格，并在该测验手册中予以详尽描述。

第41条　具有测验使用资格者，可凭测验使用资格证书购买和使用相应的心理测验器材，并负责对测验器材的妥善保管。

第42条　测验使用者应严格按照测验指导手册的规定使用测验。在使用心理测验结果作为诊断或取舍等重要决策的参考依据时，测验使用者必须选择适当的测验，并确保测验结果的可靠性。测验使用的记录及书面报告应妥善保存3年以备检查。

第43条　测验使用者必须严格按测验指导手册的规定使用测验。在使用心理测验结果作为重要决策的参考依据时，应当考虑测验的局限性。

第44条　个人的测验结果应当严格保密。心理测验结果的使用须尊重测验被测者的权益。

第七章　附则

第45条　对于已经通过登记和鉴定的心理测验，中国心理学会心理测量专业委员会协助版权所有者保护其相关权益。

第46条　中国心理学会心理测量专业委员会对心理测验进行日常管理。为方便心理测验的日常管理和网络维护，对测验的登记、鉴定、资格认定和资质认证等项服务适当收费，制定统一的收费标准。

第47条　测验开发、登记、鉴定和管理中凡涉及国家保密、知识产权和测验档案管理等问题，按国家和中国心理学会有关规定执行。

第48条　中国心理学会对违背科学道德、违反《心理测验管理条例》、违背心理测验工作者道德准则和有关规定的人员或机构，视情节轻重分别采取警告、公告批评、取消资格等处理措施，对造成中国心理学会权益损害的保留予以法律追究的权利。

第49条　本条例自中国心理学会批准之日起生效，其修订与解释权归中国心理学会心理测量专业委员会。

资料来源　中国心理学会. 心理测验管理条例［J］. 心理学报，2015（11）：1415-1417.

附录5 《心理测验工作者职业道德规范》具体内容

心理测验工作者职业道德规范

（中国心理学会，2015年5月）

凡以使用心理测验进行研究、诊断、安置、教育、培训、矫治、发展、干预、选拔、咨询、就业指导、鉴定等工作为主的人，都是心理测验工作者。心理测验工作者应意识到自己承担的社会责任，恪守科学精神，遵循下列职业道德规范：

第1条 心理测验工作者应遵守《心理测验管理条例》，自觉防止和制止测验的滥用和误用。

第2条 心理测验工作者必须具备中国心理学会心理测量专业委员会认可的心理测验使用资格。

第3条 中国心理学会坚决反对不具有心理测验使用资格的人使用心理测验；反对使用未经注册或鉴定的测验，除非这种使用出于研究目的或者是在具有心理测验使用资格的人监督下进行。

第4条 心理测验工作者应使用心理测量学品质好的心理测验。

第5条 心理测验工作者有义务向受测者解释使用测验的性质和目的，充分尊重受测者的知情权。

第6条 使用心理测验需要充分考虑测验结果的局限性和可能的偏差，谨慎解释测验的结果和效能，既要考虑测验的目的，也要考虑影响测验结果和效能的多方面因素，如环境、语言、文化、受测者个人特征、状态等。

第7条 应以正确的方式将测验结果告知受测者。应充分考虑测验结果可能造成的伤害和不良后果，保护受测者或相关人免受伤害。

第8条 评分和解释要采取合理的步骤确保受测者得到真实准确的信息，避免做出无充分根据的断言。

第9条 应诚实守信，保证依专业的标准使用测验，不得因为经济利益或其他任何原因编造和修改数据、篡改测验结果或降低专业标准。

第10条 开发心理测验和其他测评技术或测评工具，应该经由经得起科学检验的心理测量学程序，取得有效的常模或临界分数、信度、效度资料，尽力消除测验偏差，并提供测验正确使用的说明。

第11条 为维护心理测验的有效性，凡规定不宜公开的心理测验内容如评分标准、常模、临界分数等，均应保密。

第12条 心理测验工作者应确保通过测验获得的个人信息和测验结果的保密性，仅在可能发生危害受测者本人或社会的情况时才能告知有关方面。

第13条　本条例自中国心理学会批准之日起生效，其修订与解释权归中国心理学会心理测量专业委员会。

资料来源　中国心理学会．心理测验工作者职业道德规范［J］．心理学报，2015（11）：1418．

附录6 《心理测验登记和鉴定管理实施细则（试行）》具体内容

心理测验登记和鉴定管理实施细则（试行）

（中国心理学会，2008年9月）

1 测验登记和鉴定的组织实施工作本着科学规范、便利节约的原则进行。

2 进行登记和鉴定的测验必须具有理论构想依据，必须是独立和完整的测验（或测评工具）。中国心理学会不对独立测验（或测评工具）的分测验进行登记和鉴定，也暂不对由多个独立测验组成的系统或者成套工具进行登记和鉴定。

3 登记和鉴定材料的审核：

3.1 申请登记和鉴定者对其提供的登记和鉴定材料的真实性承担完全责任。

3.2 中国心理学会认为申请登记和鉴定的测验材料缺乏充分的真实性和科学性时，责成申请者及时提供补充材料。由于不能及时提供补充材料而导致的登记和鉴定延期由申请者负责。

3.3 登记和鉴定通过后，中国心理学会继续对测验材料的真实性和测验的科学性进行监督，接受测验使用者或相关人员的举报。

3.4 中国心理学会鼓励对不真实的测验材料或不科学的测验进行有根据的举报。举报者有责任提供相关证明材料。

3.5 中国心理学会对测验的相关举报进行调查核实，证实问题存在时有权根据情节轻重采取相应处理措施，如责令改正、删除修改不恰当的登记和鉴定信息、通报批评、公告处分、吊销证书、取消会员资格等。

4 测验登记：

4.1 测验登记的主要目的旨在为测验开发者（包括修订者和新编者）提供知识产权证明和知识产权保护，促进测验的科学研究和科学管理。

4.2 申请登记的测验必须提供《条例》第6条所规定的全部材料，即测验的名称、编制者（修订者）、测量目标、适用对象、测验结构、示范性项目、信度、效度等内容。

4.3 中国心理学会在收到全部申请鉴定材料后开始测验登记工作。先给予一个初始登记号码，由专业工作人员负责审查申请材料的完备性，准备好全套的登记档案材料。初始登记工作在20天内完成。

4.4 申请材料完备性审查通过后，将拟申请登记测验的情况依照统一的格式在中国心理学会和中国心理学会心理测量专业委员会的网站公示。另外，在中国心理学会三家主要学术刊物《心理学报》、《心理科学进展》和《心理科学》公示。

4.5 测验登记的公示期限计算以刊登公示的上述三种刊物封底印刷日期为起点，

公示90天。

4.6　进行登记的测验不存在知识产权争议，是指无人在测验申请登记的公示期内对测验的知识产权提出异议。

4.7　提出知识产权异议必须提供相应的证明材料，并对知识产权争议的调查和审议予以配合。

4.8　对于超出公示期后的知识产权异议，如果是原创测验，则不予受理；如果是已在本学会登记前就已经拥有知识产权的测验则可以由知识产权异议者申请进行知识产权特别审议。进行知识产权特别审议发生的费用由申请者承担，具体费用双方协商确定。

4.9　测验登记由2名专家匿名评审申请材料，独立给出通过或不通过的评审意见。只有2位评审专家都同意通过评审时才予以登记。

4.10　获得登记的测验，给予正式登记号码，同时在上述公示网站和期刊予以公示。

4.11　测验登记的收费既要保证登记的严肃性，又要有利于促进测验的科学研究和科学管理。测验的登记费用包括专家评审费用、办公场租和办公费用、网站租用、网络开发和维护费用、公示版面费用、工作人员劳务费用等开支项目。

4.12　测验登记的非电子版申请材料本学会留存3年。鼓励测验登记的申请者提供全套申请材料的电子版以利长久存档。

5　测验鉴定：

5.1　测验鉴定是为测验提供知识产权及其科学性的证明，促进测验的推广应用。

5.2　测验鉴定本着突出科学性，注重社会效应，防止测验滥用和误用的原则进行。

5.3　进行测验鉴定的前提是获得了中国心理学会的登记，且没有知识产权争议。

5.4　测验鉴定相对集中办理。除非特殊情况，每年申请鉴定的日期为1月1日—30日和7月1日—30日。

5.5　测验鉴定的申请者除提供登记所需的全部材料之外，尚需提供充分的材料说明其测验的科学性，以利专家审核和验证。《管理条例》第15条所称材料，包括以下成形的实物或书面材料：测验（工具）、测验手册（用户手册和技术手册）、测验科学性证明材料、信效度等研究的原始数据、测试结果报告案例、信息函数、题目参数、测验设计、等值设计、题库特征等内容资料。鼓励鉴定申请者提供测验用户反馈和同行评价材料。

5.6　心理测验的鉴定和后期管理是一项复杂的工作。为了保障相关管理工作的正常进行，每个心理测验的鉴定需要本着收支平衡的原则收取费用。其中考虑的成本因素除了测验登记费用考虑的因素外，还包括评审专家的劳务费及其组织管理费、证书工本费。鉴定费用不包括鉴定专家的异地食宿和交通，以及举行鉴定会议的场租等费用。

5.7　申请登记鉴定需要先行缴纳费用。为了减少申请者经济负担，测验鉴定费用分两步收取：先收取初审和匿名评审费用，约占总费用的1/3，通过匿名评审进入公开质证后再收取剩余总费用的2/3。

5.8 鉴定获得通过的测验，给予鉴定号码，由中国心理学会颁给鉴定证书（包括正本和副本）以资证明，同时在上述测验登记的公示网站和期刊予以公示。

5.9 测验鉴定的非电子版申请材料本学会留存5年。鼓励申请者在非电子版申请材料之外，提供全套的电子版申请材料。

6 测验登记和鉴定的费用标准根据成本的变化可进行必要的调整。

资料来源 郑日昌，孙大强. 实用心理测验［M］.北京：开明出版社，2012：281-283.